명리 3대 보서 해설 시리즈

낭잇스 적천수 해설서

滴天髓

국립중앙도서관 출판예정도서목록(CIP)

(나이스) 적천수(滴天髓) 해설서. 下 / 원저: 경도 ; 해설:
맹기옥. — 서울 : 상원문화사, 2018
    p. ;   cm. — (명리 3대 보서 해설 시리즈)

원표제: 滴天髓
원저자명: 京圖
권말부록 수록
중국어 원작을 한국어로 번역
ISBN 979-11-85179-26-1 03180 : ₩30000

명리학[命理學]
사주(팔자)[四柱]

188.5-KDC6
133.3-DDC23   CIP2018004729

명리 3대 보서 해설 시리즈

나이스 적천수 해설서

下

滴天髓

경도(京圖) · 유백온(劉伯溫) 原著 / 맹기옥(孟起玉) 解說

祥元文化社

나이스 사주명리 시리즈《이론편》과《응용편》그리고《고전편》을 출간했을 때 독자들이 사주풀이를 위한《실전편》에 대해 많은 문의를 하셨는데, "사주풀이라는 것이 직접 경험해 보지 않고 책으로만 가능한가?"라는 의문이 들어서 차일피일 미루고 있었다. 그러나 마냥 미루고 있을 수는 없어서 수업을 사주풀이 중심으로 바꾸기 시작했고, 실제상담 경험을 늘리면서 명리이론을 고전부터 다시 체계적으로 정리해야겠다고 다짐했다. 그 결과『자평진전해설서』와『난강망해설서』가 출간되었고, 이번에『적천수해설서』를 펴내면 명리의 삼대 보서實書라는 책을 다시 정리하는 기회를 갖는 셈이다.

명리 고전을 정리하면서 겪었던 어려움은 국가와 시대마다 다른 문화적 차이에서 오는 용어였다. 이때 도움이 된 것들이 번역서나 인터넷의 자료들이었는데, 일부 번역서들은 한문은 알고 명리는 모르는 수준에서 나왔다는 생각도 들었다. 그러나 그러한 책들도 도움이 되었다. 이『적천수해설서』는 주로 『적천수천미』 중심으로 구성을 하였는데 원문이나 원주 그리고 임철초 주 등은 직역하기보다는 원문의 내용을 살피면서 의역하려고 애를 썼다. 당연히 잘못된 부분이 있을 것인데 이러한 것들은 앞으로 수정을 거듭해 나가려고 한다.

명리命理의 고전古典들은 주로 명리학命理學의 건물, 즉 체體의 영역을 다루고 있다. 그래서 『자평진전子平眞詮』이나 『난강망欄江網』 『적천수滴天髓』 등 명리 고전에는 용用의 영역인 12운성이나 신살 또는 형충파해 등의 용어는 거의 등장하지 않는다. 그래서 명리 고전들이 사주풀이를 하는 데 별로 도움이 되지 않는다고 무시하기도 한다. 그러나 체體가 없이 용用이 있을 수는 없다. 온고이지신溫故而知新이라는 말도 그런 의미와 상통한다.

끝으로 이 책이 출간될 수 있도록 애써 주신 상원문화사 문해성 대표

님과 김영철 실장님께 감사를 드린다. 또 온라인과 오프라인에서 교정을 봐주신 나이스 사주명리 카페 회원님들께 진심으로 감사를 드린다. 그리고 명리학命理學에 대한 더 체계적인 자료나 동영상은 인터넷 카페 '나이스사주명리'를 참고하면 도움을 받을 수 있을 것이다.

아무쪼록 이 책이 명리학命理學이라는 건물을 튼튼하게 짓는 데 도움이 되었으면 좋겠다.

2018년 새해 벽두
빛고을 광주에서
나이스 맹기옥 드림

●좀 더 좋은 책이 나오도록 교정에 도움을 주신 분들

강병헌님(대전) 강 주님(창원) 김인수님(칠곡) 김진경님(수원) 김천호님(대구)

김혜경님(서울) 백승현님(서울) 봉일스님(영동) 송지희님(인천) 염비오님(용인)

오영석님(울주) 이금선님(부산) 이미선님(원주) 이상석님(칠곡) 지승엽님(서울)

차례
下

9

일러두기

◉이 책에 나오는 사주팔자 설명은 원문의 해설을 따르지 않고 저자의 방식으로 설명하였습니다. 이 책을 쓰는데 진소암의 『적천수집요』, 포여명의 『완전풀이적천수』, 이수의 『적천수스펙트럼』, 임철초의 『적천수천미』, 서락오의 『적천수징의』 그리고 인터넷의 여러 자료를 참고하였습니다.

제**2**장
六親論

육친론

01 부처 夫妻

夫妻姻緣宿世來 喜神有意傍妻財
부처인연숙세래　　　　희신유의방처재

부처(夫妻)의 인연은 전생(前生)에서 온 것이다. 희신이 처재(妻財) 옆에

뜻을 두고 있으면 좋다.

原註

妻與子一也, 局中有喜神, 一生富貴在於是, 妻子在於是. 大率依財

看妻, 如喜神卽是財神, 其妻美而且富貴；喜神與財神不相妒忌亦

好, 否則剋妻, 亦或不美, 或欠和. 然看財神, 又須活法, 如財神

薄, 須用助財；財旺身弱, 又喜比劫；財神傷印者, 要官星；財薄官

多者, 要傷官. 財氣未行, 要沖者沖, 泄者泄；財氣流通, 要合者

合, 庫者庫. 或財神泄氣太重, 比劫透露, 及身旺無財者, 必非夫婦

全美者也. 至於財旺身强者, 必富貴而多妻妾, 看者當審辨輕重何如.

처(妻)와 자(子)를 보는 방법은 한 가지이다. 국(局) 중에 희신이 있으
면 일생동안 부귀하게 되는데, 처자(妻子)도 희신과 관련이 있다. 처
는 대체로 재성을 근거로 보는데, 재성이 희신이면 그 처가 아름답고
부귀하다. 희신과 재성은 서로 투기하지 않아야 좋은데, 그렇지 않으
면 극처하거나 불미(不美)하거나 화합이 잘 안 된다. 그러나 처를 볼

때는 꼭 재성으로만 보지 말고 융통성을 발휘해야 한다. 가령 재성이 약하면 모름지기 재를 돕는 글자를 용신으로 하고, 재가 왕하고 일간이 약하면 비겁이 좋고, 재가 인수를 손상할 때는 관성이 필요하며, 재가 적고 관이 많은 경우에는 상관을 용신으로 한다. 만일 재기(財氣)가 유통되지 않을 때에는 충(沖)할 것은 충(沖)하고 설(洩)할 것은 설(洩)하면 좋고, 재가 유통될 때에는 합이 필요하면 합하고, 고(庫)가 필요하면 고(庫)를 만나야 한다. 만일 재의 설기가 너무 중(重)할 때 비겁이 투출한 경우이거나, 일간이 왕하고 재가 없는 경우에는 부부 사이가 좋지 못하다. 재가 왕하고 일간이 강한 경우에는 부귀하고 처첩도 많을 것이니, 명(命)을 볼 때는 경중(輕重)을 잘 판별하는 것이 중요하다.

任氏曰

子平之法, 以財爲妻, 財是我剋. 人以財來侍我, 此理出於正論, 又以財爲父者, 乃後人謬也. 若據此爲確論, 則翁女同宗, 豈不失倫常乎? 雖分偏正之說, 究竟勉强. 財之偏正, 無非陰陽之別, 竝不換他氣, 且世無犯上之理, 宜辨而辟之.

자평(子平)의 법에서는 재를 처로 삼는데 재는 내가 극하는 것을 말한다. 재가 있어야 내가 대접을 받는다고 여기는 것은 맞는 말이다. 그러나 재를 부(父)로 삼는 것은 후인(後人)들의 잘못이다. 만일 재를 아버지로도 보고 처로도 본다면 인륜에 어긋나는 일이 된다. 비록 편

재와 정재로 나누기는 하지만 어차피 같은 재성이다. 내가 극하는 것
이 재성인데 이를 부(父)로 삼는다면 어찌 윗사람을 극(剋)할 수 있다
는 말인가? 이러한 논리(論理)를 채택하면 안 된다.

如果財爲父, 官爲子, 則人倫滅矣, 不特翁婦同宗, 則顯然祖去生子
孫, 有是理乎? 是以六親之法, 今當更定. 生我者爲父母, 偏正印綬
是也 ; 我生者爲子女, 食神傷官是也. 我剋者爲婦妾, 偏正財星是
也, 剋我者爲官鬼, 祖父是也 ; 同我者爲兄弟, 比肩劫財是也. 此理
正名順, 乃不易之法.

재가 부(父)이고 관이 자식이라면 인륜에 어긋나는 것이니 이러한 이
치는 맞지 않다. 시아버지와 며느리가 같은 글자라면 조부가 자손을
생하는 것과 같으니 이러한 이치는 맞지 않다. 나를 생하는 것은 부
모로 정편인이 있고, 내가 생하는 것은 자녀로 식신과 상관이 있다.
내가 극하는 것은 처첩으로 정편재가 있고, 나를 극하는 것은 관귀로
조부가 되는데 정편관이 있다. 그리고 나와 같은 것은 형제로 비견과
겁재가 있는데 이러한 이치가 올바르고 명분에도 맞으니 바꿔질 수
없는 법이다.

夫財以妻論, 財星淸, 則中饋賢能 ; 財神濁, 則河東獅吼. 淸者, 喜神
卽是財星, 不爭不妒是也. 濁者, 生煞壞印, 爭妒無情是也.

그러나 보통 재를 처로 논하고 있다. 재가 청하면 처가 어질고 유능

하며, 재가 탁하면 처가 사납고 질투심이 많다. 재가 청하다는 말은 재성이 희신이거나 다른 글자와 다투거나 시기하지 않는 것을 말한다. 재가 탁하다는 것은 살(殺)을 생하거나, 인수를 파괴하거나, 다른 글자와 다투어 무정(無情)한 것을 말한다.

舊書不管日主之衰旺, 總以陽刃劫財主剋妻, 究其理則實非, 須分日主衰旺喜忌之別, 四柱配合活看爲是. 如財神輕而無官, 比劫多, 主剋妻. 財神重而身弱, 無比劫, 主剋妻. 官殺旺而用印, 見財星, 主妻陋而剋. 官殺輕而身旺, 見財星, 遇比劫, 主妻美而剋. 劫刃重, 財星輕, 有食傷, 逢梟印, 主妻遭凶死. 財星微, 官殺旺, 無食傷, 有印綬, 主妻有弱病. 劫刃旺, 而財輕, 有食傷, 妻賢不剋, 妻陋必亡. 官星弱, 遇食傷, 有財星, 妻賢不剋. 官星輕, 食傷重, 有印綬, 遇財星, 妻陋不剋.

구서(舊書)에 보통 일간의 쇠왕을 살피지 않고 양인이나 겁재를 보면 극처(剋處)한다고 하는데 이는 잘못이다. 일간의 쇠왕과 희기를 분별하고 사주를 배합하여 판단하는 것이 올바른 방법이다. 예를 들어 재가 경(輕)하고 관이 없을 때 비겁이 많거나, 재가 중(重)하고 신약한데 비겁이 없으면 대체로 극처하게 된다. 관살이 왕하여 인수를 용(用)할 때 재를 보면 처가 누추하며 인성을 극한다. 관살이 경(輕)하고 신왕할 때 재를 만나면 처가 아름다운데 이때 비겁을 만나면 처를 극하게 된다. 비겁과 양인이 중(重)하고 재가 경(輕)하며 식상이 있을 때

효신을 만나면 처가 흉사(凶死)하고, 재가 미약하고 관살이 왕할 때 식상이 없고 인수만 있으면 재성의 설기가 심하니 처가 병약하다. 비겁과 양인이 왕할 때 재가 경(輕)하고 식상이 있을 때는 처가 어질면 극처(剋處)하지 않지만 처가 누추하면 반드시 망한다. 관성이 약할 때 식상이 있다 하더라도 재성이 있으면 그 처가 어질고 현명하며 이때는 식상이 관성을 극하지 않는다. 관성이 경(輕)하고 식상이 중(重)하고 인수가 있을 때 재성을 만나면 처는 누추하더라도 식상이 관성을 극하지는 않는다.

身强煞淺, 財星滋殺, 官輕傷重, 財星化傷, 印綬重疊, 財星得氣者, 主妻賢而美, 或得妻財臻富. 殺重身輕, 財星黨殺, 官多用印, 財星壞印, 傷官佩印, 財星得局者, 主妻不賢而陋, 或因妻招禍傷身.

일간이 강하고 살(殺)이 약할 때 재성이 살을 자양하거나 관이 경(輕)하고 상관이 중(重)할 때 재성이 상관을 인화(引化)하거나, 인수가 중첩되었을 때 재성이 기(氣)를 얻으면 처가 어질고 아름답고 때로는 처를 만나 치부(致富)하기도 한다. 살이 중(重)하고 일간이 경(輕)할 때 재성이 살을 돕거나, 관이 많아서 인수를 용(用)할 때 재성이 인수를 파괴하거나, 상관이 인수를 용(用)할 때 재성이 국(局)을 이루면 처가 어질지 않고 누추하며 처로 인하여 화(禍)를 당할 수도 있다.

日主坐財, 財爲喜用者, 必得妻財. 日主喜財, 財合閑神而化財者,必得妻力. 日主喜財, 財合閑神而化忌神者, 主妻有外情. 日主忌財, 財合閑神而化財者, 主琴瑟不和. 皆以四柱情勢 · 日主喜忌而論. 若財星浮泛, 宜財庫以收藏 ; 財星深伏, 宜沖動而引助. 須細究之.

일간이 재성 위에 있고 재가 희용신일 경우에는 처재(妻財)를 얻으며, 일간이 재를 좋아할 때 재가 한신과 합하여 재로 화(化)하는 경우는 처의 힘을 받는다. 일간이 재를 좋아할 때 재가 한신과 합하여 기신으로 화(化)하는 경우는 처에게 외정(外情)이 있으며, 일간이 재를 꺼릴 때 재가 한신과 합하여 재로 화(化)하면 부부의 금슬이 화목하지 못한데, 이런 내용들은 모두 사주의 정세(情勢)와 일간의 희기를 판단하여 논한 것이다. 만일 재성이 뿌리가 없이 떠 있을 때 재고(財庫)에 수장(收藏)되면 좋고, 재성이 깊이 잠복해 있을 때는 충동(沖動)시켜 끌어내는 것이 마땅하다. 모두 자세히 연구해야 할 것들이다.

나이스 주

⊙팔자를 통해 육친을 분석하는 방법은 그렇게 정확한 것은 아니다. 그래서 선학(先學)들은 여러 가지 다양한 의견을 제시하고 있다. 그러나 전통적으로 내려오는 방식은 처(妻)를 재로 보고, 부(夫)는 관으로 보는 것이다. 임철초(任鐵樵)도 자기 의견을 덧붙이면서 기존의 이론 중심으로 설명하고 있다. 처의 좋고 나쁨에 대한 설명은 『자평진전』의 성격(成格), 파격(破格)에 대한 설명과 같다. 재로 인하여 성격이 되면 처가 좋은 것이고, 재로 인하여

파격이 되면 처가 좋지 않은 것이다.

- 일간 庚金은 월간 乙木과 합으로 유정하다.

- 丑월에 癸水가 투하여 상관격이다.

- 처가 현숙하고 근면하며 유능하였다.

- 세 아들을 낳아 모두 공부시켰다.

- 巳酉 반합과 卯酉충이 있다.

- 巳월에 丁火가 투하여 비견이 강하다.

- 년간에 비견이 강한 뿌리를 두고 있어 아극재 현상이 일어난다.

- 빈한한 집에서 출생하였다.

- 癸卯운에 입학하여 재물과 처(妻)를 만났다.

- 壬寅운에 과거에 합격하였다.

- 辛丑운에 지현(知縣)에 선발되고 군수로 승진하였다.

時	日	月	年
壬	丙	庚	乙
辰	申	辰	亥

- 辰亥귀문이 있다.

- 子운에 申子辰 삼합으로 水가 강해진다.

- 辰월에 乙木과 壬水가 투하였다.

- 乙木은 乙庚합거되었다.

- 壬水를 써서 칠살격이다.

- 처가 어질지 않고 사나웠으며 투기가 심했다.

- 자식이 없어 대가 끊겼다.

02 자녀 子女

子女根枝一世傳 喜神看與殺相連
자녀근지일세전   희신간여살상연

자녀는 뿌리와 가지에 해당하니 세대를 전하게 된다.

희신과 관살이 옆에 서로 연결되어 있으면 좋다.

原註

大率依官看子，如喜神卽是官星，其子賢俊，喜神與官星不相妒亦好，否則無子，或不肖，或有剋. 然看官星，又要活法，如官輕須要助官；殺重身輕，只要印比；無官星，只論財；若官星阻滯，要生扶沖發；官星泄氣太重，須合助邀會；若殺重身輕而無制者，多女.

자식은 관성으로 보는 것이 일반적이다. 관성이 희신이면 자식이 현명하고 빼어나다. 희신과 관성은 서로 투기하지 않아야 좋고, 만일 투기하면 무자(無子)이거나, 자식이 있다 하더라도 불초(不肖)하거나, 극자(剋子)하기도 한다. 관성을 볼 때도 유연성이 필요한데 관성이 경(輕)하면 관성을 도와야 하고, 살중신경(殺重身輕)이면 인수나 비겁으로 일간을 도와야 한다. 자식을 볼 때 관성이 없으면 재를 가지고 논하고, 만일 관성이 다른 글자에 막혀 있다면 생부(生扶)나 충발(沖發)이 필요하며, 관성의 설기가 매우 심하면 합이나 회합 등으로 도와야 한다. 만일 살중신경(殺重身輕)일 때 살(殺)이 제압되지 않으면 딸이 많다.

任氏曰

以官爲子之說, 細究之, 終有犯上之嫌. 夫官者, 管也. 朝廷設官, 官治萬民, 則不敢妄爲, 循守規矩. 家庭必尊長爲管, 出入動作, 皆遵祖父訓是也. 不服官府之治者. 則爲賊寇. 莫非論命竟可無君無父乎 不服官府之治者, 則爲逆子; 夫命者理也, 豈可以民爲子而犯上乎? 莫非論命竟可無君無父乎? 諺云, "父在子不得自專", 若以官爲子, 父反以子管治, 顯見父不得自專矣, 故俗以剋父剋母爲是, 有是理乎? 今更定以食傷爲子女.

연구해 보면 관을 자식으로 설명하는 것은 위아래를 구분하지 못하는 것이니 문제가 있다. 관(官)이란 관리한다는 뜻이다. 조정(朝廷)에서는 관을 설치하여 국민에게 법을 지키게 하고, 가정에서는 존장(尊長)을 관리자로 삼아서 가족들이 그를 따르게 한다. 관부(官府)의 다스림에 복종하지 않으면 역적이나 도적이 되고 조부의 가르침을 따르지 않으면 패역(悖逆)하는 것이 된다. 명(命)이란 도리(道理)인데 어떻게 관을 자식으로 간주하여 아랫사람이 윗사람을 극한단 말인가? 명(命)을 논하면서 어떻게 군주나 부친을 무시할 수 있단 말인가? 속담에 "아버지가 살아계시면 자식이 자기 마음대로 할 수 없다."고 했다. 만일 관을 자식으로 간주하면 자식이 부친을 마음대로 하려

할 것이다. 세상에 어찌 자식이 부(父)를 극하고 모(母)를 극하는 것을 이치라 여길 수 있겠는가? 그러니 바르게 고쳐서 식상을 자녀로 간주해야 한다.

書云, "食神有壽妻多子, 時逢七煞本無兒", "食神有制定多兒", 此兩說, 可謂確據矣. 然此亦死法, 倘局中無食傷無官殺者, 又作何論? 故命理不可執一. 總要變通爲是, 先將食傷認定, 然後再看日主之衰旺, 四柱之喜忌則用之. 故 "喜神看與殺相連" 者, 乃通變之至論也.

서(書)에 식신은 수명과 처(妻)와 자식이라고 했고, 또 시(時)에서 칠살을 만나면 본래 자식이 없으나 식신이 극제하면 자식이 많다고 했다. 그러나 국(局) 중에 식상도 없고 관살도 없다면 자식을 무엇으로 논할 것인가? 그래서 자식을 볼 때는 먼저 식상을 본 다음에 다시 일간의 쇠왕과 사주의 희기를 살펴야 한다. 즉, 자식에 관한 통변을 할 때는 희신과 살(殺)의 관계를 보는 것이 통변의 논리이다.

如日主旺, 無印綬, 有食傷, 子必多. 日主旺, 印綬重, 食傷輕, 子必少. 日主旺, 印綬重, 食傷輕, 有財星, 子多而賢. 日主旺, 印綬多, 無食傷, 有財星, 子多而能.

예를 들면 일간이 왕할 때 인수가 없고 식상이 있으면 자식이 많고, 일간이 왕할 때 인수가 중(重)하고 식상이 경(輕)하면 자식이 적다. 일간이 왕할 때 인수가 중(重)하고 식상이 경(輕)할 때 재성이 있으면 자식이 많고 어질며, 일간이 왕할 때 인수가 많고 식상이 없는데 재성이 있으면 자식이 많고 유능하다.

日主弱, 有印綬, 無食傷, 子必多 ; 日主弱, 印綬輕, 食傷重, 子必少 ; 日主弱, 印綬輕, 有財星, 子必無. 日主弱, 食傷重, 印綬無, 亦無子. 日主弱, 食傷輕, 無比劫, 有官星, 子必無. 日主弱, 官殺重, 印綬輕, 微伏財, 必多女. 日主弱, 七殺重, 食傷輕, 有比劫, 女多子少. 日主弱, 官殺重, 無印比, 子必無.

일간이 약할 때 인수가 있고 식상이 없으면 자식이 많고, 일간이 약할 때 인수가 경(輕)하고 식상이 중(重)하면 자식이 적다. 일간이 약할 때 인수가 경(輕)하고 재성이 있으면 자식이 없고, 일간이 약할 때 식상이 중(重)하고 인수가 없어도 자식이 없다. 일간이 약할 때 식상이 경(輕)하고 비겁이 없고 관성이 있으면 자식이 없고, 일간이 약할 때 관살이 중(重)하고 인수가 경(輕)하며 재가 미미하게 잠복되면 딸이 많다. 일간이 약하고 칠살이 중(重)할 때 식상이 경(輕)하고 비겁이 있으면 딸이 많고 아들이 적으며, 일간이 약할 때 관살이 중(重)하고 인수와 비겁이 없으면 자식이 없다.

日主旺, 食傷輕, 逢印綬, 遇財星, 子少孫多. 日主旺, 印綬重, 官殺輕, 有財星, 子雖剋則有孫. 日主弱, 食傷旺, 有印綬, 遇財星, 雖有若無. 日主弱, 官殺旺, 有印綬, 遇財星, 有子必逆.

일간이 왕하고 식상이 경(輕)할 때 인수를 만나고 재성을 만나면 자식은 적으나 손자가 많으며, 일간이 왕하고 인수가 중(重)하고 관살이 경(輕)할 때 재성이 있으면 자식은 비록 극을 당해 미미하더라도 손자가 있다. 일간이 약하고 식상이 왕하고 인수가 있을 때 재성을 만나면 자식이 있다 하더라도 없는 것과 같고, 일간이 약하고 관살이 왕하고 인수가 있을 때 재성을 만나면 자식은 있으나 패역(悖逆)한다.

又有日主旺, 無印綬, 食傷伏, 有官殺, 子必多者. 又有日主旺, 比劫多, 無印綬, 食傷伏, 子必多者. 蓋母多滅子之意也. 故木多火熄, 金尅木則生火；火多土焦, 水尅火則生土；土重金埋, 木尅土則生金；金多水滲, 火尅金則生水；水多木浮, 土尅水則生木. 以官殺爲子也, 此之謂也. 明雖以官殺爲子也, 暗仍以食傷爲子, 此逆局反尅相生之法, 非竟以官殺爲子也. 大率身旺財爲子, 身衰印作兒, 此皆余之試驗者, 故敢更定, 仔細推之, 無不應也. (用神爲子, 忌神爲女)

일간이 왕하고 인수가 없을 때 식상이 잠복되고 관살이 있으면 자식이 많고, 일간이 왕하고 비겁이 많을 때 인수가 없고 식상이 잠복되었다면 자식이 많기도 하지만 대체로 **모다멸자**(母多滅子)가 된다. 그러므로 **목다화식**(木多火熄)일 경우에 金으로 木을 극하면 火를 살리게 되며, **화다토초**(火多土焦)에 水가 火를 극하면 土를 살리게 되며, **토중금매**(土重金埋)일 경우에 木이 土를 극하면 金을 살리게 된다. **금다수삼**(金多水滲)의 경우에 火가 金을 극하면 水를 살리게 되고, **수**

다목부(水多木浮)일 경우에 土가 水를 극하면 木을 살리게 되는 것이니, 관살이 자식이 되는 이유이다.

이렇게 겉으로는 관살을 자식으로 삼지만 속으로는 식상을 자식으로 삼는다. 관살을 자식으로 삼는 것은 국(局)을 거스를 때 반극(反剋)하여 상생하게 하는 방법이지 관살을 자식으로 간주하는 것이 아니다. 대체로 신왕할 때는 재를 자식으로 간주하고 신약할 때에는 인수를 자식으로 간주하는 것이다. 이러한 이치는 경험에서 나온 것이니 자세히 살펴 적용하면 맞지 않은 것이 없을 것이다.

나이스 주

⊙자녀를 보는 법 또한 앞의 부처(夫妻)를 보는 법과 같다. 더구나 옛날처럼 많은 자녀를 두지 않는 현대 사회에서 아들이 많다거나 딸이 많다는 식의 설명은 무의미하다. 남명(男命)에서 관성을 자식으로 보고 여명(女命)에서는 식상을 자식으로 보는 방법이 가장 보편적이다. 그러나 좀 더 큰 의미에서 본다면 남녀에 관계없이 식상은 자식을 포함한 나의 아랫사람이 되고, 관성은 나를 통제하는 윗사람들이 될 것이다.

⊙여기서도 임철초(任鐵樵)는 자식을 관살로 보는 것은 말도 안 된다고 이야기하고 있다. 그러면서도 관성을 자식으로 보는 전통적인 방법도 함께 설명하고 있다. 식상이나 관성이 팔자에서 희용신으로 작용하면 자식을 긍정적

으로 보고, 기신이나 파격(破格)의 요소로 작용하면 자식을 부정적으로 보면 된다. 그래서 육친 하나하나에 집착하는 것보다는 팔자의 큰 틀을 파악하는 것이 우선이다. 숲을 보고 난 후에 숲속의 나무를 보는 것이 올바른 학습법이다.

●천간에는 戊癸합이 있고 지지에는 丑戌형이 연달아 있다.

●丑월에 癸水와 辛金이 투하였다.

●초반에는 상관을 쓰고 후반에 정재를 쓴다.

●가업이 풍부하였다.

●운이 서방으로 달리니 16세부터 16명의 아들을 낳았다.

時	日	月	年
癸	丁	甲	癸
卯	酉	子	亥

●子酉파와 卯酉충이 있다.

●子월에 癸水가 투하여 칠살격이다.

●가업이 풍부하였다.

●그러나 지지가 화합하지 못하여 처(妻)와 첩에게서 16명의 여아를

낳았다.

●아들은 없었다.

●일주가 쇠약하면 인수를 자식으로 간주할 수 있다.

●재성이 인수를 파괴하여 자식이 없었다.

時	日	月	年
丁	戊	辛	乙
巳	戌	巳	未

●巳戌원진과 巳戌귀문이 있다.

●원진과 귀문은 정신이나 신경과 관련이 있다.

●巳월에 丁火와 辛金이 투하였다.

●초반에는 상관을 쓰고 후반에 인수를 쓴다.

●두 처(妻)를 극하였다.

●12명의 자식 중 열 명은 잃고 두 명만 남았다.

時	日	月	年
甲	壬	癸	戊
辰	戌	亥	子

●戌亥천문과 辰戌충이 있다.

●팔자에 있는 모든 신살은 팔자가 동할 때 현실로 나타난다.

●亥월에 癸水가 투하였으니 戊癸합거되었다.

●亥월에 甲木이 장생하니 식신격이다.

●甲寅년에 학교에 들어갔다.

●아들은 10명이었다.

●향시(鄕試)에 합격하지 못하였다.

時	日	月	年
辛	辛	丙	庚
卯	亥	戌	寅

●월간 丙火는 지지 寅戌에 뿌리를 내리고 있다.

●戌亥천문과 亥卯 반합이 있다.

●월지 戌에서 모든 천간이 투하였다.

●비겁과 정관이 투한 것이다.

●두 처와 네 명의 첩이 세 아들을 낳았으나 모두 잃었다.

●12명의 딸이 있었으나 9명은 잃었다.

●추금(秋金)이 기세가 있어 가업은 풍부하였다.

時	日	月	年
丁	戊	丁	丁
巳	戌	未	酉

●戌未형과 巳戌원진, 巳戌귀문이 있다.

●未월에 丁火가 투하여 인수격이다.

● 세 명의 처와 다섯 자식을 극해하였다.

● 辛丑운에 아들 하나를 길렀다.

● 자식의 수는 水는 1, 火는 2, 木은 3, 金은 4, 土는 5로 본다.

● 당령(當令)하면 그 숫자를 배로 취급하고, 휴수(休囚)되면 반으로 감한다.

時	日	月	年
丁	甲	辛	辛
卯	辰	卯	卯

● 卯辰해가 있다.

● 해(害)는 합을 방해하는 글자이다.

● 卯월의 甲木으로 양인격이다.

● 양인이 강하면 재관이 약해진다.

● 己丑, 戊子운에 자식도 없었고 재산도 파모(破耗)가 심했다.

● 丁亥운에 가족과 재물이 불어났다.

● 丙戌운에 아들 다섯을 낳고 가업이 더욱 풍요로웠다.

● 용신이 火인 경우 木火운에 자식을 얻는다.

● 그 외의 운에 자식을 얻으면 불초(不肖)하다.

父母或隆與或替 歲月所關果非細
부모혹융여혹체　　　　세월소관과비세

부모의 융성과 쇠퇴는 세월(歲月)과 관련이 있지만 그 결과는 자세히 알
수 없다.

*세월(歲月) 년주(年柱)와 월주(月柱)

原註

子平之法, 以財爲父, 以印爲母, 以斷其吉凶, 十有九驗, 然看歲月
爲緊. 歲氣有益於月令者, 及歲月不傷夫喜神者, 父母必昌. 歲月財氣
斬喪於時干者, 先剋父;歲月印氣斬喪於時支者, 先剋母. 又須活看其
局中之大勢, 不可專論財印, 中間有隱露其興亡之機, 而不必在於財
印者.與財生印生之神, 而損益舒配得所, 及陰陽多寡之論, 無有不驗.

자평(子平)에서는 보통 재를 부(父)로 간주하고 인수를 모(母)로 간주
하여 길흉을 판단하면 십(十) 중 구(九)는 효험이 있다. 그러나 부모를
볼 때는 년월주를 보는 것도 중요하다. 년의 기(氣)가 월령에 유익하
거나 년과 월이 희신을 손상하지 않는 경우에는 부모가 번창한다. 년
월의 재성이 시간(時干)의 글자에 의해 손상되면 부(父)가 먼저 쇠퇴
하고, 년월의 인성이 시지(時支)에게 손상되면 모(母)가 먼저 쇠퇴한

다. 또 부모를 볼 때는 사주 전체의 상황을 보고 판단해야지 재성과 인성으로만 판단하면 안 된다. 국(局) 중간에 그 흥망을 나타내는 것들이 숨어 있거나 드러나 있을 수 있으니 재가 생하는 글자나 인성이 생하는 글자와 함께 손익, 배합, 득소(得所) 그리고 음양의 다소(多少)까지 살펴가면서 판단한다면 증험되지 않음이 없을 것이다.

任氏曰

父母者, 生身之根本, 是以歲月所關, 知其與替之不一, 可謂正理不易之法也. 原注竟以財印分屬父母, 又論剋父母之說, 茫無把握, 仍惑於俗書之謬也. 夫父母豈可以剋字加之? 當更定喪親·刑妻·剋子爲至理. 如年月官印相生, 日時財傷不犯, 則上叨蔭庇, 下受兒榮；年月官印相生, 日時刑傷沖犯, 則破蕩祖業, 敗壞門風. 年官月印, 月官年印, 祖上淸高；日主喜官, 時日逢財, 日主喜印, 時日逢官, 必勝祖辱.

부모는 일간을 생하므로 년월주와 관계가 있다. 예를 들면 년월의 관(官)과 인(印)이 상생하고 일시의 재와 상관이 인(印)과 관(官)을 침범하지 않으면 위로는 조상의 음덕(蔭德)이 있고 아래로는 자손의 영화가 있다. 년월의 관(官)과 인(印)이 상생하더라도 일시에서 관인을 형충하면 조업을 망치게 된다. 년이 관(官)이고 월이 인(印)이거나, 월이 관(官)이고 년이 인(印)이면 조상이 청아하고 고상하며, 일간이 관(官)을 좋아할 때 시나 일에서 재를 만나거나, 일간이 인(印)을 좋아할 때 시

(時)와 일(日)에서 관(官)을 만나면 조업을 잘 잇게 된다. 일간이 관(官)을 좋아할 때 시나 일에서 상관을 만나거나, 일간이 인(印)을 좋아할 때 시나 일에서 재를 만나면 조업을 무너뜨리고 조상을 욕되게 한다.

年財月印, 日主喜印, 時日逢官印者, 知其幇父興家 ; 年傷月印, 日主喜印, 時日逢官者, 知其父母創業之命. 年印月財, 日主喜印, 時上遇官者, 知其父母破敗 ; 時日逢印者, 知其自創成家.

년이 재이고 월이 인(印)이며 일간이 인(印)을 좋아할 때 시나 일에서 관(官)이나 인(印)을 만나면 부(父)를 도와 집안을 일으킬 것이고, 년이 상관이고 월이 인(印)이며 일간이 인(印)을 좋아할 때 시나 일에서 관(官)을 만나면 그의 부모가 창업을 했을 것이다. 년이 인(印)이고 월이 재(財)이며 일간이 인(印)을 좋아할 때 시상(時上)에서 관(官)을 만나면 그의 부모가 가업(家業)을 무너뜨렸을 것이고, 시나 일에서 인(印)을 만나면 그가 스스로 창업하고 집안을 일으켰을 것이다.

年官月印, 日主喜官, 時日逢財, 出身富貴, 守成之造 ; 年傷月劫, 年卯月劫, 日主喜財, 時日逢財或傷者, 出身寒窘, 創業之命. 年劫月財, 日主喜財, 遺緖豊盈, 日主喜劫, 淸高貧寒. 年官月傷, 日主喜官, 時日適官必跨灶, 時日遇劫, 必破敗

년이 관(官)이고 월이 인(印)이며 일간이 관(官)을 좋아할 때 시나 일에서 재를 만나면 부귀한 가문에서 태어나 가문을 잘 보존할 것이고, 년이 상관이고 월이 겁재이거나 또는 년이 인(印)이고 월이 겁재이고 일간이 재를 좋아할 때 시나 일에서 재나 상관을 만나면 빈궁한 가문 출신으로 스스로 창업하게 된다. 년이 겁재이고 월이 재성일 때 일간이 재를 좋아하면 유업(遺業)이 풍부하지만, 일간이 겁재를 좋아하면 청아하고 고상하기는 하지만 빈한하다. 년이 관(官)이고 월이 상관이며 일간이 관(官)을 좋아할 때 시나 일에서 관(官)을 만나면 아들이 아버지보다 뛰어나지만, 시나 일에서 겁재를 만나면 조업을 무너뜨린다.

總之財官印綬，在於年月，爲日主之喜，父母不貴亦富；爲日主之忌，不貧亦賤，宜詳說察之.

종합해 보면 재·관·인수가 년이나 월에 있고 일간의 희신일 때는 부모가 귀하거나 부유하고, 일간의 기신이 되면 빈한할 뿐만 아니라 천하게 되니 모두 자세히 살펴야 한다.

나이스 주

⊙부(父)는 재성으로 보고 모(母)는 인성으로 본다. 남명(男命)에서 관(官)을 자식으로 보았으므로 일간이 극하는 재성이 부(父)가 된다. 팔자에서 재성이나 인성이 희신이면 부모가 좋을 것이고, 재성이나 인성이 기신에 해당하면 부모가 나쁠 것이다. 팔자에서 재성이나 인성으로 인해 성격(成格)되면 부모가 좋을 것이고, 재성이나 인성으로 인해 파격(破格)되면 부모가 나

뺄 것이다. 임철초(任鐵樵)는 이러한 예(例)를 다양하게 설명하고 있다.

- 子丑합이 연속 있어 합이 합을 풀고 있는 모습이다.

- 丑월에 癸水와 己土가 투하였다.

- 정관과 상관이 투한 것이다.

- 벼슬하는 집안에서 태어났다.

- 癸亥운에 학교에 들어갔다.

- 壬戌운에 파모(破耗)가 심했고 재물을 바치고 벼슬을 얻었다.

- 辛酉운에 법을 지키지 않아 형을 받았다.

- 亥월에 乙木이 투하여 정관격이다.

- 亥卯 반합으로 격이 더 높아졌다.

- 관가에 태어나서 연달아 과거에 올랐다.

- 다섯 아들을 낳아서 모두 출세시켰다.

- 부귀와 수복이 있는 명조이다.

時	日	月	年
戊	戊	辛	丁
午	子	亥	巳

●亥월의 戊土로 재격이다.

●지지에 巳亥충과 子午충이 있어 삶이 순탄하지만은 않았다.

●충은 경쟁심을 기르는 바탕이 되기도 한다.

●조상은 크게 부유했으나 부친 대에 무너졌다.

●초운에 金이 水를 생하니 반평생 어려움이 있었다.

●丁未, 丙午운에 경영을 하여 십여만금을 모았다.

時	日	月	年
癸	丙	辛	乙
巳	辰	巳	亥

●巳亥충이 있다.

●일간 丙火는 월간의 辛金과 합하고 있다.

●巳亥충이 동하면 장간이 개고되어 乙庚합, 丙辛합, 戊癸합 등이 일어
난다.

●巳월에 辛金이 투하여 정재격이다.

●초운에는 유업(遺業)이 풍부하였다.

●丙子운에 파모(破耗)가 많았다.

●丁丑운에 형극이 심했고 가업의 대부분을 잃었다.

●이때 부부가 모두 사망하였다.

04 형제 兄弟

兄弟誰廢與誰興 提綱喜神問重輕
형제수폐여수흥   제강희신문중경

형제의 폐(廢)와 흥(興)에 대해 알려면 제강에 있는 희신의 경중(輕重)에

대해 물어야 한다.

原註

敗財比肩羊刃, 皆兄弟也. 要在提綱之神, 與財神喜神較其重輕, 財
官弱, 三者顯其攘奪之跡, 兄弟必強；財官旺, 三者出其助主之功,
兄弟必美；身與財官平, 而三者伏而不出, 兄弟必貴；比肩重而傷官
財殺亦旺者, 兄弟必富. 身弱而三者不顯, 有印而兄弟必多；身旺而
三者又顯, 無官而兄弟必衰.

비겁과 양인은 모두 형제인데 근본은 제강에 있으므로 형제를 볼 때
는 제강과 재 그리고 희신을 기준으로 경중을 비교하며 판별해야 한
다. 재관이 약할 때 삼자(비견·겁재·양인)가 약한 재관을 겁탈한다면
형제가 반드시 강하고, 재관이 왕할 때 비겁이나 양인이 일간을 도우
면 형제가 반드시 아름답다. 일간과 재관의 세력이 비슷할 때는 비겁
등이 은복하여 드러나지 않으면 형제가 귀하고, 비겁이 중(重)하고
상관 재 살(殺) 역시 왕하면 형제가 부유하다. 일간이 약할 때 비겁 등

이 드러나지 않고 인수가 있으면 형제가 많고, 일간이 왕할 때 비겁 등이 드러나고 관이 없으면 형제가 별로 없다.

比肩爲兄, 劫財爲弟, 祿刃亦同此論. 如殺旺無食殺重無印, 得敗財合殺, 必得弟力；殺旺食輕, 印弱逢財, 得比肩敵殺, 必得兄力；官輕傷重, 比劫生傷, 制殺太過, 比劫助食, 必遭兄弟之累. 財輕劫重, 印綬制傷, 不免司馬之憂；財官失勢, 劫刃肆逞, 恐有周公之慮. 財生殺黨, 比劫幫身, 大被可以同眠；殺重無印, 主衰傷伏, 州原能無興歎.

비견은 형(兄)이고 겁재는 제(弟)이고, 록(祿)과 양인도 형제로 본다. 가령 살(殺)이 왕한데 식신이 없거나, 살(殺)이 중(重)한데 인(印)이 없을 때 겁재가 살(殺)과 합을 하면 동생의 도움이 있고, 살(殺)이 왕한데 식신이 경(輕)하거나 인(印)이 약한데 재를 만났을 때 비견이 살(殺)을 대적하거나 재를 제어하면 형(兄)이 도움이 된다. 관이 경(輕)하고 상관이 중(重)한데 비겁이 상관을 생하거나, 제살태과(制殺太過)일 때 비겁이 식신을 도우면 형제로 인한 걱정거리가 생긴다. 재가 경(輕)하고 겁재가 중(重)한데 인수가 상관을 억제하면 형제에 대한 근심이 있고, 재관이 세력을 잃고 겁인(劫刃)이 기세를 부리면 형제에 대한 우려가 있다. 재가 살(殺)을 생하여 무리를 이루는데 비겁이 일간을 도우면 형제와 사이가 좋고, 살(殺)이 중(重)하고 인수가 없으며 일간이 쇠할 때 상관이 은복되면 비겁의 도움이 있어야 형제에 대한 원망이 없다.

殺旺印伏, 比肩無氣, 弟雖敬而兄必衰 ; 官旺印輕, 財星得氣, 兄雖愛而弟無成. 日主雖衰, 印旺月提, 兄弟成群 ; 身旺逢梟, 劫重無官, 獨自主持, 財輕劫重, 食傷化劫, 可無斗粟尺布之謠 ; 財輕遇劫. 官得明顯, 不作煮豆燃萁之詠. 梟比重逢, 財輕殺伏, 未免折翎之悲啼 ; 主衰有印, 財星逢劫, 反許棠棣之競秀. 不論提綱之喜忌, 全憑日主之愛憎, 審察宜精, 斷無不驗.

살(殺)이 왕하고 인수가 은복되고 비견이 무기(無氣)하면 제(弟)는 비록 형(兄)을 공경하지만 형(兄)은 쇠하다. 또 관이 왕하고 인수가 경(輕)할 때 재성이 기(氣)를 얻으면 형(兄)은 비록 제(弟)를 아끼지만 제(弟)는 이루는 것이 없다. 일간이 비록 쇠하더라도 인수가 왕하고 월에서 이끌어주면 형제가 많고, 일간이 왕한데 효신을 만나고 비겁이 중(重)한데 관이 없으면 독사적으로 살아가야 한다. 재가 경(輕)하고 비겁이 중(重)할 때 식상이 비겁을 인화(引化)하면 형제간의 불화(不和)가 없고, 재가 경(輕)하고 겁재가 있을 때 관성이 분명하게 드러나면 형제가 다투지 않을 것이다. 효신과 비겁을 거듭 만났을 때 재가 경(輕)하고 살(殺)이 은복되면 형제를 잃을 수 있으며, 일간이 쇠하고 인수가 있는데 재성이 비겁을 만나면 형제가 서로 다투게 된다. 그러므로 형제를 살필 때는 제강의 희기만 논하지 말고 일간과의 애증 관계도 자세히 살피면 판단에 문제가 없을 것이다.

◉형제는 비겁을 살피면 된다. 다른 육친과 마찬가지로 팔자에서 비겁이 희
신으로 작용하면 형제가 좋을 것이고, 반대로 비겁이 기신으로 작용하면
형제가 도움이 되지 않고 해(害)가 될 수 있다. 비겁으로 인하여 팔자가 성
격(成格)되면 형제가 좋을 것이고, 비겁으로 인하여 파격(破格)이 된다면
형제가 도움이 되기는커녕 해(害)가 되는 것도 다른 육친과 마찬가지이다.

時	日	月	年
丁	丙	壬	丁
酉	子	寅	亥

● 寅월에 두 개의 丁火가 투하였으나 년간의 丁火는 丁壬합이 되었다.
● 지지에는 寅亥합과 子酉파가 있다.
● 일곱 형제가 모두 학문을 하였다.
● 형제간에 우애도 돈독하였다.

時	日	月	年
庚	丙	戊	癸
寅	午	午	巳

● 午월에 丙午일주로 양인이 강하다.
● 午午형과 寅午 반합이 있다.
● 월간 戊土도 뿌리가 튼튼하지만 戊癸합되었다.

- 여섯 형제가 모두 우환을 만났다.

- 임철초(任鐵樵) 사주와 시주만 다르다.

- 비겁이 강하고 재관이 무기하면 형제가 적다.

- 관살(官殺)이 너무 왕해도 형제가 발전하지 못한다.

- 일간과 재가 함께 왕하고 관인이 통근해야 형제간에 우애한다.

何知其人富 財氣通門戶
하지기인부　　재기통문호

어떻게 사람의 부(富)를 아는가? 재기(財氣)가 문호(월령)에 통했는가를
봐야 한다.

原註

財旺身强, 官星衛財, 忌印而財能壞印, 喜印而財能生官, 傷官重而
財神流通, 財神重而傷官有根, 無財而暗成財局, 財露而傷亦露者,
此皆財氣通門戶, 所以富也. 夫論財與論妻之法, 可相通也, 然有妻
賢而財薄者, 亦有財富有妻傷者, 看刑沖會合. 但財神淸而身旺貞妻
美, 財神濁而身旺者家富.

재가 문호(門戶)에 통한 경우는 **재왕신강**(財旺身强)하고 관성이 재를
보호하거나, 인수가 기신일 때 재가 인수를 파괴하거나, 인수가 희신
일 때 재가 관을 생하거나, 상관이 중(重)할 때 재가 유통시키거나, 재
가 중(重)할 때 상관이 뿌리가 있거나, 재가 없을 때 암암리에 재국(財
局)을 이루거나, 재가 노출되었을 때 상관도 노출된 경우 등이며, 이
처럼 되면 모두 **재기통문호**(財氣通門戶)에 해당되어 부(富)한 명(命)이
된다. 재물과 처(妻)를 같이 논할 수 있으나 처(妻)는 어진데 재물이 적

은 경우도 있고, 재물은 풍부한데 처(妻)가 손상되는 경우도 있으니 형충회합 등을 참고해야 한다. 재가 청하고 신왕한 경우는 처(妻)가 아름답고, 재가 탁하고 신왕한 경우는 부유하다.

任氏曰

身旺財弱無官者, 必要有食傷; 身旺財旺無食傷者, 必須有官有殺. 身旺印旺食傷輕者, 財星得局, 身旺官衰印綬重者, 財得當令, 身旺劫旺, 無財印而有食傷者; 身弱財重, 無官印而有比劫者, 皆財氣通門戶也.

재약신왕(財弱身旺)한데 관이 없는 경우에는 반드시 식상이 있어야 하고, 신왕재왕(身旺財旺)한데 식상이 없는 경우에는 관(官)이나 살(殺)이 있어야 한다. 신왕인왕(身旺印旺)하고 식상이 경(輕)한 경우에는 재성이 국(局)을 이루어야 하고, 신왕관쇠(身旺官衰)하고 인수가 중(重)한 경우에는 재성이 당령해야 한다. 신왕겁왕(身旺劫旺)할 때 재(財)와 인(印)이 없고 식상이 있는 경우와 신약재중(身弱財重)할 때 관(官)과 인(印)이 없고 비겁이 있는 경우 등은 모두 재기통문호(財氣通門戶)로 간주된다.

財卽是妻, 可以通論也. 若淸財妻美, 濁財家富, 其理雖正, 尚未深論之也. 如身旺有印, 官星泄氣, 四柱不見食傷得財星生官, 無食傷則財星亦淺, 主妻美而財薄也; 身旺無印, 官弱逢傷, 得財星化傷生官, 則亦通根, 官亦得助, 不特妻美, 而且富厚.

재(財)는 재물도 되고 처(妻)도 되므로 함께 논할 수 있다. 재가 청하면 처(妻)가 아름답고 재가 탁하면 집이 부유하다. 신왕하고 인수가 있어서 관성이 설기될 때 사주에 식상이 보이지 않으면 재를 만나 관을 생해야 하는데, 식상이 없으면 재성도 미약하므로 대체로 처(妻)는 아름답지만 재물은 적다. 신왕하고 인수가 없으며 관이 약할 때 상관을 만나면 재성이 상관을 인화(引化)하여 관을 생하니 재도 근원에 통하고 관도 도움이 되어 처(妻)도 아름답고 부유하다.

身旺官弱, 食傷重見, 財星不與官通, 家雖富而妻必陋也 ; 身旺無官, 食傷有氣, 財星不與劫連, 無印而妻財竝美, 有印則財旺妻傷. 此四者宜細究之.

신왕하고 관이 약한데 식상이 거듭 보일 때는 재성이 식상과 관을 봉관시키지 못하면 집은 부유해도 처(妻)는 누추하다. 신왕하고 관이 없고 식상이 유기(有氣)한데 재성이 비겁과 연접하지 않고 인수가 없으면 처(妻)와 재물이 모두 좋고, 이때 인수가 있으면 재물은 왕성하지만 처(妻)는 손상될 가능성이 크다.

時	日	月	年
辛	壬	丙	甲
亥	寅	子	申

- 子월에 壬水일간으로 양인격이다.

- 申子 반합과 寅亥합이 있다.

- 子월에 壬水는 戊土와 丙火가 필요하다.

- 강한 水는 戊土로 제어하고 丙火로 조후하는 것이다.

- 재기통문호(財氣通門戶)로 백여만금을 소유했다.

- 거부의 명(命)은 재기통문호(財氣通門戶)가 되어야 한다.

時	日	月	年
戊	癸	丙	壬
午	亥	午	申

- 午월에 丙火와 癸水가 투하였다.

- 재기통문호(財氣通門戶)의 사주이다.

- 관도 강하다.

- 午월의 癸水는 金水가 필요하다.

- 壬水는 투하고 庚金은 암장되었다.

- 유업은 풍부하지 않았으나 사오십만금을 모았다.

- 일처 사첩에 아들은 여덟이었다.

何知其人貴 官星有理會
하지기인귀　관성유리회

어떻게 그 사람의 귀(貴)를 아는가?

관성이 이치에 맞게 모여 있는가를 보면 된다.

官旺身旺, 印綬衛官, 忌劫而官能去劫, 喜印而官能生印, 財神旺而官星通達, 官星旺而財神有氣, 無官而暗成官局, 官星藏而財神亦藏者, 此皆官星有理會, 所以貴也.

관왕신왕(官旺身旺)할 때 인수가 관을 보호하거나, 관이 기신인 겁재를 제거하고 있거나, 인수가 희신일 때 관이 인수를 생하거나, 재가 왕할 때 관이 유통시키거나, 관이 왕할 때 재가 유기(有氣)하거나, 관이 없을 때 행운에서 관국(官局)을 이루거나, 관이 암장되었을 때 재도 암장된 경우는 모두 **관성유리회**(官星有理會)에 속해 귀안 명(命)이 된다.

夫論官與論子之法, 可相通也, 然有子多而無官者, 身顯而無子者, 亦看刑沖會合. 但官星淸而身旺者必貴 ; 官星濁而身旺者必多子 ; 至於得象得氣·得局·得格者, 妻子富貴兩全.

관직과 자식을 논하는 방법이 비슷한데 자식은 많지만 관록이 없는 경우도 있고, 벼슬은 얻었지만 자식이 없는 경우도 있다. 이러한 차이는 형충회합 등으로 살펴야 한다. 다만 관이 청하고 일간이 왕하면 반드시 귀하고, 관이 탁하고 일간이 왕하면 반드시 자식이 많다. 관성이 상(象)을 얻고 기(氣)를 얻고 국(局)을 이루고 격(格)을 이룬 경우에는 처자(妻子)와 부귀가 모두 온전하다.

身旺官弱, 財能生官, 官旺身弱, 官能生印, 印旺官衰, 財能壞印, 印衰官旺, 財星不現, 劫重財輕, 官能去劫, 財星壞印, 官能生印, 用官, 官藏財亦藏, 用印, 印露官亦露者, 皆官星有理會, 所以貴顯也.

신(身)이 왕하고 관이 약할 때 재가 관을 생하거나, 관이 왕하고 일간이 약할 때 관이 인수를 생하면 귀하다. 인수가 왕하고 관이 쇠할 때 재가 인수를 극하거나, 인수가 쇠하고 관이 왕할 때 재가 없거나, 비겁이 중(重)하고 재가 경(輕)할 때 관이 비겁을 제거하거나, 재가 인수를 파괴할 때 관이 인수를 생하거나, 관을 써야 할 때 관이 암장되었는데 재도 암장되거나, 인수를 쓸 때 인수가 노출되고 관도 노출된 경우 등은 모두 관성유리회(官星有理會)에 해당하니 귀하고 현달한다.

如身旺官旺印亦旺, 格局最淸, 而四柱食傷, 一點不混, 財星又不出現, 官星之情依乎印, 印之情依乎日主, 只生得一個本身, 所以有官無子也；縱使稍雜食傷, 亦被印星所剋, 子亦艱難. 如身旺官旺印弱, 食傷暗藏, 不傷官星, 不受印星所剋, 自然貴而有子；必身旺官衰, 食傷有氣, 有印而財有壞印, 無財而暗成財局, 不貴而子多必富；如身旺官衰, 食傷旺而無財, 有子必貧；如身弱官旺, 食傷旺而無印, 貧而無子, 或有印逢財, 亦同此論.

신왕관왕(身旺官旺)하고 인수도 왕하면 격국이 청하다. 만일 사주에 식상이 있어도 재가 없는 경우에는 관성이 약해지니 관은 있어도 자식이 없다. 이때 식상이 있어도 인성에게 극을 당하므로 자식을 두기가 어렵다. 신왕관왕(身旺官旺)하고 인수가 약할 때 식상이 암장되어 관성을 손상하지도 않고 인성에게 극을 당하지도 않으면 자연히 귀하게 되고 자식도 있다. **신왕관쇠**(身旺官衰)하고 식상이 유기(有氣)할 경우에는 인수가 있어도 재가 인수를 파괴하거나, 재가 없는데도 행운에서 재국(財局)을 이루면 귀하지는 않아도 자식이 많고 부유하다. 신왕관쇠(身旺官衰)할 때 식상이 왕하고 재가 없으면 자식은 있으나 가난하고, **신약관왕**(身弱官旺)할 때 식상이 왕하고 인수가 없으면 가난하고 자식도 없다. 인성이 일간을 생하려고 할 때 재를 만나도 가난하고 무자(無子)하기는 마찬가지이다.

時	日	月	年
辛	丁	癸	癸
亥	卯	亥	卯

● 亥월에 두 개의 癸水가 투하여 칠살격이다.

● 亥卯 반합이 있어 인수도 강하다.

● 관인(官印)에 종하는 사주이다.

● 초운 庚申, 辛酉운은 재운이어서 공명을 이루기 어려웠다.

● 己未운에는 청운의 앞길이 상승하여 벼슬이 상서(尙書)에 이르렀다.

● 운이 따르지 않았더라면 빈한한 선비일 뿐이다.

● 巳월에 丁火가 투하여 비겁이 강하다.

● 巳酉 반합도 있다.

● 巳월 丙火는 壬庚이 있으면 격이 높아진다.

● 壬水는 투하고 庚金은 암장되어 있다.

● 삼십이 지나 운이 북방(北方)으로 갈 때 과거에 수석으로 합격하였다.

● 관살혼잡은 신왕한 운에 발달한다.

● 寅월에 丙甲己가 모두 투하였다.

● 寅午 반합도 있어 丙火의 힘도 강하다.

● 재관을 쓰면 좋다.

● 庚午대운 癸酉년에 등과하였다.

● 庚午운 후반에 질병과 형상이 있었다.

- 辛未대운 己卯년에 과거에 급제하여 사림에 들어갔다.

- 그 후 벼슬길이 탄탄대로였다.

- 巳월에 辛金이 투하여 겁재가 강하다.

- 빈한한 집에서 태어났다.

- 丁丑대운 戊寅, 己卯년에 과거에 급제하여 사림에 들어갔다.

- 서(書)에 "살이 권으로 변하면 빈한한 집에서 귀한 사람이 나온다."고
  하였다.

何知其人貧 財星終不眞
하지기인빈　　　　재성종부진

어떻게 그 사람이 가난한 줄 아는가?

팔자의 재성이 참되지 않을 경우이다.

原註

財神不眞者, 不但泄氣被劫也, 傷輕財重傷氣泄, 財輕官重財氣泄,
傷重印輕身弱, 財重卻輕身弱, 皆爲財神不眞也. 中有一味淸氣, 則
不賤.

재가 부진(不眞), 즉 참되지 않다는 것은 재가 설기되거나 비겁에게 손상되는 것만 말하는 것이 아니다. 상관이 경(輕)한데 재가 중(重)하여 상관이 설기되거나, 재가 경(輕)할 때 관이 중(重)하여 재가 설기되거나, 상관이 중(重)하고 인수는 경(輕)하여 신약하거나, 재는 중(重)하고 비겁이 경(輕)하여 신약한 경우 등이다. 재가 참되지 않더라도 그중에 청기(淸氣)가 있으면 가난해도 천(賤)하지는 않다.

任氏曰

財神不眞者有九, 如財重而食傷多者, 一不眞也 ; 財輕喜食傷而印旺者, 二不眞也 ; 財輕劫重, 食傷不現, 三不眞也 ; 財多喜劫, 官星制劫, 四不眞也 ; 喜印而財星壞印, 五不眞也 ; 忌印而財星生官, 六不眞也 ; 喜財而財合閑神而化者, 七不眞也 ; 忌財而財合閑神化財者, 八不眞也 ; 官殺旺而喜印, 財星得局者, 九不眞也. 此九者, 財神不眞之正理也.

재가 참되지 않은 경우는 다음 아홉 종류이다. 재가 중(重)한데 식상이 많거나, 재가 경(輕)하여 식상을 좋아할 때 인수가 왕하거나, 재가 경(輕)하고 비겁이 중(重)한데 식상이 없거나, 재가 많아 비겁을 좋아할 때 관성이 비겁을 제압하거나, 인수를 좋아하는데 재성이 인수를 파괴하거나, 인수를 꺼려하지만 재가 관을 생하고 관이 인수를 생하여 재성을 설기하거나, 재를 기뻐하는데 재가 한신과 합하여 변하거나, 재를 꺼리는데 재가 한신과 합하여 재로 화(化)하거나, 관살이 왕하여 인수를 좋아하는데 재가 국(局)을 이룰 때이다. 이 같은 종류가 재성이 부진(不眞)한 경우이다.

然貧者多而富者少, 故貧有幾等之貧, 富有幾等之富, 不可槪定. 有貧而貴者, 有貧而正者, 有貧而賤者, 宜分辨之. 如財輕官衰, 逢食傷而見印綬者, 或喜印, 財星壞印, 得官星解者, 此貴而貧也 ; 官殺旺而身弱, 財星生助官殺, 有印財一衿易得, 無印則老於儒冠, 此淸貧之格, 所爲皆正也.

빈(貧)한 자는 많고 부(富)한 자는 적다. 빈(貧)에도 몇 가지 등급이 있고, 부(富)에도 몇 가지 등급이 있으니 대충 정해서는 안 된다. 빈(貧)해도 귀(貴)한 경우가 있고, 빈(貧)해도 정(正)한 경우도 있고, 빈(貧)하고 천(賤)한 경우도 있으니 잘 분별해야 한다. **재경관쇠**(財輕官衰)할 때 식상을 만나 좋았지만 다시 인수가 나타나거나, 인수가 희신이고 재기 있을 때 관성을 만나면 귀하기는 하지만 가난하다. **관왕신쇠**(官旺身衰)하고 재성이 관살을 생조할 경우에 인수가 있으면 뜻을 이루기 쉽지만 인수가 없으면 공부를 해도 성공하지 못하고 청빈(淸貧)하다.

財多而心事必欲貪之, 官旺而心志必欲求之, 非合而合, 不從而從, 合之不化, 從之不眞, 此等之命, 見富貴而生諂容, 遇財利而忘恩義, 謂貧而賤也, 卽僥倖致富, 亦不足貴也.

재가 많으면 재를 탐하려 하고, 관이 왕하면 관을 구하려고 할 것이다. 합이 되어도 화(化)하지 못하거나 종(從)이 되어도 진종(眞從)이 되지 않으면 이러한 명(命)은 부귀한 자를 만나면 아첨하고, 재리(財利)를 만나면 은혜와 의리를 잊으니 결국 빈천하다. 혹 요행으로 부(富)를 이루어도 귀(貴)는 부족하다.

凡敗業破家之命, 初看似呼佳美, 非財官雙美, 卽干支雙淸, 非殺印相生, 卽財臨旺地, 不知財官雖可養命榮身, 必先要日主旺相, 方能任其財官, 若太過不及, 皆爲不眞, 能散能耗則有之, 終不能臻富貴也, 此等格局最多, 難以枚擧, 宜細究之.

사업에 실패하고 파가(破家)한 명(命)은 처음 보기에는 아름답게 보일지라도 사실은 재관이 아름답지 못한 경우이다. 즉, 간지가 쌍청(雙淸)하지 못하거나 살인상생(殺印相生)이 되지 못한 것이다. 재가 왕지에 임하고 재관이 양명(養命)하고 영신(榮身)하려면 반드시 일간이 왕상(旺相)해야 한다. 일간이 왕상하지 않으면 재관을 감당할 수 없기 때문이다. 만일 태과나 불급이 되면 모두 참되지 않으니 재관이 있다 하더라도 부귀하지 못하다. 이러한 격국은 무척 많아서 일일이 열거하기 어려우니 자세히 연구해야 한다.

時	日	月	年
辛	戊	戊	壬
酉	戌	申	子

●申子 반합이 있고, 申酉戌 방합도 있다.

●방(方)과 국(局)이 혼잡하여 혼국(混局)이 되었다.

●운이 金水운으로 가자 재물을 가볍게 여기고 의를 중하게 여겼다.

●申월의 戊土에게는 丙癸甲이 있으면 좋다.

●庚戌운에 학교에 들어가고 자식을 얻었다.

●辛亥, 壬子운에는 가난을 견디기 어려웠다.

時	日	月	年
己	丁	甲	癸
酉	巳	寅	卯

●寅월에 甲木과 己土가 투하였다.

●甲木 인수가 강하니 인수격이다.

●寅월의 丁火에게는 甲庚이 있으면 좋다.

●甲木은 투하고 庚金은 암장되었다.

●조업이 이십여만금이었다.

●壬子운에 망하여 잿더미가 되었다.

●辛亥운에 굶어 죽었다.

時	日	月	年
庚	丙	壬	庚
寅	寅	午	午

- 午월에 丙火로 양인격이다.

- 寅午 반합이 있어 양인이 강하다.

- 水를 돕는 癸未, 甲申, 乙酉운에 의식이 풍족하였다.

- 水를 해치는 丙戌운에 처자를 극해하고 파모(破耗)가 있어 수만금이 사라졌다.

- 丁亥운에 외롭고 괴로움으로 죽었다.

- 丁壬합으로 필요한 水가 사라지는 때였다.

- 卯酉충과 寅酉원진, 寅午 반합이 있다.

- 일간 庚金은 乙木과 합이 되었다.

- 酉월에 庚金으로 양인격이다.

- 월지 酉는 卯酉충과 寅酉원진 등으로 무척 약하다.

- 초운 甲申에 학교에 들어갔다.

- 그 후 운이 남방(南方)으로 갈 때 빈곤을 견디기 어려웠다.

時	日	月	年
庚	癸	丙	辛
申	巳	申	丑

- 월일시지에 巳申 형합이 연달아 있다.

- 申월에 庚辛金이 투하였으나 丙辛합이 되었다.

- 庚金을 써서 인수격이다.

- 초운인 乙未, 甲午운에 조업이 풍부하였다.

- 癸巳운에 巳申 형합이 동하자 걸인이 되었다.

時	日	月	年
乙	丁	乙	庚
巳	丑	酉	辰

- 巳酉丑 삼합에 庚金이 투하여 일간이 약하나.

- 년간의 庚金은 乙庚합이 되었다.

- 재격이다.

- 초운인 丙戌, 丁亥운에 조업이 풍부하고 재물도 풍부하였다.

- 戊子, 己丑운에는 재물이 흩어지고 춥고 배고파서 죽었다.

何知其人賤 官星還不見
하지기인천　　관성환불현

어떻게 사람의 천(賤)을 아는가?

관성이 팔자의 어디에도 보이지 않을 경우이다.

原註

官星不見者, 不但失令被傷也. 身輕官重, 官輕印重, 財重無官, 官重無印者, 皆是官星不見也. 中有一味濁財, 則不貧 ; 至於用神無力而忌神太過, 敵而不受降, 助旺欺弱, 主從失宜, 歲運不輔者, 旣貧且賤.

관성이 보이지 않는 경우란 다음과 같다. 관성이 월령을 얻지 못하였거나 손상된 경우, 일간이 경(輕)할 때 관이 중(重)하거나 관이 경(輕)할 때 인수가 중(重)한 경우, 재가 중(重)할 때 관이 없거나 관이 중(重)할 때 인수가 없는 경우이다. 국(局)에 하나의 탁한 재만 있어도 가난하지는 않지만, 용신이 무력하고 기신이 태과하거나, 왕한 것을 돕고 약한 것을 업신여기거나, 주종(主從)이 구분이 안 될 경우에 세운에서조차 도와주지 않는다면 모두 가난하고 천하다.

任氏曰

此段原注太略, 然富貴之中, 未嘗無賤, 貧賤之中, 未嘗無貴, 所以賤之一字, 不易知也. 如身弱官旺, 不用印綬化之, 反以傷官强制 ; 如身弱印輕不以官星生印, 反以財星壞印 ; 如財重身輕, 不以比劫幫身, 反以比劫奪財, 合此格者, 忘卻聖賢明訓, 不思祖父積德, 以致災生不測, 殃及子孫.

이 단원은 원주가 간략하다. 부귀하면서 천(賤)하기도 하고, 빈천하면서 귀하기도 하니 천(賤)을 한 글자로 말하기는 어렵다. **신약관왕**(身弱官旺)할 때 인수가 없고 도리어 상관으로 일간을 설기시키거나, 또는 **신약인경**(身弱印輕)할 때 관성으로 인수를 생하지 못하고 도리어 재성으로 인수를 파괴하거나, 또는 **재중신경**(財重身輕)할 때 비겁으로 신(身)을 돕지 못하고 도리어 비겁이 탈재(奪財)한다면 이러한 격(格)들은 성현의 가르침을 망각하고 조부의 적덕(積德)을 생각하지 않으니 재앙이 자손에게까지 미칠 수 있다.

如身弱印輕, 官旺無財, 或身旺官弱, 財星不現, 合此格者, 處貧困不改其節, 遇富貴不易其志, 非理不行, 非義不取. 故知貪富貴而戀金谷者, 竟遭一時之顯戮, 樂簞瓢而甘敝縕者, 終受十載之令名,

가령 **신약인경**(身弱印輕)할 때 관이 왕하고 재가 없거나, 또는 **신왕관약**(身旺官弱)할 때 재성이 나타나지 않으면 빈곤에 처해도 절개를 잃지 않고, 부귀를 만나도 예(禮)가 아니면 행하지 않고, 의(義)가 아니면 취하지 않는다. 만일 부귀를 탐하고 호화로운 생활을 연모하면 결국 현륙(顯戮)을 당하지만, 한 그릇의 밥과 한 바가지의 음료를 즐기고 해진 솜옷을 달게 여기면 천년 동안 전해질 명성을 얻게 된다.

是以有三等官星不見之理. 如官輕印重而身旺, 或官重印輕而身弱, 或

官印兩平而日主休囚者, 此上等官星不見也；如官輕劫重無財, 或官煞重無印, 或財輕劫重官伏者, 此中等官星不見也；如官旺喜印. 財星壞印, 或官殺重無印, 食傷强制, 或官多忌財, 財星得局, 或喜官星, 而官星合他神化傷者, 或忌官星, 他神合官星又化官者, 此下等官星不見也. 細究之, 不但貴賤分明, 而賢不肖亦了然矣.

그러므로 **관성불현**(官星不見), 즉 관성이 드러나지 않은 경우는 다음과 같이 세 등급으로 나눌 수 있다. **관경인중**(官輕印重)하여 일간이 왕하거나, 또는 **관중인경**(官重印輕)하여 신(身)이 약하거나, 또는 **관인양평**(官印兩平)하고 일간이 휴수된 경우에는 높은 등급의 관성불현(官星不見)이 된다. 다음으로 **관경비중**(官輕比重)할 때 재가 없거나, 또는 관살이 중(重)할 때 인수가 없거나, 또는 **재경비중**(財輕比重)할 때 관이 은복된 경우에는 중간 정도의 관성불현(官星不見)이다. 관이 왕하여 인수를 좋아하는데 재성이 인수를 파괴하거나, 또는 관살이 중(重)하고 인수가 없을 때 식상이 강하게 제압하거나, 또는 관이 많아서 재를 꺼리는데 재성이 국(局)을 이루거나, 또는 관성을 기뻐하는데 관성이 타신(他神)과 합하여 상관으로 변하거나, 또는 관성을 꺼리는데 타신(他神)이 관성과 합하여 다시 또 관성으로 변하는 경우 등은 낮은 등급의 관성불현(官星不見)이 된다. 이렇게 자세히 연구하여 등급을 나누면 귀천이 분명히 드러나고 현명함과 어리석음도 구분할 수 있다.

時	日	月	年
甲	丁	壬	丁
辰	亥	子	丑

- 丁壬합과 亥子丑 방합이 있다.

- 천간에 투한 壬水는 丁壬합거되었다.

- 학문이 참되고 두터웠다.

- 처세에 구차함이 없어서 어린이와 초학자를 가르쳤다.

- 청빈을 굳게 지켰다.

時	日	月	年
壬	丙	庚	丙
辰	午	寅	辰

- 寅午 반합에 丙火가 투하여 비겁이 강하나.

- 寅월에 丙火는 편인격으로 편인이 격각과 반합으로 손상되었다.

- 운이 동남운으로 가니 유년기에 부친을 잃고 모친은 개가하였다.

- 수년 후 모친도 죽고 소를 키우며 보냈다.

- 품팔이를 고용하였다.

- 그 후로 두 눈을 잃고 구걸하며 살아갔다.

時	日	月	年
癸	辛	甲	丁
巳	亥	辰	卯

● 卯辰해, 辰亥귀문, 巳亥충이 있다.

● 辰월에 甲木이 투하여 재격이다.

● 재격의 종류도 많은데 辛甲은 별로 좋지 않은 관계이다.

● 癸水도 뿌리가 있어 식신도 쓸 수 있다.

● 출신이 미천했다.

● 처음에 배우가 되고자 연기를 익혔으니 목이 쉬어 포기했다.

● 영리하고 아첨을 잘하여 재물을 모았다.

● 돈을 바치고 종9품으로 관직을 얻어 행패를 부렸다.

● 후에 죄를 범하고 파직하여 외롭게 지냈다.

何知其人吉 喜神爲輔弼
하지기인길　　　희신위보필

어떻게 사람의 길(吉)을 알 수 있는가?

희신이 일간을 보필하는 것을 보면 알 수 있다.

原註

柱中所喜之神, 左右終始, 皆得其力者必吉, 然大勢平順, 内體堅
厚, 主從得宜, 縱有一二忌神, 適來攻擊, 亦不爲凶, 譬之國内安
和, 不愁外寇.

희신이 일간의 좌우에 배치되어 시종일관 힘이 있으면 반드시 길(吉)하다. 팔자의 대세가 평순(平順)하고 내부의 체(體)가 견후(堅厚)하며, 주종(主從)이 마땅하다면 한두 개의 기신(忌神)이 와서 공격하더라도 흉(凶)이 되지 않는다. 예를 들면 나라 안이 안화(安和)하면 외구(外寇)를 걱정하지 않아도 되는 것과 같다.

任氏曰

喜神者, 輔用助主之神也. 凡八字先要有喜神, 則用神有勢, 一生有吉無凶, 故喜神乃吉神也. 若柱中有用神而無喜神, 歲運不逢忌神無害, 一遇忌神必凶, 如戊土生於寅月, 以寅中甲木爲用神, 忌神必是庚辛申酉之金, 日主元神厚者, 以壬癸亥子爲喜神, 則金見水而貪生, 不來剋木矣 ; 日主元神薄者, 以丙丁巳午爲喜神, 則金見火而畏, 亦不來剋木矣.

희신은 용신을 보좌하고 일간을 돕는 글자를 말한다. 팔자에는 먼저 용신을 보좌하는 희신이 있어야 용신이 세력을 얻어 한평생 길(吉)하고 흉(凶)이 없다. 그래서 희신은 길신이다. 사주에 용신만 있고 희신이 없을 때 세운에서 기신을 만나지 않으면 흉(凶)하지 않지만 만일 세운에서 기신을 만나게 되면 흉(凶)하게 된다. 예를 들어 戊土가 寅월에 생하고 寅 중 甲木이 용신이라면 기신은 庚辛金이나 申酉金이 된다. 戊土일간이 강하여 壬癸水나 亥子水를 희신으로 삼으면 金이 와도 水가 통관의 역할을 하므로 木을 극하지 못한다. 만일 戊土일간이 약하여 丙丁火나 巳午火를 희신으로 하면 金이 火를 만나 두려워하므로 역시 木을 극하지 못한다.

如身弱以寅中丙火用神, 喜天干透出, 以水爲忌神, 以比動爲喜神, 所以用官用印有別, 用官者, 身旺可以財爲喜神, 用印者身弱有劫, 而後用官爲喜神. 使其劫去財星. 則印綬不傷, 官星無助之意也.

만일 戊土가 寅월에 생하고 일간이 약하여 寅 中 丙火가 용신이라면 丙火가 천간에 투출하면 좋다. 이때는 水가 기신이 되고 비겁이 희신이 된다. 그러므로 관을 용신으로 쓰는 것과 인수를 용신으로 쓰는 것에는 차이가 있다. 관을 쓰는 경우에는 신왕하므로 재를 희신으로 삼지만 인수를 쓰는 경우에는 신약하므로 비겁을 희신으로 삼는다. 이때는 비겁이 재성을 제거하여 인성을 보호하니 인수도 손상되지 않고 관성도 재성의 도움이 필요하지 않다.

如原局有用神. 無喜神, 而用神得時秉令, 氣象雄壯, 大勢堅固, 四柱安和, 用神緊貼, 不爭不噎者, 卽遇忌神, 亦不爲凶. 如原局無喜神, 有忌神, 或暗伏或出現, 或與用神緊貼, 或爭或噎, 或用神不當令, 或歲運引出忌神, 助起忌神, 譬之國家有奸臣, 私通外寇, 兩來夾攻, 其凶立見. 論土如此, 餘皆類推.

원국에 용신만 있고 희신이 없는 경우에 용신이 득시(得時)하고 병령(秉令)하여 기상(氣象)이 웅장하고 대세가 견고하여 사주가 안화(安

和)할 때는 기신을 만나더라도 흉(凶)이 되지 않는다. 그러나 국(局)에 희신은 없고 기신만 암장되거나 또는 기신이 출현하여 용신에 붙어 있거나 또는 기신이 용신과 쟁투하거나, 또는 용신이 월령을 얻지 못하거나, 또는 세운에서 온 기신이 팔자의 기신을 돕는다면 흉(凶)하게 된다. 비유하면 국가의 간신(奸臣)이 외구(外寇)와 사통(私通)하여 양쪽에서 협공하는 것과 같으니 흉(凶)한 것이다. 土가 이와 같으니 나머지도 같은 방법으로 추리한다.

- 寅월에 甲丙己가 모두 투하였다.
- 천간의 글자들이 월지에 뿌리를 두면 귀하다.
- 초반에 관인을 잘 써서 일찍 과거에 급제하였다.
- 일생 길함만 있고 흉함이 없었고 벼슬은 관찰사에 이르렀다.
- 퇴임 후에도 편안했고 아들은 여섯이 모두 과거에 합격하였다.
- 부부가 서로 공경했고 수(壽)는 팔십이 넘었다.

- 방합에는 반합이 있고 없고는 문제가 아니다.
- 卯운에 寅卯辰 방합이 될 것이다.
- 亥월에 庚金은 식신격이다.
- 戊己土도 뿌리가 있어 인수도 쓸 수 있다.
- 평생 흉함이 없었다.
- 과거에 급제하여 벼슬길에 파란이 없었다.
- 후손도 가업(家業)을 이어 받았고 수(壽)는 팔십을 넘었다.

何知其人凶 忌神輾輾攻
하지기인흉　　　기신전전공

어떻게 그 사람의 흉(凶)을 아는가?

기신(忌神)이 여기저기에서 일간을 공격할 경우이다.

原註

財官無氣, 用神無力, 不過無所發達而已, 亦無刑凶也. 至於忌神太
多, 或刑或沖, 歲運助之. 輾轉攻擊, 局內無備禦之神, 又無主從,
不免刑傷破敗, 犯罪受難, 到老不古.

재관이 무기(無氣)하고 용신이 무력(無力)하면 발달할 수 없지만 역
시 형흉(刑凶)도 없다. 그러나 기신(忌神)이 너무 많거나, 혹은 형이나
충이 있을 때 세운이 그것을 도와 여기저기서 공격할 경우는 매번 형
상(刑傷)과 파패(破敗)를 면치 못하고, 범죄를 짓거나 수난을 당하면

서 늙도록 길하지 못하다. 그러나 사주에 방어하는 글자가 있거나 일간이 종(從)해 버리면 상황은 달라진다.

忌神者, 損害體用之神也. 故八字先要有喜神, 則忌神無勢. 以忌神爲病, 以喜神爲藥, 有病有藥則吉, 有病無藥則凶, 一生吉少凶多者, 皆忌神得勢之故耳.

기신(忌神)이란 체(體)와 용(用)에 손해를 끼치는 글자이다. 팔자에 먼저 희신이 있어야 기신이 세력을 잃게 된다. 기신이 병(病)이라면 희신은 약(藥)이 되므로 병(病)이 있을 때 약(藥)이 있으면 길(吉)하지만, 병(病)만 있고 약(藥)이 없으면 흉(凶)한 것이다. 일생 길(吉)보다 흉(凶)이 많은 것은 모두 기신이 득세하기 때문이다.

如寅月生人, 不用甲木而用戊土, 則甲木爲當令這忌神, 看日主之意向, 或喜火以化之, 或用金以制之, 安頓得好, 又逢歲運扶喜抑忌, 亦可轉凶爲吉；歲運又不來扶喜抑忌, 又不與忌神結黨者, 不過終身碌碌, 無所發達而已.

寅월생이 甲木을 용신으로 쓰지 않고 寅 중 戊土를 쓴다면 甲木은 기신이 된다. 만일 火로 기신인 木을 설기하거나 또는 金으로 木을 억제하면 좋다. 또 세운에서 희신을 돕고 기신을 억제하면 흉(凶)이 길(吉)로 바뀔 수 있지만, 만일 세운이 희신을 돕지만 기신을 억제하지 못하거나 기신에게 힘을 실어주면 종신토록 힘들게 살며 발달하지 못한다.

若無火之化·金之制, 又遇水之生, 歲運又黨助忌神, 傷我喜神, 輾轉相攻, 凶禍多端, 到老不吉. 論木如此, 餘可類推.

만일 木이 기신일 때 火의 인화(引化)나 金의 억제는 없고 오히려 水가 기신을 생할 때 세운에서조차 기신을 도와 일간의 희신을 손상하면 흉화가 많아 늙도록 흉(凶)하게 된다. 木을 예로 들었지만 나머지 오행도 마찬가지이다.

● 寅亥합과 子午충이 있다.
● 寅월에 甲乙木이 투하여 인수격이다.
● 戊土도 뿌리가 있으니 식신도 쓸 수 있다.
● 초운인 丁丑운에 조상의 유업(遺業)이 십여만금이었다.
● 丙子운에 부모가 함께 사망하고 연달아 화재를 만났다.
● 乙亥운에 다시 화재를 만나고 세 처와 네 아들을 극해하였다.
● 이때 물에 뛰어들어 죽었다.

時	日	月	年
己	丙	庚	辛
丑	辰	寅	巳

● 寅巳형과 丑辰파가 있다.

● 寅월에 己土가 투하여 상관격이다.

● 초년 己丑, 戊子운에 부모를 잃고 외롭고 괴로웠다.

● 丁亥, 丙戌운에 온갖 어려움을 겪었다.

● 乙酉운에 처자를 형극(荊棘)하고 홍수를 만나 사망하였다.

何知其人壽 性定元神厚
하지기인수　　　성정원신후

어떻게 사람이 장수(長壽)할 것을 아는가?

성정(性情)이 안정되고 원기(元氣)가 두터운 경우이다.

原註

靜者壽, 柱中無沖無合, 無缺無貪, 則性定矣. 元神厚者, 不特精氣
神氣皆全之謂也, 官星不絶, 財神不滅, 傷官有氣, 身弱印旺, 提綱
輔主, 用神有力, 時上生根, 運無絶地, 皆是元神厚處. 細究之.

팔자가 정(靜)하면 장수(長壽)한다. 사주에 충이나 합이 없고 결(缺)이
나 탐(貪)도 없으면 성정이 안정된 것이다. 원신(元神)이 두텁다는 것
은 정(精)과 신(神)이 모두 온전한 것을 말할 뿐만 아니라, 관성이 절

되지 않고 재성이 멸(滅)되지 않으며, 상관이 유기(有氣)하여 일간이 약할 때 인수가 왕하거나, 제강이 일간을 보필하여 용신이 유력(有力)하거나, 시상(時上)의 글자가 뿌리를 생하거나 운이 절지로 가지 않는 경우 등을 모두 원신이 두텁다고 말하니 자세히 살펴야 한다.

大率甲乙寅卯之氣, 不遇沖戰洩傷偏旺浮泛而安頓得所者心壽. 木屬仁, 仁者壽, 每每有驗, 故敢施之於筆. 若貧賤之人而亦壽者. 以其稟得一個身旺. 或身弱而運行生地. 小小與他食祿不缺故耳.

대체로 甲乙木이나 寅卯木의 목기(木氣)는 충전(沖戰)이나 설상(洩傷)을 만나지 않고 편왕(偏旺)되거나 부범(浮泛)되지 않으면 반드시 안정을 득하여 장수(長壽)하게 된다. 목기(木氣)는 인(仁)에 속하고 인(仁)이 수(壽)라는 것은 늘 경험하는 일이다. 빈천하면서도 장수하는 경우는 신왕해야 하는 것이 일반적이지만, 신약할 때도 운이 생지로 가거나 그 외 작은 식록(食祿)이라도 결핍되지 않으면 장수한다.

任氏曰

仁·靜·寬·德·厚, 此五者, 皆壽徵也. 四柱得地, 五行停勻, 所合者皆閑神, 所化者皆用神, 沖去者皆忌神, 留存者皆喜神, 無缺無陷, 不偏不枯, 則性定矣. 性定不生貪戀之私, 不做苟且之事, 爲人寬厚和平, 仁德兼資, 未有不富貴福壽者也.

인(仁)·정(靜)·관(寬)·덕(德)·후(厚), 이 다섯 가지는 모두 장수(長壽)

와 관련이 있다. 성정이 안정된 경우는 사주가 득지(得地)하고 오행이 정균(停均)하거나, 모든 한신은 합(合)되고, 모든 용신은 화(化)하며, 기신은 충거(沖去)되고 희신은 보존되며, 팔자에 결함도 없고 편고되지 않을 때이다. 성정이 안정되면 탐연(貪戀)하는 사사로움이 없고 구차(苟且)한 일을 행하지 않으며, 사람이 관후(寬厚)하고 화평하며 인(仁)과 덕(德)을 겸하니, 부귀하고 수복(壽福)을 누리지 않는 자가 없다.

元神厚者, 官弱逢財, 財輕遇食, 身旺而食傷發秀, 身弱而印綬當權, 所喜者皆提綱之神, 所忌者皆失令之物, 提綱與時支有情, 行運與喜用不悖, 是皆元神厚處, 宜細究這. 清而純粹者, 必富貴而壽 ; 濁而混雜者, 必貧賤而壽.

원신(元神)이 두텁다는 것은 관이 약할 때 재를 만나서나, 재가 경(輕)할 때 식상을 만나거나, 일간이 왕할 때 식상을 만나거나, 일간이 약할 때 인수가 당권(當權)하는 경우를 말한다. 희신이 득령하고 기신은 실령(失令)하거나, 제강과 시지가 유정(有情)하고 행운이 희신과 용신에게 어긋나지 않으면 역시 원신이 두터운 경우에 속하니 자세히 연구해야 한다. 원신이 두터우면서 팔자가 청하고 순수하면 부귀하면서 장수하지만, 원신은 두터운데 팔자가 탁하고 혼잡한 경우에는 빈천하지만 장수를 누리기도 한다.

- 巳월에 丙火가 투하여 식신격이다.

- 巳월에 辛金도 투하여 정관도 쓸 수 있다.

- 초반에는 정관, 후반에는 식신을 쓰면 팔자대로 사는 것이다.

- 巳월에 甲木에게는 癸水와 丁火가 필요하다.

- 癸水는 투하였고 丁火 대신 丙火가 투하였다.

- 삼품의 귀를 누렸고 백만금의 부(富)를 소유했다.

- 자식은 열셋이고 수(壽)는 백세에 이르러 질병없이 세상을 마쳤다.

- 寅亥합이 있다.

- 합은 묶여 글자가 제 역할을 못한다.

- 亥월의 丙火는 甲木과 庚金이 있으면 좋다.

- 甲庚이 장간에 암장되었다.

- 亥월에 乙木이 투하여 인수격이다.

- 亥 중 戊土는 약하니 戊己土의 뿌리가 거의 되지 못한다.

- 향방(鄕榜)을 통하여 관직에 나아가 벼슬이 관찰사에 이르렀다.

● 아들이 아홉이었고 손자는 스물네 명이었다.

● 부(富)는 백만금을 수요하고 수(壽)는 백이십이었고 질병도 없었다.

時	日	月	年
壬	壬	辛	己
寅	寅	未	酉

● 未월에 己土가 투하여 정관격이다.

● 격이란 팔자에서 가장 주도적인 세력을 말한다.

● 未월의 壬水는 辛金과 甲木이 있으면 좋다.

● 辛金은 투하고 甲木은 암장되었다.

● 일찍 과거에 급제하여 삼품의 벼슬을 하였다.

● 품행이 방정하고 화목하며 후덕했다.

● 자식은 여덟에 열이 합의 손자가 있었다.

● 수(壽)는 96세였다.

時	日	月	年
丙	庚	庚	丁
子	辰	戌	未

● 戌월에 丙丁火가 투하여 관살혼잡이 되었다.

● 지지에 戌未형과 辰戌충 그리고 子辰 반합이 있다.

● 일찍 향방(鄕榜)에 올라 명리(名利)가 빛났다.

●강직하고 결단력이 있으며, 남을 기만하지 않았다.

●자식은 손상이 많았다.

●寅卯辰 방합에 寅월에 乙木이 투하여 비겁이 강하다.

●戊土도 투하였으나 강한 木에게 극을 당한다.

●寅월에 乙木은 丙火와 癸水가 있으면 좋다.

●丙火와 癸水가 모두 암장되었다.

●이때 각 글자의 모양을 살피는 것이 중요하다.

●일생동안 힘든 일에 종사하였다.

●정의롭고 재물을 멀리하였으며 교만과 아첨이 없었다.

●도(道)를 존중하고 청빈하였다.

●네 아들이 모두 좋았고 수(壽)는 94세에 이르렀다.

●寅월에 甲木이 투하여 칠살격이다.

●寅월의 戊土는 丙甲癸가 있으면 격이 높아진다.

●甲癸는 투하고 丙火는 암장되었다.

●8~9명의 자식 중 3~4명은 일품에 올랐다.

●탐욕과 악행 그리고 사치스럽고 무례하였다.

●부귀와 수복은 조상의 음덕과 공 때문이었다.

●후에 생활이 몰락하고 머리에 종기가 나서 사망하였다.

時	日	月	年
戊	己	庚	戊
辰	卯	申	辰

●申월에 庚金이 투하여 상관격이다.

●비겁의 기운도 강하니 일간도 힘이 있다.

●재물을 소중히 여기고 인의(仁義)는 적었다.

●자식은 없었고 수(壽)는 90을 넘겼다.

●재물을 아껴서 죽은 후에 가업이 사십여 만금이었다.

大凡財厚無子者, 皆類此格, 故無子之人, 其性情必多鄙吝, 不知財
散則民聚, 倘使富人無子能輕其財于親族之中, 分多潤寡, 何患無子
哉? 卽如此造, 金氣太堅, 水不露頭, 未得生生之妙, 能散其財, 則
金自流行, 子必招矣. 然散亦有功過, 散財于僧道, 有過無功；散財
于親族, 有功無過. 修德獲報, 人事原可挽回；作善隆祥, 天心鉅難
感召, 壽本五福之首, 壽而無子, 終于無益；與其富壽而無子, 不若

貧壽而有子也.

대체로 재물이 많은데도 자식이 없는 경우는 모두 이러한 격에 속한다. 그러므로 자식이 없는 사람은 그 성정이 인색하여 재물을 나누면 사람이 모인다는 이치를 알지 못한다. 가령 부유한 사람이 자식이 없다면 그 재물을 친족에게 나누어 준다면 어찌 자식이 없는 것을 걱정하겠는가? 곧 이 사주와 같이 금기(金氣)가 너무 견고하고 水가 천간에 드러나지 않아 생생지묘(生生之妙)를 얻지 못한 경우에는 그 재물을 나눈다면 金이 유행하여 자식을 반드시 불러올 것이다. 그러나 재물을 나누는 데에도 공과(功過)가 있으니 전각을 수리하고 사당을 짓도록 승도에게 재물을 나누어 주는 것은 과(過)만 있고 공(功)은 없다. 재산을 친족에게 나누어 주는 것은 공(功)은 있고 과(過)는 없다. 덕(德)을 닦으면 보답을 얻고 인사(人事)도 회복될 수 있는 것이고, 선행을 하면 복을 내리는 것이니 천심이 어찌 감동하지 않겠는가? 장수(長壽)는 본래 오복(五福) 중에 으뜸인데 장수(長壽)하면서 자식이 없으면 무익(無益)한 것이니 부(富)와 수(壽)를 누리면서 자식이 없는 것은 가난하게 장수하면서 자식이 있는 것만 못하다.

何知其人夭 氣濁神枯了
하지기인요   기탁신고료

어떻게 사람이 단명(短命)할 것을 아는가?

기(氣)가 탁하고 신(神)이 고갈(枯渴) 되었을 경우이다.

氣濁神枯之命極易看, 印綬太旺, 日主無着落, 財殺太旺, 日主無依倚, 忌神與喜神雜而虞, 四柱與用神反而絶, 沖而不和, 旺而無制, 濕而滯, 燥而鬱, 精流氣泄, 月悖時脫, 此皆無壽之人也.

기(氣)가 탁하고 신(神)이 고갈된 명(命)은 간명(看命)하기가 쉽다. 인수가 태왕할 때 일간이 뿌리가 없거나, 재살(財殺)이 태왕할 때 일간이 약하여 의지처가 없거나, 기신과 희신이 섞여서 싸우거나, 사주와 용신이 반대가 되어 서로 단절되어 충하면서 불화(不和)하거나, 왕한데 제(制)를 하지 않거나, 습체(濕滯)나 조울(燥鬱)하거나, 정(精)이 흐르고 기(氣)가 설기되거나, 월(月)과 시(時)의 글자가 온전하지 못하면 모두 장수하고는 거리가 먼 사람들이다.

氣濁神枯之命, 易中之難看者, "氣濁神枯"四字, 可分言之, 濁字作一弱字論, 氣濁者, 日主失令, 用神淺薄, 忌神深重, 提綱與時支不照, 年支與日支不和, 喜沖而不沖, 忌合而反合, 行運與喜用無情, 反與忌神結黨, 雖不壽而有子.

기(氣)가 탁하고 신(神)이 고갈된 명(命)은 쉬우면서도 어려운 것이다. **기탁신고**(氣濁神枯)의 네 글자는 기탁(氣濁)과 신고(神枯)로 나누어서 말할 수 있다. 탁(濁)이란 약(弱)과 비슷하다. 기(氣)가 탁한 경우는 다음과 같다. 일간이 실령(失令)하고 용신은 천박(淺薄)할 때 오히려 기신이 심중(深重)하거나, 제강과 시지가 서로 돕지 않거나, 년지와 일지가 서로 불화(不和)하거나, 충을 좋아하는데 충하지 않거나, 합을 꺼리는데 오히려 합이 되거나, 행운이 희신이나 용신과는 무정(無情)하고 오히려 기신을 돕는 경우 등이다. 이러한 경우는 수(壽)를 누리지는 못해도 자식은 있다.

神枯者, 身弱而印綬太重, 身旺而剋泄全無, 身弱用印, 而財星壞印, 身弱無印, 而重疊食傷, 或金寒水冷而土濕, 或火炎土燥而木枯者, 皆夭而無子也.

신(神)이 고갈(枯渴)되는 경우는 다음과 같다. 신약한데 인수가 태중(太重)하거나, 신왕한데 극(剋)이나 설(泄)이 전무(全無)하거나, 신약하여 인수가 필요할 때 재성이 인수를 파괴하거나, 신약하고 인수가 없는데 식상이 중첩되거나, **금한수냉**(金寒水冷)할 때 土가 습(濕)하거나, **화염토조**(火炎土燥)한데 木이 메마른 경우 등이다. 이러한 경우에는 단명(短命)하기도 하고 무자(無子)하기도 한다.

- 酉丑 반합과 辰酉합 그리고 卯辰해가 있다.
- 일간은 시간의 丙火와 丙辛합이 되었다.

●酉월에 辛金이 투하여 정재격이다.

●酉丑 반합으로 재의 힘이 강해졌다.

●壬午운에 한 명의 자식을 얻었다.

●辛巳운에 부부가 모두 사망하였다.

●巳酉丑 삼합으로 약한 오행이 모두 피해를 볼 시기였다.

時	日	月	年
戊	辛	戊	己
戌	亥	辰	丑

●丑辰파와 辰亥귀문 그리고 戌亥천문이 있다.

●辰월에 戊己土가 투하여 인성혼잡이다.

●초운은 조상의 음덕에 유의하였다.

●丙寅운에 한 명의 아들을 얻었다.

●乙丑운에 요절하였다.

●월지 辰土가 재차로 丑辰파를 당하던 시기였다.

時	日	月	年
壬	甲	壬	壬
申	寅	寅	寅

●일간이 세 개의 寅에 뿌리를 두어 무척 강하다.

●寅申충이 있다.

●편인 壬水도 시지에 뿌리를 두고 있다.

●丙午운에 가업이 무너져 소진되고 자식도 없이 요절하였다.

●寅午 반합의 연속으로 甲木이 활활 타던 때였다.

●乙巳운에는 아름다웠다.

時	日	月	年
癸	癸	辛	辛
丑	酉	丑	丑

●丑월에 辛金이 투하여 편인격이다.

●酉丑 반합으로 편인이 더욱 강해졌다.

●편인은 식신을 도식하고 헛생각만 한다.

●한 가지도 이룬 것이 없었다.

●戊戌운에 요절하였다.

●팔자의 본부인 월지를 丑戌형하던 때였다.

06 여명 女命

女命須要論安祥 氣靜平和婦道彰
여명수요론안상　　　기정평화부도창
二德三奇虛好語 咸池驛馬莫推詳
이덕삼기허호어　　　함지역마막추상

여명(女命)을 볼 때는 마땅히 안상(安祥)을 논해야 한다. 팔자의 기(氣)가 고요하고 평화로우면 부도(婦道)는 밝고 아름답다. 이덕(二德)이나 삼기(三奇) 등은 미사여구에 불과하고, 함지(咸池)나 역마(驛馬) 등도 언급할 필요가 없다.

原註

局中官星明順, 夫貴而吉, 理自然矣. 若官星太旺, 以傷官爲大, 官星太微, 以財爲夫；比肩旺而無官, 以傷官爲夫；傷官旺而無財官, 以印爲夫, 滿局官星欺日主者, 喜印綬而夫不剋身也；滿局印綬泄官星這氣者, 喜財而身不剋夫也.

만일 국(局)에서 관성이 밝고 순(順)하면 남편이 귀하고 길(吉)하게 되는 것이 자연스러운 이치이다. 만일 관성이 태왕(太旺)하면 상관을 남편으로 삼고 관성이 태미(太微)하면 재성을 남편으로 삼는다. 비견이 왕하고 관이 없으면 상관이 남편이 되고, 상관이 왕한데 재관이 없으면 인수를 남편으로 삼는다. 팔자에 관성이 많아 일간을 공격할 때는 인수가 희신으로 작용하니 남편이 나를 극하지 않게 되고, 팔자에 인수가 많아 관성의 기(氣)를 설기할 때는 재성이 희신이 되니 일간이 남편을 극하지 않는다.

大體與男命論子論貴之理相似. 局中傷官淸顯, 子貴而親, 不必言也. 若傷官太旺, 以印爲子；傷官太微, 以比肩爲子, 印綬旺而無傷官者, 以財爲子也；財神旺而泄食傷者, 以比肩爲子也. 不必專執官星而論夫. 專執傷食而論子. 但以安祥順靜爲貴, 二德三奇不必論, 鹹池驛馬縱有驗, 總之於理不長. 其中究論, 不可不詳.

여명(女命)을 보는 방법도 남명(男命)에서 자식을 보면서 귀(貴)를 논하는 방법과 대체로 비슷하다. 국(局) 중에 상관이 청하게 드러나면 자식이 귀하고 사이가 좋으며, 만일 상관이 태왕(太旺)하면 인수가 자식이 되고, 상관이 태미(太微)하면 비견이 자식이 된다. 인수가 왕한데 상관이 없는 경우에는 재를 자식으로 삼고, 재가 왕하여 식상을 설기하는 경우에는 비견을 자식으로 삼는다. 그러므로 오직 관성만을 남편이라 하고, 식상만이 자식이라고 논해서는 안 된다. 다만 팔자가 안정되고 차분하며 순(順)하고 정(靜)하면 귀한 것이다. 이덕(二德)이나 삼기(三奇)는 논할 필요가 없고, 함지(咸池)와 역마(驛馬)는 맞는 경우도 있지만 이치에 맞지 않으니 잘 연구하여 상세히 살피지 않으면 안 된다.

女命者, 先觀夫星之盛衰, 則知其貴賤也. 次察格局之淸濁, 則知其
賢愚也. 淫邪嫉妬, 不離四柱之情；貞靜端莊, 總在五行之理. 是以審
察宜精, 貞婦不遭謬妄；詳究宜確, 淫穢難逃正論. 二德三奇, 乃好
事之妄造；鹹池驛馬, 是後人之謬言. 不孝翁姑, 只爲財輕劫重；不
敬丈夫, 皆因官弱身强. 官星明顯, 夫主崢嶸；氣靜和平, 婦道柔順.

여명(女命)은 먼저 부성(夫星)의 성쇠(盛衰)를 보고 귀천을 파악하고,
그 다음으로 격국의 청탁을 보면서 현명하고 어리석음을 판단한다.
여명에서 음사(淫邪)와 질투(嫉妬) 또한 팔자를 벗어날 수 없으며, 정
결(淨潔), 단아(端雅), 단정(端正) 등의 기질도 모두 팔자의 이치에 달
려 있다. 그래서 자세히 정밀하게 살펴야 절개 굳은 여인인지 아니면
음란하고 행실이 좋지 않은 여인인지를 구분할 수 있다. 이덕(二德)
과 삼기(三奇) 그리고 암시와 역마 등은 호사가(好事家)들이 지어낸
것이니 참고할 필요가 없다. 시부모에게 불효하는 경우는 **재경겁중**
(財輕劫重)일 때이고, 남편을 공경하지 않는 경우는 **관약신강**(官弱身
强)할 때이다. 관성이 밝게 드러나면 남편의 재주가 특출하고, 기세
가 안정되고 화평하면 부도(婦道)가 유순(柔順)하다.

若乃官星太旺, 無比劫以印爲夫；有比劫而無印綬者, 以傷食爲夫；
官星太弱, 有傷官, 以財爲夫, 無財星而比劫旺者, 亦以傷食爲夫；
滿盤比皆而無印無官者, 又以傷食爲夫；滿局印綬而無官無傷者, 以

財爲夫；傷官旺，日主衰，以印爲夫；日主旺，食傷多，以財爲夫；
官星輕.印綬重，亦以財爲夫.財乃天之恩星，女命身旺無官，財星得
令得局者，上格也.

관성이 태왕(太旺)한 경우에 비겁이 없으면 인수를 남편으로 삼고,
비겁이 있고 인수가 없으면 식상을 남편으로 삼는다. 관성이 태약(太
弱)한 경우에 상관이 있으면 재를 남편으로 삼고, 재성이 없고 비겁
이 왕하면 식상을 남편으로 삼는다. 국(局)에 비겁이 가득한데 인수
도 없고 관성도 없으면 식상을 남편으로 삼고, 국(局)에 인수가 가득
한데 관성도 없고 상관도 없으면 재를 남편으로 삼는다. 상관이 왕한
데 일간이 쇠약하면 인수를 남편으로 삼고, 일간이 왕한데 식상이 많
으면 재를 남편으로 삼으며, 관성이 경(輕)한데 인수가 중(重)한 경우
에도 재를 남편으로 삼는다. 여명(女命)이 신왕할 때 관이 없더라도
재성이 월령을 만나고 국(局)을 이룬다면 상격(上格)의 명(命)이다.

若論刑傷, 又有生剋之理存焉. 官星微, 無財星, 日柱强, 傷官重, 必
剋夫；官星微, 無財星, 比劫旺, 必欺夫；官星微, 無財星, 日柱
旺, 印綬重, 必欺夫剋夫；官星弱, 印綬多, 無財星, 必剋夫；比劫
旺而無官, 印旺無財, 必剋夫；官星旺, 印綬輕, 必剋夫；比劫旺, 無
官星, 有傷官, 印綬重, 必剋夫；食神多, 官星微, 有印綬, 遇財
星, 必剋夫.

형상(刑傷)을 논할 때도 생극의 이치가 있다. 다음은 여명(女命)에서

극부하는 경우인데 관성을 중심으로 보았을 때 팔자 전체의 균형이 깨지고 있다면 극부하는 현상이 나타난다. 관성이 미약한데 재성이 없거나, 일간이 강한데 상관이 중(重)하면 극부한다. 관성이 미약한데 재성이 없으면서 비겁이 왕하면 남편을 업신여기고, 관성이 미약하고 재성이 없을 때나, 일간이 왕하면서 인수가 중(重)할 때도 극부한다. 관성이 약할 때 인수는 많고 재성이 없으면 극부하며, 비겁이 왕한데 관성이 없거나 인수가 왕한데 재가 없으면 극부한다. 관성이 왕한데 인수가 경(輕)하면 극부하고, 비겁이 왕할 때 관성은 없고 상관이 있으면서 인수가 중(重)하면 극부한다. 식신이 많고 관성이 미약할 때 인수를 쓰는데 이때 재성을 만나면 극부한다.

凡女命之夫星, 卽是用神, 女命之子星, 卽是喜神, 不可專論官星爲大. 傷食爲子. 日主旺, 傷官旺, 無印綬, 有財星, 子多而貴；日主旺, 傷官旺, 無財印, 子多而强；日柱旺, 傷官輕, 有印綬, 財得局, 子多而富；日柱旺, 無食傷, 官得局, 子多而賢；日柱旺, 無食傷, 有財星, 無官殺, 子多而能.

여명(女命)에서는 부성(夫星)을 용신으로 하고, 자식은 희신으로 볼 수도 있으니 오로지 관성만을 남편으로 삼거나 식상만을 자식으로 삼아서는 안 된다. 다음은 자식에 관한 내용이다. 일간이 왕하면서 상관이 왕할 때 인수가 없고 재성이 있으면 자식이 많고 귀하다. 일간이 왕하면서 상관이 왕할 때 재와 인수가 없으면 자식이 많고 강건하다. 일간이 왕하면서 상관이 경(輕)할 때 인수가 있고 재가 국(局)을 이루면 자식이 많고 부유하며, 일간이 왕하면서 식상이 없을 때 관성이 국(局)을 이루면 자식이 많고 현명하다. 일간이 왕하면서 식상이 없을 때 재성이 있고 관살이 없으면 자식이 많고 유능하다.

日主弱, 食傷重, 有印綬, 無財星, 必有子. 日主弱, 食傷輕, 無財星, 必有子, 日主弱, 財星輕, 官印旺, 必有子, 日主弱, 官星旺, 無財星, 有印綬, 必有子, 日主弱, 無官星, 有傷劫, 必有子.

일간이 약하면서 식상이 중(重)할 때 인수가 있고 재성이 없으면 반드시 자식이 있다. 일간이 약하고 식상이 경(輕)할 때 재성이 없으면 자식이 있으며, 일간이 약하면서 재성이 경(輕)할 때 관과 인성이 왕하면 자식이 있다. 일간이 약하면서 관성이 왕할 때 재성이 없고 인수가 있으면 자식이 있고, 일간이 약하면서 관성이 없을 때 상관과 비겁이 있으면 자식이 있다.

日主旺, 有印綬, 無財星, 子必少 ; 日主旺, 比肩多, 無官星, 有印綬, 子必少 ; 日主旺, 印綬重, 無財星, 必無子 ; 日主弱, 傷官重, 印綬輕, 必無子 ; 日主弱, 財星重, 逢印綬, 必無子, 日主弱, 官殺旺, 必無子, 日主弱, 食傷旺, 無印綬, 必無子.

다음은 자식이 적은 경우이다. 일간이 왕하면서 인수가 있을 때 재성이 없으면 자식이 적다. 일간이 왕하고 비견이 많을 때 관성이 없고 인수가 있으면 자식이 적고, 일간이 왕하고 인수가 중(重)할 때 재성이 없으면 자식이 없다. 일간이 약하고 상관이 중(重)할 때 인수가 경(輕)하면 자식이 없고, 일간이 약하고 재성이 중(重)할 때 인수를 만나면 자식이 없으며, 일간이 약할 때 관살이 왕하면 자식이 없다. 또 일간이 약하고 식상이 왕할 때 인수가 없으면 자식이 없다.

至於淫邪之說, 亦究四柱之神. 日主旺, 官星微, 無財星, 日主足以敵之者；日主旺, 官星微, 傷食重, 無財星, 日主足以欺之者；日主旺, 官星弱, 日主之氣, 生助他神而去之者；日主旺, 官星弱, 官星之氣, 合日主而化者；日主旺, 官星弱, 官星之氣, 依日主之勢者；日主弱, 無財星, 有食傷, 逢印綬, 日主自專其主者；日主旺, 無財星, 官星輕, 食傷重, 官星無依倚者；日主旺, 官無根, 日主不顧官星, 合財星而去者；日主弱, 傷食重, 印綬輕者；日主弱, 食傷重, 無印綬, 有財星者；食傷當令, 財官失勢者；官無財滋, 比劫生食傷者；滿局傷官無財者；滿局官星無印者；滿局比劫無食傷者；滿局印綬無財者, 皆淫賤之命也.

음사(淫邪)에 관한 것도 사주의 글자를 연구하면 된다. 다음은 음천(淫賤)한 여명(女命)의 예이다. 일간이 왕하고 관성이 미미할 때 관성을 도울 재성이 없는 경우, 일간이 왕하고 관성이 미미할 때 식상이 중첩되고 재성이 없어서 관성을 돕지 못하는 경우, 일간이 왕하고 관성이 약할 때 일간이 타신(他神)을 생조하여 관성을 제거하는 경우,

일간이 왕하고 관성이 약할 때 관성이 일간과 합하여 화(化)한 경우, 일간은 왕하고 관성은 약하여 관성이 일간의 세력에 의지하는 경우, 일간은 약하고 재성은 없는데 식상이 있을 때 인수를 만나서 일간이 스스로 주인 노릇을 하는 경우, 일간은 왕하고 재성은 없고 관성이 경(輕)할 때 식상이 중(重)하여 관성이 의지할 곳이 없는 경우, 일간은 왕하고 관성이 무근(無根)할 때 일간이 관성을 돌보지 않고 재성과 합하여 관을 제거하는 경우, 일간은 약하고 식상이 중(重)할 때 인수가 경(輕)한 경우, 일간이 약하고 식상이 중(重)할 때 인수는 없고 재성이 있는 경우, 식상이 당령(當令)했을 때 재관이 세력을 잃은 경우, 관성이 재의 도움을 받지 못하고 있을 때 비겁이 식상을 생하는 경우, 사주 국(局)에 상관이 가득한데 재가 없는 경우, 국(局)에 관성이 가득한데 인수가 없는 경우, 국(局)에 비겁이 가득한데 식상이 없는 경우, 국(局)에 인수가 가득한데 재가 없는 경우는 모두 음천(淫賤)한 명(命)이다.

總之, 傷官不宜重, 重必輕佻美貌而多淫也 ; 傷官身弱有印, 身旺有財者, 必聰明美貌而貞潔也.

결론적으로 여명(女命)에서는 상관이 중(重)하면 좋지 않다. 여명(女命)에서 상관이 중(重)하면 용모는 아름다우나 언행이 가볍고 신중하지 못하며 음란하다. 신약한데 상관이 있을 때 인수가 있거나, 신왕한데 상관과 재가 있는 경우에는 총명하고 미모(美貌)이면서 정결하다.

凡觀女命, 關系非小, 不可輕斷淫邪, 以瀆神怒. 然亦不可一例言命, 或由祖宗遺孽. 或由家門氣數, 或由丈夫不肖, 或由母姑不良, 幼失閨訓, 或由氣習不善, 無謹飭閨門, 任其恣性越禮, 入寺燒香, 遊玩看戲聽詞, 男女混雜, 初則階下敷陳, 久則內堂演說, 始而或言賢孝節義之故事, 繼而漸及淫邪苟合之穢詞, 保無觸念動心乎? 所以居家第一件事, 在嚴肅閨門. 閨幃之內, 不出戲言, 則刑干之化行矣; 房帷之中, 不聞戲笑之聲, 則相敬之風著矣. 主家者不可不愼之.

여명(女命)을 관찰할 때 음사(陰邪)를 가볍게 판단하면 안 되는 이유는 다른 환경적인 요소도 있기 때문이다. 서자(庶子)로 태어났거나, 운이 기우는 가문에서 출생했거나, 남편의 불초(不肖)함 때문이거나, 어머니와 고모의 품행이 좋지 않거나, 교육을 제대로 받지 못했거나, 또는 기질과 습성이 좋지 않아 집안에서 조심하고 경계하는 법이 없이 방자한 성정을 멋대로 부려 예의에 벗어나거나, 절에 들어가서 남녀가 희롱하고 뒤섞여 놀았거나, 처음에는 밖에서 놀다가 내실로 들어가서 깊은 이야기를 하거나, 처음에는 효행이나 절개, 의리 등을 이야기하다가 나중에 음사(陰邪) 등의 이야기를 한다면 팔자와 관계없이 마음의 동요가 있게 된다. 그래서 집안의 내실에서는 희롱하는 말이 나오지 않게 하고, 행실에 법도가 있어야 하며, 방의 실내에서 장난치고 웃는 소리가 들리지 않으면 서로 공경하는 풍습이 드러날 것이니 집안의 주인들은 이러한 것들을 삼가지 않으면 안 될 것이다.

◉시부모에게 불효(不孝)하는 경우 : 재경겁중(財輕劫重)일 경우

◉남편을 공경하지 않는 경우 : 관약신강(官弱身强)할 때

◉남편의 재주가 특출한 경우 : 관성이 밝게 드러나고 기세가 안정되고 화평

한 경우

◉팔자에서 남편은?

●관성이 태왕한 경우에 비겁이 없으면 인수를 남편으로 삼는다.

●비겁이 있고 인수가 없으면 식상을 남편으로 삼는다.

●관성이 태약(太弱)한 경우에 상관이 있으면 재를 남편으로 삼는다.

●재성이 없고 비겁이 왕하면 식상을 남편으로 삼는다.

●원국에 비겁이 가득한데 인수도 없고 관성도 없으면 식상을 남편으로 삼

는다.

●원국에 인수가 가득한데 관성도 없고 상관도 없으면 재를 남편으로 삼는다.

●상관이 왕한데 일간이 쇠약하면 인수를 남편으로 삼는다.

●일간이 왕한데 식상이 많으면 재를 남편으로 삼는다.

●관성이 경(輕)한데 인수가 중(重)한 경우에는 재를 남편으로 삼는다.

◉여명(女命)에서 극부(尅夫)하는 경우

●관성을 기준으로 팔자 전체의 균형이 깨지면 극부(尅夫)한다.

●관성이 미약한데 재성이 없거나, 일간이 강한데 상관이 중(重)하면 극부

(尅夫)한다.

- 관성이 미약한데 재성이 없으면서 비겁이 왕하면 남편을 극부(剋夫)한다.

- 관성이 미약하고 재성이 없거나, 일간이 왕하고 인수가 중(重)하면 극부 (剋夫)한다.

- 관성이 약할 때 인수는 많고 재성이 없으면 극부(剋夫)한다.

- 비겁이 왕한데 관성이 없거나 인수가 왕한데 재가 없으면 극부(剋夫)한다.

- 관성이 왕한데 인수가 경(輕)하면 극부(剋夫)한다.

- 비겁이 왕할 때 관성은 없고 상관이 있으면서 인수가 중(重)하면 극부 (剋夫)한다.

- 식신이 많고 관성이 미약할 때 인수를 쓰는데 이때 재성을 만나면 극부 (剋夫)한다.

◉여명에서 자식이 있는 경우

- 일간이 왕하고 상관이 왕할 때 인수가 없고 재성이 있으면 자식이 많고 귀하다.

- 일간이 왕하고 상관이 왕할 때 재와 인수가 없으면 자식이 많고 강건하다.

- 일간이 왕하고 상관이 경(輕)할 때 인수가 있고 재가 국(局)을 이루면 자식이 많다.

- 일간이 왕하면서 식상이 없을 때 관성이 국(局)을 이루면 자식이 많고 현명하다.

- 일간이 왕하면서 식상이 없을 때 재성이 있고 관살이 없으면 자식이 많고 유능하다.

- 일간이 약하면서 식상이 중(重)할 때 인수가 있고 재성이 없으면 반드시 자식이 있다. 일간이 약하고 식상이 경(輕)할 때 재성이 없으면 자식이 있다.
- 일간이 약하면서 재성이 경(輕)할 때 관과 인성이 왕하면 자식이 있다.
- 일간이 약하면서 관성이 왕할 때 재성이 없고 인수가 있으면 자식이 있다.
- 일간이 약하면서 관성이 없을 때 상관과 비겁이 있으면 자식이 있다.

◉**여명에서 자식이 적은 경우**

- 일간이 왕하면서 인수가 있을 때 재성이 없으면 자식이 적다.
- 일간이 왕하고 비견이 많을 때 관성이 없고 인수가 있으면 자식이 적다.
- 일간이 왕하고 인수가 중(重)할 때 재성이 없으면 자식이 없다.
- 일간이 약하고 상관이 중(重)할 때 인수가 경(輕)하면 자식이 없다.
- 일간이 약하고 재성이 중(重)할 때 인수를 만나면 자식이 없다.
- 일간이 약할 때 관살이 왕하면 자식이 없다.
- 일간이 약하고 식상이 왕할 때 인수가 없으면 자식이 없다.

◉**여명에서 음천(淫賤)한 경우**

- 일간이 왕하고 관성이 미미할 때 관성을 도울 재성이 없는 경우
- 일간이 왕하고 관성이 미미할 때 식상이 중첩되고 재성이 관성을 돕지 못하는 경우
- 일간이 왕하고 관성이 약할 때 일간이 타신(他神)을 생조하여 관성을 제

거하는 경우 일간이 왕하고 관성이 약할 때 관성이 일간과 합하여 화(化)
한 경우

● 일간은 왕하고 관성은 약하여 관성이 일간의 세력에 의지하는 경우

● 일간은 약하고 재성은 없고 식상이 있을 때 인수를 만난 경우

● 일간이 왕할 때 재성은 없고 관성이 경(輕)할 때 식상이 중(重)한 경우

● 일간은 왕하고 관성이 무근(無根)할 때 일간이 재성과 합하여 관을 제거
하는 경우

● 일간은 약하고 식상이 중(重)할 때 인수가 경(輕)한 경우

● 일간이 약하고 식상이 중(重)할 때 인수는 없고 재성이 있는 경우

● 식상이 당령했을 때 재관이 세력을 잃은 경우

● 관성이 재의 도움을 받지 못하고 있을 때 비겁이 식상을 생하는 경우

● 사주 국(局)에 상관이 가득한데 재가 없는 경우

● 원국에 관성이 가득한데 인수가 없는 경우

● 원국에 비겁이 가득한데 식상이 없는 경우

● 원국에 인수가 가득한데 재가 없는 경우

● 천간에 丁壬합이 있고 지지에는 寅申충과 寅未귀문이 있다.

● 월주가 甲寅으로 식신격이다.

● 년간의 戊土 칠살도 통근하여 어느 정도 힘이 있다.

● 남편을 손상하고 가업(家業)을 망치며 자식을 버리고 다른 남자를
  따라갔다.

● 巳午未 방합과 午卯파가 있다.

● 丁火가 투하여 상관격이다.

● 남편을 일찍 잃었다.

● 총명하고 아름다웠지만 언행의 경솔함이 있어 수절하지 못했다.

● 戊申운에 음란했다.

● 戌未형과 辰戌충이 있다.

● 형충이 있을 때는 없을 때보다 삶의 파고가 심하다.

● 팔자에 土의 글자가 일곱 자이다.

● 식상에 종하는 사주이다.

●총명하고 용모가 아름다웠다.

●음란했다.

●남편이 흉사를 당하자 다른 남자에게 갔다.

●새 남자도 2, 3년 후에 사망했다.

●乙卯운에 스스로 목을 매어 죽었다.

●丑午원진과 丑午귀문 그리고 丑戌형과 辰戌충이 있다.

●丑월에 戊土가 투하여 비겁이 강하다.

●비겁이 강하면 재관이 약해진다.

●丑午 원진과 丑戌형 그리고 辰戌충이 있다.

●살아가면서 격동의 세월을 겪었다.

●남편에 관심이 없었다.

●金운으로 갈 때 음천함이 하늘을 찔렀다.

●寅월에 丙火가 투하여 겁재가 강하다.

●寅亥합과 戌亥천문이 있다.

●몹시 음천하였다.

●丑월에 癸水가 투하여 상관격이다.

●丑未충과 亥子丑 방합이 있다.

●바람을 많이 피웠다.

●乙庚합과 子丑합, 子酉파가 있다.

●丑월에 癸水가 투하여 상관격이다.

●남편을 배반하고 음란했다.

●합이 많은 사주이다.

- 丁壬합, 丙辛합, 子丑합, 巳申합이 있다.
- 子월에 壬水가 투하였으나 丁壬합되었다.
- 양귀비처럼 아름다웠다.
- 18세에 시집 가서 선비의 처(妻)가 되었다.
- 남편은 폐결핵으로 죽었다.
- 음란이 발동하여 몸이 망가지고 명예가 찢겨져서 스스로 목을 매어 죽었다.

- 癸水가 세 개의 戊土와 합하였다.
- 子午충과 午酉파가 이어진다.
- 午월에 戊土가 투하여 정관격이다.
- 乙卯운에 남편이 병을 얻어 사망했다.
- 그 후 음예한 행실이 남달랐다.

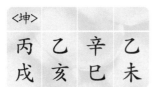

- 巳亥충과 戌亥천문이 있다.

●巳월에 丙火가 투하여 상관격이다.

●辛金도 월에 뿌리를 두어 칠살의 기질도 있다.

●용모가 아름답고 재주가 뛰어났으며 서화(書畵)에도 뛰어났다.

●남편과 자식은 좋지 않았다.

●戊癸합과 巳申 형합이 있다.

●申월에 戊土가 투하여 정관격이다.

●오행이 골고루 자리 잡았다.

●편안하고 차분하고 순수했다.

●남편과 자식이 모두 영화롭고 귀했다.

●양 대에 걸쳐 일품 벼슬을 하였다.

●辰酉합이 있다.

●酉월의 甲木으로 정관격이다.

●오행이 어그러지지 않으며 기(氣)가 안정되어 화평하고 순수하였다.

●남편과 자식이 영화롭고 귀하게 되어 일품 벼슬에 봉해졌다.

●丁壬합과 辰酉합이 있다.

●辰월에 甲木과 壬水가 투하였다.

●인수와 정관을 모두 쓸 수 있다.

●팔자의 기(氣)가 화평하다.

●남편과 자식이 모두 영화롭고 귀하여 일품의 벼슬을 하였다.

●巳酉 반합과 辰酉합 그리고 辰辰형이 있다.

●酉월에 壬水로 인수격이다.

●인품이 단정하고 시서에 정통하였다.

●남편이 귀하고 현달했다.

●자식도 빼어나고 아름다우며 이품의 벼슬을 하였다.

<坤>

癸	乙	壬	庚
未	亥	午	辰

- 卯운에는 亥卯未 삼합이 되어 일간이 강해진다.

- 午월의 乙木일간으로 식신격이다.

- 재주가 뛰어났고 세 명의 자식을 낳았다.

- 남편이 경관에 임관되고 가도가 청빈하였다.

- 두 아들은 과거에 급제하고 한 아들은 장원급제하였다.

- 남편은 낭중(郎中)에 임관되고 아들은 어사에 임관되었다.

<坤>

壬	乙	戊	庚
午	酉	寅	辰

- 초운에 寅卯辰 방합으로 일간이 무척 강해진다.

- 午酉파가 있다.

- 寅월에 戊土가 투하여 재격이다.

- 격국이 순수하고 안정되고 화평하다.

- 남편은 이품 벼슬을 하였다.

- 다섯 아들과 손자 스물셋을 두었다.

- 한평생 질병이 없었고 부부가 서로 공경했다.

- 수명(壽命)은 팔십이 넘었다.

● 후손도 모두 현달하였고 귀했다.

● 巳월에 丙火가 투하여 겁재가 강하다.

● 월간의 癸水와 시간의 甲木도 뿌리가 있다.

● 칠살과 인수를 모두 쓸 수 있다.

● 품행이 단정하고 몸가짐이 정결하였다.

● 애석하게 부부가 이별하였다.

● 두 아들은 모두 귀하게 되어 삼품 벼슬을 하였다.

● 卯월의 癸水로 식신격이다.

● 丙辛합과 戊癸합이 있다.

● 성품이 단정하고 근검하였다.

● 己丑운에 두 아들을 낳았다.

● 戊子운에 남편이 장원급제하였다.

● 丁亥운에 죽었다.

<坤>

癸	丙	辛	辛
巳	子	卯	丑

● 丙辛합과 子卯형이 있다.

● 子巳는 지장간 戊癸합이 강해 특합이라고도 한다.

● 卯월의 丙火로 인수격이다.

● 타고난 성품이 근면 검소하고 남편을 도왔다.

● 시부모에게도 잘하여 환심을 샀다.

● 甲午운에 남편이 과거에 급제하였다.

● 丁酉운에 사망하였다.

<坤>

丙	丙	癸	丁
申	辰	卯	酉

● 卯酉충과 卯辰해가 있다.

● 子운에는 申子辰 삼합이 되어 관이 강해진다.

● 卯월의 丙火로 인수격이다.

● 사람됨이 단정하고 정숙하여 글을 알고 이치에 통달하였다.

● 丙午운에 남편이 과거에 급제하였고 두 아들을 낳았다.

● 사품에 봉해졌으나 戊申운에 사망하였다.

<坤>

己	戊	庚	癸
未	午	申	丑

- 월주가 庚申으로 식신격이다.

- 癸水와 己土도 통근하여 힘이 있다.

- 농가에 태어나서 가난하고 편안하게 살았다.

- 남편을 도우며 시부모를 효성으로 모셨다.

- 癸亥운에 남편이 향시(鄕試)에 합격한 후 진사(進土)에 급제하여 벼
  슬이 황당(黃堂)에 이르렀다.

- 남편은 귀하게 되었어도 여전히 평민으로 자만한 적이 없었다.

- 네 아들이 있었는데 모두 빼어났다.

- 丙寅운에 사망하였다.

<坤>

己	戊	庚	癸
未	戌	申	未

- 앞의 사주와 거의 비슷하다.

- 빈한한 집에서 태어나서 인품이 단정하고 신중하며 근검하였다.

- 남편은 향방(鄕榜)에 합격하였고 벼슬이 현령(縣令)에 이르렀다.

- 두 아들을 낳았다.

<坤>

壬 戊 辛 己
戌 辰 未 酉

- 辰戌충이 있고 土의 글자가 다섯 개다.

- 土가 많으면 변화가 많다고 본다.

- 未월에 己土가 투하여 비겁이 강하다.

- 강한 비겁은 식상으로 흐르면 좋다.

- 월간 상관 辛金도 통근하여 힘이 있다.

- 벼슬하는 집안에서 태어나 시서와 예교에 통달하였다.

- 癸酉운에 아들을 낳고 남편이 과거에 합격하였다.

- 甲戌운에 가도가 몰락하였고 젊은 나이에 수절하였다.

- 고생하며 자식을 가르쳐 이름이 나게 하였다.

- 丙子운에 아들이 과거에 올라 벼슬이 군수에 이르렀다.

- 戊寅운에 사망하였다.

<坤>

甲 癸 壬 丁
寅 丑 子 亥

- 丁壬합과 亥子丑 방합이 있다.

- 일간의 강한 기운이 甲寅 식상으로 흐른다.

- 총명하였고 용모가 아름다우며 단정하고 정숙했다.

●운이 木火로 가니 남편이 영화롭고 자식이 빼어났다.

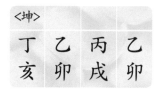

●卯戌합과 亥卯 반합이 있다.

●일간의 강한 기운은 丙丁火 식상으로 흐르면 좋다.

●단정하고 온화하고 유순하였다.

●남편이 향방(鄕榜)에 합격하였고 금당(琴堂)의 벼슬을 가졌다.

●세 아들을 낳았고, 壬辰운에 죽었다.

●寅未귀문과 丑未충이 있다.

●월주가 甲寅으로 인수격이다.

●초운인 水운에 한미한 집안에 태어났다.

●庚戌, 己酉, 戊申운에 남편의 발재가 넉넉하였다.

●세 아들을 낳았고 귀하게 되었다.

●후사가 영화로웠다.

〈坤〉

癸 辛 己 壬
巳 丑 酉 辰

● 辰酉합과 巳酉丑 삼합이 있다.

● 巳酉丑 삼합으로 비겁이 무척 강하다.

● 비겁이 강하면 재관이 약해진다.

● 총명하고 단정 신중하며 제법 시와 예를 알았다.

● 19세 丁未운 庚戌년에 자식도 없이 요절하였다.

〈坤〉

己 乙 丙 甲
卯 卯 寅 午

● 寅午 반합에 丙火가 투하여 상관이 강하다.

● 일간도 힘이 있다.

● 운이 水운으로 가서 수명이 길지 않고 세 아들 중 하나만 남았다.

● 壬戌운에 인생길이 막혔다.

● 운이 순행했으면 좋았을텐데…….

<坤>

己　乙　壬　丁
卯　卯　寅　未

●寅월의 乙木으로 비겁이 강하다.

●丁壬합은 寅월생이므로 합화(合化)가 된다.

●시간의 己土는 木으로 둘러싸여 힘이 없다.

●빈한한 가문에 태어났다.

●운이 火운으로 갈 때 남편을 도와 집안을 일으켰다.

●자식도 많았고 戊申운에 죽었다.

07 소아 小兒

小兒財殺論精神 四柱平和易養成
소아재살논정신　　　사주평화이양성

氣勢悠長無夭折 關星雖有不傷身
기세유장무요절　　　관성수유불상신

소아(小兒)는 재살(財殺)을 정신(精神)으로 논하고, 사주가 평화로우면 양육하기 쉽다.

기세가 멀리 장대하게 흐르면 요절하지 않으며, 비록 장애물이 있다 하더라도 몸을 상(傷)하지는 않는다.

原註

財神不黨七殺, 主旺精神貫足, 干支安頓和平. 又要看氣勢, 如氣勢在日主, 而日主雄壯者；氣勢在財官, 而財官不叛日主；氣勢在東南, 而五七歲之前, 不行西北；氣勢在西北, 而五七歲之前, 不行東南. 行運不逢前喪, 此爲氣勢攸長, 雖有關殺, 亦不傷身.

소아(小兒)의 명(命)은 재와 칠살이 무리를 이루지 않고, 정(精)과 신(神)이 서로 통하며, 간지가 안정되고 화평하면 좋다. 또 기세가 일간에게 있어서 일간이 웅장하면 좋고, 기세가 재관에 있을 때는 재관이 일간을 배반하지 않아야 한다. 행운의 기세가 동남(東南)에 있다면 5~7세 전에는 운이 서북(西北)으로 가지 않아야 좋고, 행운의 기세가 서북(西北)에 있을 때는 5~7세 전에는 운이 동남(東南)으로 가지 않아야 여러 가지 신살이 있다 하더라도 신체가 손상되지 않는다.

小兒之命, 每見淸奇可愛者難養, 混濁可憎者易成, 雖關家門之氣數, 亦看根源之淺深. 且小兒之命, 是猶果苗之初出, 宜乎培植得好, 固不待言. 然未生之前, 父母不禁房事, 毒受胎中 ; 旣生之後, 過於愛惜, 或飮食無忌, 或寒暖不調, 因之疾病多端, 每至無成. 尚有積惡之家, 而無餘慶, 雖小兒之命, 淸奇純粹者, 所以難養也. 有第關於墳墓陰陽之忌, 遷改損壞, 以致夭亡. 故小兒之命. 不易看也.

소아(小兒)의 명(命)은 청기(淸奇)하다고 해도 양육이 어려운 경우가 있고, 탁하고 좋지 않아도 기르기 쉬운 경우가 있으니 뭐라고 단정할수 없다. 가문(家門)의 운도 관계가 있지만 근원(根源)의 깊고 얕음도함께 보아야 하기 때문이다. 또 소아(小兒)의 명(命)은 과실나무의 새싹과 같으므로 배식(培植)이 좋아야 한다는 것은 말할 필요가 없다. 태어나기 전에 부모의 잘못된 방사(房事)로 인하여 태중(胎中)에 독(毒)이 쌓일 수 있고, 출생한 후에도 먹는 음식이나 한난(寒暖)의 환경에 의하여 질병에 노출될 수도 있다. 또 악행(惡行)을 일삼는 집에는경사(慶事)가 없는 법이므로 비록 소아(小兒)의 명(命)이 청하고 순수하다고 해도 기르기 어려울 수가 있다. 또 분묘(墳墓)의 음양이 맞지않거나 이장(移葬)이나 파손(破損) 등에 의해 영향을 받을 수도 있으므로 소아(小兒)의 명(命)은 판단하기가 쉽지 않다.

除此數端之外, 然後論命, 必須四柱和平, 不偏不枯, 無沖無剋, 根
通月之, 氣貫生時, 殺旺有印, 印弱有官, 官衰有財, 財輕有食傷,
生化有情, 流通不悖, 或一神得用, 始終相托, 或兩意相通, 互相庇
護, 未交運而流年平順, 旣交運而運途安祥, 此謂氣勢悠長, 自然易
養成人, 反此則難養矣. 其餘關殺多端, 盡皆謬妄, 欲以何等惑人,
則造何等神殺, 必宜一切掃除, 以絶將來之謬.

이 몇 가지를 제외한다면 소아(小兒)의 명(命)은 편고되지 않고 충극
이 없이 화평하면 좋다. 근(根)이 월에 통하고 기(氣)는 생시(生時)로
통하거나, 살(殺)이 왕할 때 인수가 있거나, 인수가 약할 때 관이 있거
나, 관이 쇠할 때 재가 있거나, 재가 경(輕)할 때 식상이 있거나 또는
글자끼리 서로 생화(生化)하고 유정(有情)하면 좋은 명(命)으로 본다.
초운(初運)이 바뀌기 전인 유년(幼年)의 운이 평순(平順)하고 그 후의
운도(運道)가 안정되고 차분하면 기세가 유장(悠長)하니 기르기가 쉽
지만 이와 반대로 가면 양육이 어려울 것이다. 그 밖에 소아(小兒)와
관련된 신살이 많지만 모두 허망한 것들이니 참고할 필요가 없고 모
두 없애는 것이 좋다.

時	日	月	年
丁	丙	癸	辛
酉	子	巳	丑

- 子巳 특합과 子酉파가 있다.

- 子巳 특합은 장간의 戊癸합을 말한다.

- 년간의 辛金도 튼튼한 뿌리를 가지고 있다.

- 초운 壬辰운에 칠살을 만나고 丁壬합거되었다.

- 壬辰대운 辛亥년에 巳亥충으로 감질에 걸려 사망하였다.

- 巳亥충으로 천간의 글자가 모두 합거된 때였다.

時	日	月	年
辛	丙	己	癸
卯	寅	未	丑

- 丑未충과 寅未귀문이 있다.

- 辰운에는 寅卯辰 방합이 된다.

- 未월에 己土가 투하여 상관격이다.

- 조업을 지키지 못했다.

時	日	月	年
己	丙	壬	庚
亥	寅	午	戌

●寅午戌 삼합과 寅亥합이 있다.

●寅午戌 삼합으로 비겁의 기운이 강하다.

●양인격이다.

●丁巳년에 巳亥충으로 열병으로 죽었다.

時	日	月	年
戊	壬	戊	壬
申	申	申	申

●팔자가 壬申과 戊申으로 되어 있다.

●일간이 통근하고 편인이 강하다.

●戊土 때문에 종강격이 되지 못하고 파격이 되었다.

●기르기 어렵고 명리(名利)도 모두 공허할 것이다.

●3세 때 죽었다.

時	日	月	年
戊	壬	甲	壬
申	申	辰	申

●일간이 강한 뿌리를 두어 비겁이 강하다.

●시간의 戊土 때문에 종격이 되지 못했다.

●기르기 어렵다.

●뒤에 천연두로 죽었다.

時	日	月	年
壬	丁	壬	癸
寅	亥	戌	丑

- 丑戌형과 戌亥천문 그리고 寅亥합이 있다.

- 壬癸水가 투하여 관살혼잡이다.

- 기르기 쉽고 학업도 쉽게 이룰 수 있다.

- 유년 시절에 질병이 없고 총명과 지혜가 남보다 뛰어났다.

- 甲戌년에 학교에 가서 火土운에 앞날을 한량할 수 없다.

時	日	月	年
己	丁	甲	壬
酉	酉	辰	戌

- 辰戌충과 辰酉합 그리고 酉酉형이 있다.

- 辰월에 甲木이 투하여 인수격이다.

- 癸酉년에 요사(夭死)하였다.

08 재덕 才德

德勝才者 局全君子之風 才勝德者 用顯多能之象
덕승재자　　　국전군자지풍　　　재승덕자　　　용현다능지상

덕(德)이 재(才)를 이기는 경우는 국(局)에 군자(君子)의 풍모(風貌)가 있다.

재(才)가 덕(德)을 이기는 경우는 국(局)에 다능(多能)의 형상이 나타난다.

原註

清和平順, 主輔得宜, 所合者皆正神, 所用者皆正氣, 不必節外生枝, 不必弄假成眞, 財官喜神, 皆足以了其生平；不生貪戀之心, 度量寬宏, 施爲必正, 皆君子之風也. 財薄而身旺足以貪之, 官輕而心志必欲而求之, 混濁被害, 主弱輔强, 爭合邪神, 三四用神, 心事奸貪, 作事僥倖, 皆爲多能之象.

팔자가 청화(淸和)하고 평순(平順)하며 일간과 보좌하는 글자가 서로 적절하게 올바른 글자와 합하면서 올바른 기(氣)를 용(用)한다면 **군자지풍(君子之風)**의 사주가 된다. 또 희신인 재관을 탐욕이나 사심없이 사용하면서 하는 일마다 공정하게 처리하며 살아간다면 군자지풍의 사주가 된다. 반대로 신왕하고 재나 관이 경미한데도 그것을 구하고자 하면 혼탁하여 오히려 해(害)를 입게 된다. 일간이 약하여 보강이 필요할 때 사신(邪神)과 쟁합(爭合)하거나, 용신이 서너 개 된다면 탐

욕을 일삼고 요행을 바라게 되는데 이런 경우를 **다능지상**(多能之象)
이라고 한다.

大率陽在內, 陰在外, 不激不亢者爲德勝才, 如丙寅戊辰月日, 己卯
癸卯年時者是；陽在外, 陰在內, 畏勢趨利者, 爲才勝德, 如己卯己
巳月日, 丙寅戊寅年時者是.

대체로 양(陽)이 안에 있고 음(陰)이 밖에 있으면 성격이 격렬하거나
거만하지 않은데 이를 덕승재(德勝才)라고 한다. 예를 들면 월일주
(月日柱)에 丙寅, 戊辰이 있고 년시주(年時柱)에 己卯, 癸卯가 있는 경
우이다. 이와 반대로 양(陽)이 밖에 있고 음(陰)이 안에 있으면 권세에
복종하고 이익을 따르게 되는데 이를 재승덕(才勝德)이라고 한다. 예
를 들어 월일주(月日柱)에 己卯, 己巳가 있고 년시주(年時柱)에 丙寅,
戊寅이 있는 경우이다.

덕승재자(德勝才者)의 사주이다 　　재승덕자(才勝德者)의 사주이다

※ 예를 들어 설명한 것이고 실제 이러한 사주는 없다

任氏曰

善惡邪正, 不外五行之理；君子小人, 不離四柱之情. 陽氣動闢, 光

亨之義可觀；陰氣靜翕, 包含之理斯奧. 和平純粹, 格正局清, 不爭不妒, 合去者皆偏氣, 化出者皆正神, 喜官而財能生官, 喜財而官能制劫, 忌印而財能壞印, 喜印而官能生印, 陽盛陰衰, 陽氣爲權, 所用者皆陽氣, 所喜者皆陽類, 無驕諂於上下, 皆君子之風也.

선악(善惡)과 사정(邪正)도 오행의 이치를 벗어나지 않고, 군자(君子)와 소인(小人)의 구분도 사주의 정(情)을 떠날 수 없다. 양기(陽氣)는 동(動)하여 열리니 광형(光亨)의 뜻을 볼 수 있고, 음기(陰氣)는 정(靜)하여 닫히니 안에 숨겨져 있는 이치가 심오하다. 군자지풍(君子之風)이 드러나는 경우는 다음과 같다. 사주가 화평하고 순수하며 격(格)은 바르고 국(局)은 청하여 서로 쟁투(爭妒)하지 않거나, 합거(合去)하는 것은 모두 편기(偏氣)이고 화출(化出)하는 것은 모두 정신(正神)이거나, 관을 좋아할 때 재가 관을 생하거나, 재를 좋아할 때 관이 비겁을 제압하거나, 인(印)을 꺼릴 때 재가 인(印)을 파괴하거나, 인(印)을 좋아할 때 관이 인(印)을 생하거나, 양(陽)이 성(盛)하고 음(陰)이 쇠하여 양기(陽氣)가 권세를 잡거나, 용신이 모두 양기(陽氣)일 때 희신도 모두 양(陽)의 부류라면 상하(上下)에 교만이나 아첨이 없을 것이니 모두 군자지풍의 팔자가 된다.

偏氣雜亂, 舍弱用强, 多爭多合, 合去者皆正氣, 化出者皆邪神, 喜官而臨劫地, 喜財而居印位, 忌印而官星生印, 喜印而財星壞印, 陰盛陽衰, 陰氣當權, 所用者皆陰氣, 所喜者皆陰類, 趨勢於左右, 皆多能之象也. 然得氣勢和平, 用神分明, 施爲亦必正矣.

편기(偏氣)가 잡란(雜亂)하거나, 약한 것을 버리고 강한 것을 용(用)하거나, 쟁(爭)도 많고 합도 많거나, 정기(正氣)는 모두 합거(合去)되고 사신(邪神)이 화출(化出)되거나, 관을 좋아할 때 겁재가 오고, 재를 좋아할 때 인(印)이 오거나, 인(印)을 꺼릴 때 관성이 인(印)을 생하고, 인(印)을 좋아할 때 재성이 인(印)을 파괴하거나, 음(陰)이 성(盛)하고 양(陽)이 쇠하여 음기(陰氣)가 권세를 잡거나, 용(用)하는 것이 모두 음기(陰氣)일 때 희신도 모두 음(陰)의 부류라면 좌우에서 세(勢)를 따르니 모두 다능지상(多能之象)이 된다. 이러한 경우에도 기세가 화평하고 용신이 분명하면 행하는 일들이 필히 바를 것이다.

니이쓰 🔼

⊙덕(德)은 인성이고 재(才)는 재성이다. 재성과 인성은 함께 공존할 수 없는 음양 관계이다. 재(才)가 늘어나면 덕(德)이 줄어들고, 덕(德)이 늘어나면 재(才)가 줄어든다. 재(才)보다 덕(德)을 갖춘 팔자는 군자(君子)의 풍모(風貌)가 나타나고, 덕(德)보다 재(才)를 갖춘 팔자는 다재다능(多才多能)한 형상으로 나타난다.

●군자지풍(君子之風)의 사주
　●사주가 화평하고 순수(純粹)하며 격(格)은 바르고 국(局)은 청하여 서로

쟁투(爭妬)하지 않을 경우

●합거(合去)하는 것은 모두 편기(偏氣)이고 화출(化出)하는 것은 모두 정
신(正神)일 경우

●관을 좋아할 때 재가 관을 생하거나, 재를 좋아할 때 관이 비겁을 제압할
경우

●인(印)을 꺼릴 때 재가 인(印)을 파괴하거나, 인(印)을 좋아할 때 관이 인
(印)을 생할 경우

●양(陽)이 성(盛)하고 음(陰)이 쇠할 때 양기(陽氣)가 권세를 잡을 경우

●용신이 모두 양기(陽氣)일 때 희신도 모두 양(陽)의 부류일 경우

◉다능지상(多能之象)의 사주

●편기(偏氣)가 잡란(雜亂)할 경우

●약한 것을 버리고 강한 것을 용(用)할 경우

●쟁(爭)도 많고 합도 많을 경우

●정기(正氣)는 모두 합거(合去)되고 사신(邪神)이 화출(化出)된 경우

●관을 좋아할 때 겁재가 오고, 재를 좋아할 때 인(印)이 올 경우

●인(印)을 꺼릴 때 관성이 인(印)을 생하고, 인(印)을 좋아할 때 재성이 인
(印)을 파괴할 경우

●음(陰)이 성(盛)하고 양(陽)이 쇠할 때 음기(陰氣)가 권세를 잡을 경우

●용(用)하는 것이 모두 음기(陰氣)일 때 희신도 모두 음(陰)의 부류일 경우

時	日	月	年
丁	庚	戊	癸
丑	寅	午	酉

- 戊癸합 그리고 午酉파와 寅午 반합이 있다.

- 寅午 반합에 丁火가 투하여 정관격이다.

- 戊土도 힘이 있으나 戊癸합거되었다.

- 재관인이 서로 생화(生化)하고 있다.

- 품행이 단정하고 일찍 반수(泮水)에서 노닐었다.

- 丁酉년에 과거에 급제하여 후에 지현(知縣)에 발탁되었다.

- 그는 "공을 이루면 이름은 저절로 드러난다."고 하였다.

  *반수(泮水) 좋은 학교 입학, 주나라 때 제후의 학교인 반궁(泮宮) 앞에 파놓은 못
  *반궁(泮宮) 성균관(成均館), 국학(國學), 국립학교, 근궁(芹宮)

時	日	月	年
甲	己	庚	丙
戌	亥	子	寅

- 甲己합과 戊亥천문이 있다.

- 초반 丑운에 亥子丑 방합이 된다.

- 子월에 己土는 재격이다.

- 甲木도 힘이 있어 정관도 강하다.

- 처세가 단정하고 겸손하고 공손하며 온화하고 후덕하였다.

●군자의 풍모가 있었는데 공명이 늠생과 공생에 지나지 않았다.

●丑월에 辛金이 투하였으나 丙辛합거되었다.

●丑戌형, 子卯형이 있다.

●욕심이 많아 만족할 줄 몰랐다.

●간사한 계략이 있어 재물과 권세를 보면 아첨했다.

●재능이 많아 권세와 이득으로 교만하게 뽐냈다.

09 분울 奮鬱

局中顯奮發之機者 神舒意暢
국중현분발지기자　　　신서의창

局內多沈埋之氣者 心鬱志灰
국내다침매지기자　　　심울지회

원국에 분발지기(奮發之機)가 나타나면 정신이 편안하고 의지가 막힘이

없다.

원국에 침매지기(沈埋之氣)가 많으면 마음은 우울하고 뜻이 재처럼 흩어

진다.

原註

陽明用事, 用神得力, 大地交泰, 神顯精通, 必多奮發；陰晦用事,
情多戀私, 主弱臣强, 神藏精泄, 人多困鬱. 若純陽之勢, 身旺而財
官旺者必奮；純陰之局, 身弱而官殺多者多困.

양명(陽明)이 용사하고, 용신이 득력(得力)하면 천지교태(天地交泰)가

일어나고 정신(精神)이 드러나 통하게 되니 반드시 분발(奮發)하게

된다. 음회(陰晦)가 용사하고, 정(情)이 많고 사(私)를 연모(戀慕)하면

주(主)가 약하고 신(臣)이 강(强)하게 되어 정신(精神)이 간히고 설기

되니 반드시 곤울(困鬱)하게 된다. 순양(純陽)이 세력을 얻고 신왕하

고 재관도 왕한 경우에는 반드시 분발(奮發)하고, 순음(純陰)이 국(局)

을 이루고 신약하고 관살이 많은 경우에는 반드시 곤(困)하게 된다.

任氏曰

無抑鬱而舒暢者, 局中不太過, 不缺陷, 所用者皆得氣, 所喜者皆得
力, 所忌者皆失時失勢, 閑神不黨忌物, 反有益於喜用, 忌其合而遇
沖, 忌其沖而遇合, 體陰用陽, 故一陽生於北, 陰生則陽成, 如亥中
之甲木是也. 歲運又要輔格助用, 多必奮發.

팔자가 억울함이 없고 서창(舒暢)한 경우는 다음과 같다. 국(局) 중에
특정 오행이 태과하거나 결함이 없는 경우이거나, 용신이 모두 득기
(得氣)하고 희신이 모두 득력(得力)했을 때 기신은 모두 실시(失時)하
고 실세(失勢)한 경우이다. 또 한신이 기신과 어울리지 않고 희용신
을 돕는 경우이거나, 합을 꺼릴 때 충을 만났고 충을 꺼릴 때 합을 만
나는 경우, 또 사주의 체(體)가 음(陰)이면 용(用)은 양(陽)일 경우, 일
양(一陽)은 북(北)에서 생하니 먼저 음(陰)을 생한 후에 양(陽)을 성
(成)하게 하는 것이니, 亥 중 甲木과 같은 것이다. 이때 세운에서 격
(格)과 용(用)을 돕게 되면 반드시 분발(奮發)하게 된다.

少舒暢, 而多抑鬱者, 局中或太過, 或缺陷, 所用者皆失令, 所喜者
皆無力, 所忌者皆得時得勢, 閑神劫占, 喜神反黨助忌神, 喜其合而
遇沖, 忌其合而遇合, 體陽用陰, 故一陰生於南, 陽生則陰成, 如午
中之己土是也. 歲支又不能補喜去忌, 必多鬱困.

반대로 팔자에 서창(舒暢)은 적고 억울(抑鬱)이 많은 경우는 다음과
같다. 국(局)에 특정 오행이 태과하거나 결함이 있을 경우, 용신이 모
두 실령(失令)하고 무력한 경우, 또는 기신이 모두 득시(得時) 득세하
고 한신이 희신을 위협하여 점령한 경우, 희신이 집단으로 기신을 돕
는 경우, 또 합을 좋아하는데 충을 만나거나 합을 꺼리는데 합을 만
나는 경우, 사주의 체(體)가 양(陽)이고 용(用)이 음(陰)일 경우 등이
다. 따라서 일음(一陰)이 남(南)에서 생하니 먼저 양(陽)을 생하고 음
(陰)을 성하게 하므로, 午 중 己土와 같은 것이다. 이때 세운에서 희신
을 돕지 못하거나 기신을 제거하지 못하는 경우에는 울곤(鬱困)하게
된다.

然局雖陰晦，而運途配合陽明，亦能舒暢；象雖陽明，而運途配其陰
晦，亦主困鬱，故運途更宜審察。如用亥中甲木，天干有壬癸，則運宜戊
寅己卯；天干有庚辛，則運宜丙寅丁卯；天干有丙丁，則運宜壬寅癸
卯；天干有戊己，則運宜甲寅乙卯。如用午中己土；天干有壬癸，則運宜
戊午己未。天干有庚辛，則運宜丙午丁未。天干有甲乙，則運宜庚午辛未。

그러나 국(局)이 음회(陰晦)하더라도 운도(運道)에서 양명(陽明)과 배
합되면 다시 서창(舒暢)해질 수 있다. 반대로 국(局)이 양명(陽明)할지
라도 운도(運途)에서 음회(陰晦)한 기운이 배합되면 다시 곤울(困鬱)
해질 수 있다. 가령 亥 중 甲木을 쓰는 경우에 천간에 壬癸水가 있으
면 운은 戊寅·己卯가 적합하고, 천간에 庚辛金이 있으면 운은 丙寅

·丁卯가 적합하고, 천간에 丙丁火가 있으면 운은 壬寅·癸卯가 적합하고, 천간에 戊己土가 있으면 운은 甲寅·乙卯가 적합하다. 이 설명을 보면 지지는 甲木과 같은 오행인 寅이나 卯로 되어 있고, 천간은 팔자의 천간을 극하는 오행으로 되어 있다. 만일 午 중 己土를 쓰는 경우에 천간에 壬癸水가 있으면 운은 戊午·己未가 적합하고, 천간에 庚辛金이 있으면 운은 丙午·丁未가 적합하고, 천간에 甲乙木이 있으면 운은 庚午·辛未가 적합하다. 이 설명을 보면 지지는 己土의 강한 뿌리가 되는 午나 未로 되어 있고, 천간은 팔자의 천간을 극하는 오행으로 되어 있다.

此從藏神而論, 明支亦同此論. 如用天干之木, 地支水旺, 則運宜丙寅丁卯；天干有水, 則運宜戊寅己卯. 地支金多, 則運宜甲戌乙亥；天干有金, 則運宜壬寅癸卯. 地支土多, 則運宜甲寅乙卯；天干有土, 則運宜甲子乙丑. 地支火多, 則運宜甲辰乙巳；天干有火, 則運宜壬子癸丑. 如此配合, 庶無爭戰之患, 而有制化之情, 反此則不美矣. 細究之, 自有深機也.

이것은 장간의 글자를 좇아 논한 것이지만 드러나 있는 지지도 같다. 가령 천간의 木을 용(用)할 경우에 지지에 水가 왕하다면 운이 丙寅·丁卯로 가면 적합하고, 천간에 水가 있으면 운은 戊寅·己卯가 적합하다. 지지에 金이 많은 경우에는 운은 甲戌·乙亥가 적합하고, 천간에 金이 있으면 운은 壬寅·癸卯가 적합하다. 지지에 土가 많은 경우에는 운은 甲寅·乙卯가 적합하고, 천간에 土가 있으면 운은 甲子·乙丑이 적합하다. 지지에 火가 많은 경우에는 운은 甲辰·乙巳가 적합하고, 천간에 火가 있으면 운은 壬子·癸丑이 적합하다. 팔자가 이와 같이 배합되면 거의 쟁전(爭戰)의 근심이 없고 제화(制化)의 정(情)이 있지만 반대가 되면 아름답지 못하다. 잘 살피면 깊은 이치가 들어 있다.

나이스 주

◎『적천수(滴天髓)』 원문은 핵심만 전하고 있다. 팔자에 분발(奮發)하는 글자가 많다면 뜻을 펼치면서 살아갈 수 있을 것이고, 팔자에 침매(沈埋)의 글자가 많다면 뜻을 펼치지 못할 것이다. 사주는 천간과 지지, 즉 하늘과 땅에서 일어나는 자연의 변화를 글자로 표시한 것이다. 그래서 사주를 볼 때는 글자가 나타내는 자연의 현상을 살피도록 해야 된다.

◎**억울함이 없고 서창(舒暢)한 경우**

● 국(局) 중에 특정 오행이 태과하거나 결함이 없는 경우

● 용신이 모두 득기(得氣)하고 희신이 모두 득력(得力)했을 때 기신은 모두 실시(失時)하고 실세(失勢)한 경우

● 한신이 기신과 어울리지 않고 희용신을 돕는 경우

● 합을 꺼릴 때 충이 있고 충을 꺼릴 때 합이 있는 경우

● 사주의 체(體)는 음(陰)이고 용(用)은 양(陽)일 때, 일양(一陽)이 북(北)에

124 나이스 *적천수* 해설서

서 먼저 음(陰)을 생하고 후에 양(陽)을 성(成)하게 하는 경우

◉서창(舒暢)은 적고 억울함이 많은 경우

- ●원국에 특정 오행이 태과하거나 결함이 있을 경우
- ●용신이 모두 실령(失令)하고 무력한 경우
- ●기신이 모두 득시(得時) 득세하고 한신이 희신을 위협하여 점령한 경우
- ●희신이 집단으로 기신을 돕는 경우
- ●합을 좋아하는데 충을 만나거나 합을 꺼리는데 합을 만나는 경우
- ●사주의 체(體)가 양(陽)이고 용(用)이 음(陰)일 때 일음(一陰)이 남(南)에
  서 양(陽)을 생하고 음(陰)을 성하게 하는 경우

時	日	月	年
辛	壬	甲	戊
亥	子	子	辰

- ●子월에 壬水로 양인격이다.
- ●子辰 반합 등으로 양인이 더욱 강해졌다.
- ●丙寅, 丁卯운에 과거에 일등으로 급제하여 한림원에서 명성을 날렸다.
- ●戊辰운에 죽었다.

時	日	月	年
癸	癸	丙	甲
亥	亥	子	申

- 申子 반합과 亥亥형이 있다.

- 申子 반합 등으로 일간이 무척 강하다.

- 일간이 강할 때는 식상으로 흐르면 좋다.

- 년간의 甲木의 뿌리가 강하고 운도 木火로 간다.

- 戊寅운에 청운의 길이 열렸다.

- 己卯운에 일찍 벼슬길에 영광이 있었다.

- 庚辰, 辛巳운에 벼슬길에 차질이 있었다.

時	日	月	年
壬	丁	庚	甲
寅	亥	午	申

- 丁壬합과 寅亥합이 있다.

- 午월에 丁火로 비겁이 강하다.

- 壬水가 뿌리가 있어 정관도 힘이 있다.

- 유업(遺業)이 백여만금이었다.

- 일찍 과거에 급제하여 벼슬이 방백(方伯)에 이르렀다.

- 육십 이후 은퇴하여 시골로 들어갔다.

- 1처 4첩 13자를 두고 노후도 편안하였다.

●수명(壽命)은 구순이 넘었다.

*방백(方伯) 관찰사

●세 개의 癸水가 뿌리가 튼튼하여 비견이 강하다.

●壬申년에 부모가 모두 사망하였다.

●독서에도 통달하지 못하고 지킬만한 가업도 없었다.

●성격이 어둡고 약하여 일을 하나도 이루지 못했다.

●걸인이 되었다.

●다른 어떤 것보다 조후(調喉)가 중요하다.

●보통 사주에서는 어느 정도 음양의 균형이 맞추어져 있다.

10 은원 恩怨

兩意情通中有媒 雖然遙立意尋追
양의정통중유매　　　수연요립의심추

有情卻被人離間 怨起恩中死不灰
유정극피인리간　　　원기은중사불회

양쪽이 정(情)을 통하고 있을 때 중매자가 있으면 비록 멀리 있다 하더라도
뜻을 찾아서 나설 수 있다. 서로 정(情)이 있다고 해도 중간에서 이간질을
한다면 은혜가 원한이 되어 죽어서도 재[灰]가 되지 못한다[잊지 못한다].

原註

喜神合神, 兩情相通, 又有人引用生化, 如有媒矣, 雖是隔遠分立,
其情自相和好, 則有恩而地怨, 合神喜神雖有情, 而忌神離間, 求合
不得, 終身多怨. 至於可憎之神, 遠之爲妙；可愛之神, 近之尤切. 又
有一般邂逅相逢者, 得之不勝其樂；私情偸合者, 去之亦足爲奇.

희신과 합하는 글자는 서로 정(情)이 통하는 관계이다. 이때 이들을
인용(引用)하여 생화(生化)한다면 중매(中媒)를 하는 것과 같다. 비록
격원(隔遠)되어 있다 하더라도 서로 화호(和好)하고 있다면 은혜는
있지만 원한은 없다. 그러나 희신과 합하는 글자가 정(情)이 있다 하
더라도 기신이 둘 사이를 이간질하면 합하고자 해도 뜻을 이룰 수가
없으니 한평생 원한이 많다. 증오하는 기신은 멀리 있는 것이 좋고

사랑하는 희신은 가까이 있는 것이 좋다. 비록 해후(邂逅)로 상봉(相逢)할 수 있을지라도 그 즐거움을 감당하지 못하니, 사사로운 정(情)으로 탐합(貪合)하는 글자는 제거하는 것이 좋다.

任氏曰

恩怨者, 喜忌也. 日主所喜之神遠, 得合神化而近之也, 所謂兩意情通, 如中有媒也；喜神遠隔, 得旁神引通而相和好, 則有恩而無怨矣. 只有閑神忌神而無喜神；得閑神忌神合化喜神, 所謂邂逅相逢也. 喜神遠隔, 與日主雖有情, 被閑神忌神隔絕, 日主與喜神, 各不相顧, 得閑神忌神合會, 化作喜神, 謂私情牽合也. 更爲有情, 喜神與日主緊貼；可謂有情矣, 遇合化爲忌神, 或喜神與日主, 雖不緊貼, 却有情於日主, 中有忌神隔之, 或喜神與閑神合助忌神, 此如被人離間, 以恩爲怨, 死不灰心.

은원(恩怨)은 희신과 기신을 말한다. 일간이 좋아하는 희신이 멀리 있을 때 합으로 가까이 끌고 오면 좋다. 그래서 떨어져 있는 희신의 글자가 가운데 글자와 합이 되어 중매 역할을 하니 서로 소통이 되는 것이다. 희신이 멀리 떨어져 있을 때 가운데 글자의 도움으로 서로 화호(和好)하게 되면 은혜가 생기고 원한은 사라지게 된다. 또 팔자에 한신과 기신만 있고 희신이 없을 때 한신과 기신이 합하여 희신으로 화(化)하면 이른바 **해후상봉(邂逅相逢)**이 되어 좋아지게 된다. 희신이 일간과 정(情)이 있다 하더라도 멀리 떨어져 있고 한신이나 기신에게 막혀 있을 때 한신과 기신이 회합(會合)하여 희신으로 바뀐다면 이른바 사정견합(私情牽合)이라 하여 더욱 더 유정(有情)하게 된다. 희신과 일간이 바짝 붙어 있으면 정(情)이 있다고 할 수 있는데 합화(合化)가 되어 기신이 되거나, 또는 희신과 일간이 떨어져 있을 때 중간에서 기신이 막고 있거나, 희신과 한신이 합하여 기신을 돕고 있다면 중간에서 이간질하고 있는 것과 같으니 은혜가 원한이 되어 죽어서도 흠이 되지 못한다.

如日主喜丙火在時干, 月透壬水爲忌, 如年干丁火合壬化木, 不特去其忌神. 而反生助喜神. 如日主喜庚金在年干. 雖有情而遠立. 月干乙木合庚金而近之, 此閑神化爲喜神, 如中有媒矣, 日主喜火, 局内無火, 反有癸水之忌, 得戊土, 合癸水, 化其爲喜神, 謂解近相逢也；日主喜金, 惟午支坐酉, 與日主遠隔, 日主坐巳, 忌神緊貼, 得丑支會局, 以成金之喜神, 謂私情牽合也. 餘可類推.

가령 일간의 희신인 丙火가 시간에 있을 때 월에 壬水가 투출하면 기신이 되는데 만일 년간에 있는 丁火가 壬水와 합하여 木으로 화(化)하면 기신을 제거하면서 희신을 생조하게 된다. 또 일간의 희신인 庚金이 년간에 있으면 비록 정(情)이 있다 하더라도 너무 멀리 있는 것이다. 이때 월간에 있는 乙木이 庚金과 합하면 이것은 한신이 변하여 희신이 되니 중간에서 중매(中媒) 역할을 잘 하는 것이 된다. 또 일간이 火를 좋아하는데 국(局)에 火는 없고 도리어 癸水 기신만 있을 수 있다. 이때 戊土가 있어 癸水와 합이 되면 희신으로 화(化)하는데 이를 해후상봉(邂逅相逢)이라고 하여 좋은 쪽으로 통변한다. 일간이 金을 좋아하는데 년지에 酉가 있어서 일간과 멀리 떨어져 있고 일지에는 巳 기신이 바짝 붙어 있는 경우에 丑이 있어 합이 되면 희신으로 변한다. 이렇게 되면 이른바 **사정견합**(私情牽合)이 되어 좋아지게 된다. 나머지도 비슷하게 추리할 수 있다.

나이스 쥐

◉팔자의 희신들이 떨어져 있다고 해도 가운데 글자가 소통을 시키면 서로 기운이 통해 뜻을 이룰 것이다. 비록 정(情)이 있는 글자라도 서로 멀리 떨어져 있고 사이에 이간질하는 글자가 있으면 현실적으로 뜻을 이루지 못하니 죽어서도 그 원한을 잊지 못한다. 그래서 떨어져 있는 글자들이 합이나 충이 되는지의 여부는 가운데 글자의 역할로 알 수 있다.

◉명리 고전들은 대개 몇 백 년 전의 책들이 많으므로 천간과 지지보다는 오행 중심의 설명이 많다. 그런 의미에서 『자평진전』은 천간과 지지를 분명하게 구분해서 설명하려고 하고 있고, 『난강망』은 각 월별로 천간을 구분하여 설명하니 그래도 오행에서 벗어나 천간과 지지 중심으로 설명하고 있음을 알 수 있다. 팔자는 천간과 지지로 되어 있으므로 음양이나 오행을 바탕으로 천간과 지지 중심의 통변을 해야 한다.

時	日	月	年
戊	戊	甲	丁
午	戌	辰	酉

- 辰酉합과 辰戌충 그리고 午戌 반합이 있다.

- 辰월에 甲木이 투하여 칠살격이다.

- 午戌 반합에 丁火가 투하여 인수도 강하다.

- 초운 癸卯, 壬寅운에 공명에 차질이 있고 괴로움과 형상이 있었다.

- 辛丑운에 학교에 들어가서 과거에 급제하였다.

- 庚子, 己亥, 戊戌운에 벼슬이 상서(尙書)에 이르렀다.

  *상서(尙書) 육부의 으뜸 벼슬, 상서성(尙書省)의 장관

時	日	月	年
丙	丁	乙	丁
午	丑	巳	酉

- 巳酉丑 삼합과 丑午귀문, 丑午원진이 있다.

- 巳월에 丙丁火도 투하여 비겁이 강하다.

- 과거에 급제하여 벼슬이 번얼(藩臬)에 이르렀다.

- 명리(名利)가 모두 온전하였다.

  *번얼(藩臬) 제후의 반열, 지방 안찰사, 관직

時	日	月	年
甲	丙	戊	癸
午	辰	午	酉

- 戊癸합과 午酉파가 있다.

- 午월에 태어난 丙火로 양인격이다.

- 戊土도 뿌리를 두어 식신도 강하다.

- 운이 동남으로 갈 때 형상(刑傷)과 파모(破耗)만 있었다.

- 재물에 대해 좋은 일도 없었다.

- 세 명의 처와 일곱 자식을 극해하고 네 차례나 화재를 당했다.

- 甲寅운에 사망하였다.

11 한신 閑神

一二閑神用去麼, 不用何妨莫動他 ; 半局閑神任閑着,
일이한신용거마   부용하방막동타   반국한신임한착

要緊之場作自家
요긴지장작자가

한두 개의 한신을 쓸 것인가? 버릴 것인가? 쓰지 않아도 무방하지만 다른

것을 동(動)하게 하지는 말아야 한다. 팔자의 절반을 차지하는 한신은 한

가하게 있다가 필요할 때는 자기 세력을 형성하여 팔자에 영향을 미친다.

原註

喜神不必多也, 一喜而十備矣 ; 忌神不必多也. 一忌而十害矣. 自喜忌
之外, 不足以爲喜, 不足以爲忌, 皆閑神也. 如以天丁爲用 ; 成氣成
合, 而地支之神, 虛脱無氣, 沖合自適, 升降無情 ; 如以地支爲用,
成助成合, 而天干之神, 遊散浮泛, 不礙日主.

희신은 하나만 있어도 열 가지를 방어할 수 있으니 많을 필요가 없

다. 그러나 기신은 하나만 있어도 열 가지 해(害)를 미칠 수 있으니 많

으면 안 된다. 희신도 기신도 아닌 것들은 모두 한신이다. 만일 천간

을 용(用)할 때 지지가 허탈(虛脱)하고 무기(無氣)하면 충합(沖合)을

천간 혼자서 해결해야 하니 기(氣)를 이루고 합을 이룬다고 해도 간

지의 승강(升降)이 무정(無情)하게 된다. 그러나 지지를 용(用)할 때는

서로 돕거나 합을 이루면 천간 글자가 흩어져 있다고 해도 일간에게 장애가 되지 않는다.

主陽輔陽. 而陰氣停泊. 不沖不動. 不合不助；主陰輔陰. 而陽氣停泊. 不沖不動. 不合不助. 日月有情, 年時不顧, 日主無害, 日主無氣無情. 日時得所, 年月不顧, 日主無害, 日主無沖無合, 雖有閑神, 只不去動他, 但要緊之地, 自結營寨. 至於運道, 只行自家邊界, 亦足爲奇.

팔자의 주(主) 세력과 보조 세력이 양(陽)으로만 되어 있고 음(陰)은 정박(停泊)되어 있을 경우에는 충하지 않으면 동(動)하지 않고, 합하지 않으면 도움이 되지 않는다. 마찬가지로 팔자의 주(主) 세력과 보조 세력이 음(陰)으로만 되어 있고 양(陽)이 정박(停泊)되어 있다면 충하지 않으면 동(動)하지 않고 합하지 않으면 도움이 되지 않는다. 움직이지 않고 한신으로만 머무는 글자는 충이나 합이 되어야 동(動)하게 되는 것이다. 일(日)과 월(月)이 유정(有情)할 때 년(年)과 시(時)가 돌보지 않고 한신으로 있어도 일간에게 해로움이 없는 것은 일간이 년시(年時)에서 무기(無氣)하고 무정(無情)할 경우이다. 일(日)과 시(時)가 득소(得所)했을 때 년(年)과 월(月)이 돌보지 않고 한신으로 있어도 일간에게 해(害)가 없는 것은 일간을 충하거나 합하지 않을 경우이다. 한신이 필요한 곳에서 조용히 있다가 운에서 팔자가 바라는 역할을 할 때 기이하게 된다.

有用神必有喜神, 喜神者, 輔格助用之神也, 然有喜神, 亦必有忌
神, 忌神者, 破格損用之神也. 自用神·喜神·忌神之外, 皆閑神也.
惟閑神居多, 故有一二半局之稱, 閑神不傷體用, 不礙喜神, 可不必
動他也. 任其閑著, 至歲支遇破格損用之時, 而喜神不能輔格護用之
際, 謂要緊之場, 得閑神制化歲運之凶神忌物, 匡扶格局喜用 ; 或得
閑神合歲支之神, 化爲喜用而輔格助用, 爲我一家人也.

용신이 있으면 희신도 있다. 희신은 격(格)을 보좌하고 용신을 돕는
글자를 말한다. 그러나 희신이 있으면 또한 기신도 있다. 기신이란
격(格)을 파괴하고 용신을 손상하는 글자를 말한다. 용신, 희신, 기신
이외에는 모두 한신이다. 한신은 팔자에 여러 형태로 존재하는데 한
두 개 있을 때도 있고 많아서 반국(半局)을 차지할 때도 있다. 한신은
체용(體用)을 손상하지 않고 희신을 방해하지 않으면 좋다. 세운에
의해서 격(格)이 파괴되거나 용신이 손상될 때 희신이 격(格)과 용신
을 보호하지 못한 경우를 **요긴지장**(要緊之場)이라고 하는데 이때 한
신이 격(格)과 희용신을 보호하면 좋다. 또는 팔자에 있는 한신이 세
운에서 오는 흉물(凶物)과 합하여 격(格)을 보호하고 용신을 도우면
한집안 식구처럼 좋다.

此章本文, 所重者在末句"要緊之場, 作自家"也, 原注未免有誤. 至
云雖有閑神, 只不去動他, 要緊之場, 自結營寨, 至於運道, 只行自

家邊界, 誠如是論, 不但不作自家, 反作賊鬼提防矣. 此非一定之理也. 如用木, 木有餘, 以火爲喜神, 以金爲忌神, 以水爲仇神, 以土爲閑神; 木不足, 以水爲喜神, 以土爲忌神, 以金爲仇神, 以火爲閑神, 是以用神必得喜審之佐, 閑神之助, 則用神有勢, 不怕忌神矣, 木論如此, 餘者可知.

이 장(章)의 본문 마지막에 '要緊之場, 作自家'란 말이 있는데 원주의 설명에는 오류가 있다. 한신이 조용히 있다가 운의 글자에 따라 도움이 되기도 하고 때로는 적(敵)에게 이로움을 줄 수도 있으니 항상 일정한 이치가 있는 것이 아니다. 가령 木을 쓸 때 木이 유여한 경우에는 火를 희신으로 삼게 되고 金을 기신으로 삼으며, 희신을 극하는 水를 구신(仇神)으로 삼고, 土를 한신으로 삼는다. 그러나 만일 木이 부족한 경우에는 水를 희신으로 삼게 되고, 土를 기신으로 삼으며, 金을 구신(仇神)으로 삼고 火를 한신으로 삼는다. 이 때문에 용신은 반드시 희신의 보좌가 있어야 기신을 두려워하지 않게 된다. 木의 논리가 이와 같으니 나머지도 같다.

나이스 주

⊙보통 명리(命理)의 초급 단계에서 희용기구한(喜用忌仇閑)이라는 용어를 듣는다. 왕상휴수사처럼 오행으로만 구분하여 주변의 상황을 살필 때 사용하는 용어이니 정교하지는 못하다. 보통 용신을 극하는 오행을 기신(忌神)

이라고 하고, 희신을 극하는 오행을 구신(仇神)이라고 한다. 그리고 여기에 속하지 않는 오행이 한신(閑神)이니 넓은 의미에서는 희기신(喜忌神)이 아니면 한신이라고 한다.

◉그러나 한신도 한가롭게 있다가 운에서 특정 글자를 만나면 일간이나 용신을 도울 수도 있고 해를 끼칠 수도 있으니 국(局)에 나온 글자만 보고 단정을 지어서는 안 된다. 팔자 국(局)만큼 운의 흐름도 중요하다. 운의 글자에 따라 강약이나 격국 등이 바뀔 수 있다. 결론적으로 한신은 조용히 있다가 운에서 동(動)할 때 용신이나 희신을 도와야 좋다. 만일 한신이 동(動)하여 기신을 돕는다면 해로움이 가중(加重)될 것이다.

時	日	月	年
丙	甲	戊	庚
寅	寅	子	寅

- 子월의 甲木으로 인수격이다.
- 일간이 튼튼한 뿌리를 내리고 있다.
- 辛卯운에 과거에 급제하였다.
- 壬辰, 癸巳운에 벼슬길이 평탄하였다.
- 甲午, 乙未운에 벼슬이 상서(尙書)에 이르렀다.

時	日	月	年
庚	甲	丁	甲
午	寅	卯	子

- 子卯형과 寅午 반합이 있다.

- 卯월의 甲木으로 양인격이다.

- 寅午 반합에 丁火가 투하여 상관도 강하다.

- 일간의 강한 힘이 상관으로 흐른다.

- 일찍 벼슬길에 올랐다.

- 壬申운에 화(禍)를 당했다.

出門要向天涯遊 何以裙釵恣意留
출문요향천애유　　　하이군차자의유

집을 나서 하늘 끝까지 돌아다니려고 하는데 어찌 아녀자가 방자하게 만

류하는가?

*출문(出門) 팔자를 보는 것, 집을 나서, 집을 떠나
*천애(天涯) 하늘 끝, 아득히 먼 곳
*향천애유(向天涯遊) 흘러가는 운의 흐름

原註

本欲奮發有爲者也, 而日主有合, 不顧用神, 用神有合, 不顧日主,
不欲貴而遇貴, 不欲祿而遇祿, 不欲合而遇合, 不欲生而遇生, 皆有
情而反無情, 如祿釵這留不去也.

열심히 노력하고 분발하려는 사람도 일간이 합이 되어 용신을 돌보지 못하거나, 반대로 용신이 합이 되어 일간을 돌보지 못하거나 또는 귀(貴)를 원하지 않는데 귀(貴)가 있거나, 또는 록(祿)을 원하지 않는데 록(祿)을 만나는 경우, 또 합을 원하지 않는데도 합이 있거나, 생을 원하지 않는데도 생을 만나는 경우에는 유정(有情)한 듯해도 사실은 무정(無情)하니 큰 뜻을 가지고도 부녀자에게 붙잡혀 나서지 못한 것과 같다.

任氏曰

此乃貪合不化之意也, 旣合宜化之, 化之喜者, 名利自如 ; 化之忌者, 災咎必至. 合而不化, 謂絆住留連, 貪彼忌此, 而無大志有爲也. 日主有合, 不顧用神之輔我. 而忌其大志也 ; 用神有合, 不顧日主之有爲, 不伱其成功也, 又有合神眞, 木可化者, 反助其從合之神而不化也 ; 又有日主休囚, 本可從者, 反逢合神之助而不從也. 此皆有情而反無情, 如祿釵之恣意留也.

이 글은 탐합(貪合)하면서도 불화(不化)한다는 것이다. 합이 되면 화(化)하게 된다. 화(化)하여 희신이 되면 명리(名利)를 얻지만, 화(化)하여 기신이 되면 재앙과 허물이 있다. 합하여 화(化)하지 않으면 묶여서 쓸모가 없어진다. 일간이 합이 되어 용신의 도움을 받지 못하면 큰 뜻을 기피하는 것이며, 용신이 합이 되어 일간을 돕지 못하면 용신이 쓸모가 없어지게 된다. 또 합이 되면 합화(合化)가 되기도 하고 그렇지 않은 경우도 있고, 또 일간이 휴수되었을 때는 종(從)이 되면 좋은데 이때 합이 있어 종(從)하지 못하는 경우도 있다. 이런 경우는 모두 유정(有情)한 듯하지만 무정(無情)하게 되니 뜻을 펼치지 못하게 된다. 합(合)이 되면 부녀자에게 잡혀 뜻을 펼치지 못하는 것처럼 글자가 제 역할을 못하게 된다.

나이스 주

⊙명리(命理)를 시적(詩的)으로 표현한 백미(白眉)의 구절이다. 『적천수(滴天髓)』는 이런 식으로 간결하게 압축하여 놓은 내용들이 많으니 해설서마다 풀이가 다른 경우가 많다. 시(詩)란 읽는 사람의 수준에 따라 각기 다르게 이해될 수 있기 때문이다. 정답은 없다.

⊙팔자의 글자들은 고유의 독립적인 속성이 있다. 그러나 방합·삼합 등 이런 저런 합으로 묶여 제 역할을 못하는 경우가 있다. 이 장(章)에서는 팔자의 글자들이 합으로 묶여 온전히 제 역할을 하지 못하는 경우를 설명하고 있다.

⊙**방합**(方合)은 같은 방향, 같은 계절의 지지끼리의 합이다. 동쪽은 寅卯辰, 남쪽은 巳午未, 서쪽은 申酉戌, 북쪽은 亥子丑이 된다. 사주의 지지에 방합이 있으면 해당 오행의 기운은 대단히 강해진다. 그러면 사주의 균형은 깨지고 미약한 오행들은 모두 피해를 입게 된다. 방합은 같은 계절, 같은 방

향의 합이니 같은 피를 나눈 혈연관계에 비유한다. 같은 유전자를 가졌으니 寅卯辰의 글자는 어디에 있다 하더라도 모두 봄의 木 기운을 띠게 된다.

◎**삼합**(三合)은 직장과 같은 사회적인 합이다. 삼합은 지장간 중기가 모두 같은 오행으로 되어 있다. 같은 가족이라도 사회에 나가서 하는 일은 다르다. 그래서 가족관계 혈연과 연관된 내용을 보려면 방합을 보고 직업, 진로, 전공이나 사회적 활동을 보려면 삼합을 보면 된다. 삼합이 되면 방합처럼 해당 오행의 기운이 강해져서 미약한 오행들은 피해를 입게 된다.

◎**반합**(半合)은 삼합의 세 글자 중 두 개의 글자만 있는 경우를 말하는데, 삼합만큼은 아니더라도 역시 강한 기운을 발산한다. 반합은 삼합에서 나왔으므로 지장간 중기가 같은 오행으로 되어 있고, 진로·진학·전공·적성 등에 참고하면 좋다.

◎**육합**(六合)은 지구의 같은 위도에 속한 글자끼리 합인데 육합이 된다고 해당 글자의 성질이 완전히 사라지는 것은 아니다. 지지는 여러 상황이 얽혀 있는 복잡한 현실을 나타내기 때문에 합이 되어도 쉽게 속성이 사라지지 않는다. 육합은 묶여 있으니 잘 사용하지 못하는데 운에 의해서 합이 풀리면 사용할 수 있게 된다. 또 정상적으로 작용하는 글자라도 운에서 육합으로 묶여 버리면 사용할 수 없게 된다. 그래서 재성이 합되어 묶여 있다면 합이 풀릴 때마다 돈이 생기게 된다.

時	日	月	年
丙	戊	庚	乙
辰	辰	辰	未

● 乙庚합과 辰辰형이 있다.

● 辰월에 乙木이 투하였으나 乙庚합이 되었다.

● 일간 戊土의 뿌리가 튼튼하다.

● 21세에 소과(小科)에 실패하자 음주로 하루하루를 보냈다.

● 한량처럼 보냈다.

  *소과(小科) 생원과 진사를 뽑던 과거

時	日	月	年
辛	丙	癸	丁
卯	戌	卯	丑

● 丙辛합과 卯戌합이 있다.

● 원국에 있는 卯戌卯는 합이 합을 풀어 모두 온전한 역할을 한다.

● 卯월의 丙火는 인수격이다.

● 유년기에 한번 보면 모두 외우는 능력이 있었다.

● 후에 주색(酒色)에 빠져 학문을 멀리했다.

● 주색으로 몸을 망치고 재물도 잃어 한 가지도 이루지 못했다.

不管白雲與明月 任君策馬上皇州
불관백운여명월 　　　임군책마상황주

백운(白雲)과 명월(明月)에 상관없이 임금은 말을 채찍질하여 황주(皇州)에 오를 것이다.

原註

日主乘用神而馳驟, 無私意牽制也；用神隨日主而馳驟, 無私情羈絆也. 足以成其大志, 是無情而有情也.

일간이 용신을 타고 달리면 사의(私意)에 얽매이지 않고, 용신이 일간을 따라 달리면 사정(私情)에 얽매이지 않으니 큰 뜻을 이룰 수 있다. 이렇게 되면 무정(無情)하게 보이더라도 유정(有情)하다.

任氏曰

此乃逢沖得用意也, 沖則動也, 動則馳也. 局中除用神喜神之外, 而日主與他神有所貪戀者, 得用神喜神沖而去之, 則日主無私意牽制, 乘喜神之勢而馳驟矣. 局中用神喜神與他神有所貪戀者, 日主能沖剋他神而去之, 則喜神無私之羈絆, 隨日主而馳驟矣. 此無情而反有情, 以丈夫之志, 不戀私情而大志有爲也.

이 글은 충을 만나 쓰임을 이룬다는 의미이다. 충하면 동(動)하고 동(動)하면 달리게 된다. 일간이 용신과 희신 외의 다른 글자를 연탐(戀貪)하려 할 때는 연탐(戀貪)하려 하는 그 글자를 충극으로 제거해야 한다. 그렇게 되면 일간은 합으로부터 풀려나서 희신의 세력을 잘 활용할 수 있다. 또 희용신(喜用神)의 글자가 다른 글자와 합이 되어 묶인 경우에는 일간이 그 다른 합하는 글자를 충극하여 제거하면 희용신의 글자는 사정(私情)에 얽매이지 않고 일간을 돕게 된다. 이렇게 되면 무정(無情)한 것처럼 보이지만 유정(有情)하게 된다. 이는 마치 장부(丈夫)가 사정(私情)에 얽매이지 않고 큰 뜻을 이루는 것과 같다.

- 천간에 丙辛합이 있고, 지지에는 亥卯 반합과 寅亥합 그리고 寅申충이 있다.
- 亥월의 丙火는 칠살격이다.
- 亥卯 반합으로 인수도 강하다.
- 월간 辛金 정관은 시지에 뿌리를 두고 있다.
- 戊申운에 과거에 장원급제하였다.
- 큰 뜻을 가지고 큰일을 하였다.

- 丙辛합과 寅申巳 삼형이 있다.

●申월에 庚金이 투하여 편인격이다.

●년간의 辛金은 丙辛합되었다.

●癸巳운에 연달아 과거에 급제하였다.

●벼슬이 관찰에 이르러 큰 뜻을 이루었다.

12 종상從象

從得眞者只論從 從神又有吉和凶
종득진자지론종　　　종신우유길화흉

종(從)이 되었을 때는 참될 때만 종(從)으로 논한다. 종신(從神)이라고 해
도 길(吉)할 때도 있고 흉(凶)할 때도 있다.

原註

日主孤立無氣, 天地人元, 絶無一毫生扶之意, 財官强甚, 乃爲眞從
也. 旣從矣, 當論所從之神, 如從財, 只以財爲主, 財神是木而旺, 又
看意向, 或要火要土要金, 而行運得所者吉, 否則凶, 餘皆倣此, 金
不可剋木, 剋木財衰矣.

일간이 홀로 서서 무기(無氣)하고 천지인 삼원(三元)에 털끝만한 생
부(生扶)의 기운도 없을 때 재관의 기운이 몹시 강하다면 강한 세력
에 종하는 진종(眞從)이 된다. 종격(從格)이 되면 종(從)하는 오행 중
심으로 팔자를 논하게 된다. 가령 재에 종(從)할 때는 재를 중심으로
살피고, 관에 종(從)한다면 관을 중심으로 살피게 된다. 만일 종재(從
財)할 때 재가 木이고 왕하다면 다시 주변 상황을 살펴서 필요한 火
나 土나 金 등의 글자가 행운에서 오면 길(吉)하고 그렇지 않으면 흉
(凶)하다. 나머지도 이와 같다. 만일 운에서 金이 와서 목재(木財)를

극하면 재가 쇠하게 된다.

從象不一, 非專論財官而已也. 日主孤立無氣, 四柱無生扶之意, 滿局官星, 謂之從官, 滿局財星, 謂之從財. 如日主是金, 財神是木, 生于春令, 又有水生, 謂之太過, 喜火以行之; 生于夏令, 火旺泄氣, 喜水以生之; 生于冬令, 水多木泛, 喜土以培之, 火以暖之則吉, 反是必凶, 所謂從神又有吉和凶也. 尚有從旺·從強·從氣·從勢之理, 比從財官更難推算, 尤當審察, 此四從, 諸書所未載, 餘之立說, 試驗確實, 非虛言也.

종상(從象)은 재관(財官) 하나만이 아니니 오직 재관만을 논해서는 안 된다. 일간이 홀로 서서 무기(無氣)하고 생부(生扶)하는 글자도 없을 때 국(局)에 어떤 글자가 매우 강하다면 그 글자에 종(從)하는 것이 좋다. 만일 관성이 가득하면 종관(從官)이 되고 재성이 가득하면 종재(從財)가 된다.

일간이 金일 때 재성은 木이 된다. 만일 봄철에 생하고 水의 생조가 있다면 木이 태과가 되니 이때는 火가 있어 강한 木을 설기하면 좋다. 만일 여름철에 생하면 火가 왕하여 목기(木氣)를 설(洩)하니 水로써 木을 생부(生扶)하면 좋고, 만일 겨울철에 생하여 水가 많으면 木이 뜨게 되니 土로써 강한 水를 제(制)하고 火로 따뜻하게 하면 좋다.

종재(從財)나 종관(從官) 외에도 종왕(從旺), 종강(從强), 종기(從氣), 종세(從勢) 등 종격(從格)도 다양하니 자세히 살펴야 한다.

從旺者, 四柱皆比劫, 無官殺之制, 有印綬之生, 旺之極者, 從其旺神也. 運行比劫印綬則吉；如局中印輕, 行傷食亦佳；官殺運, 謂之犯旺, 凶禍立至；遇財星, 群劫相爭, 九死一生. 從强者, 四柱印綬重重, 比劫疊疊, 日主又當令. 絶無一毫財星官殺之氣, 謂二人同心, 强之極矣, 可順而不可逆也. 則純行比劫運財吉, 印綬運亦佳, 食傷運有印綬沖剋必凶, 財官運爲觸怒强神, 大凶.

종왕격(從旺格)이란 사주의 대부분을 비겁이 차지할 때 관살의 억제는 없고 인수의 생조(生助)만 있을 때를 말한다. 종왕이 되면 그 왕신을 따라야 하니 운은 비겁운과 인수운으로 가면 길(吉)하다. 국(局)에 인수가 경(輕)할 때는 식상운으로 가도 좋지만 관살운으로 가면 흉화(凶禍)가 곧바로 닥친다. **종강격**(從强格)은 사주에 인수가 중중(重重)하고 비겁이 첩첩(疊疊)하며 일간이 당령했을 경우를 말한다. 이때 재성이나 관살은 하나도 없어야 한다. 소위 이인동심(二人同心)이니 강한 세력에 순종해야지 거역하면 흉(凶)하다. 비겁운으로 가면 길(吉)하고 인수운도 좋지만 식상운은 인수를 충하므로 흉하고, 재관운도 강한 글자를 건드려 노하게 하니 크게 흉(凶)하다.

從氣者, 不論財官・印綬・食傷之類, 如氣勢在木火, 要行木火運, 氣勢在金水, 要行金水運, 反此必凶. 從勢者, 日主無根, 四柱財官食傷幷旺, 不分强弱, 又無劫印生扶日主, 又不能從一神而去, 惟有和解之可也. 視其財官食傷之中, 何其獨旺, 則從旺者之勢. 如三者均停, 不分强弱, 須行財運以和之, 引通食傷之氣, 助其財官之勢則吉 ; 行官殺運次之 ; 行食傷運又次之 ; 如行比劫印綬, 必凶無疑. 試之屢驗.

종기격(從氣格)은 재, 관, 인수, 식상 등에 관계없이 강한 세력을 따르는 것을 말한다. 팔자에 木火의 세력이 강하면 木火운으로 가는 것이 좋고 金水의 세력이 강하면 金水운으로 가야 좋지만, 만일 운이 이와 반대로 간다면 반드시 흉(凶)하다. **종세격**(從勢格)은 일간이 무근(無根)하고 사주에 재관이나 식상 등이 모두 왕하고 비겁이나 인수의 생부(生扶)가 없을 때 어느 하나의 오행이 특별히 강하지 않아 서로 화해시켜야만 되는 경우를 말한다. 재, 관, 식상 중에서 강한 세력이 있다면 그것을 따르면 되지만 만일 세 가지가 균정(均停)하여 강약을 구분할 수 없다면 재운으로 가서 식재관(食財官)의 흐름을 소통시키면 가장 길(吉)하고, 관살운이나 식상운도 나쁘지는 않다. 종세격(從勢格)에서는 운이 비겁운이나 인수운으로 가면 흉(凶)하다.

나이스 주

● 종격 (從格)

⊙신강, 신약을 판별할 수 없을 정도로 하나의 오행이 강할 때는 강한 세력을 따라가야 한다. 강한 세력에게 차라리 순종하는 것이 더 낫다는 것인데 이런 경우를 종격(從格)이라고 한다. 그러나 종격이 될 만큼 하나의 오행으로 이루어진 사주는 드물다.

⊙종격에도 어느 세력이 압도적으로 강한가에 따라 종류가 나뉜다. 주로 인성보다 비겁이 강하여 사주가 강하면 종왕격(從旺格)이라고 한다. 또 비겁보다 인성이 강하여 사주가 강해지면 종강격(從强格)이라고 한다.

⊙사주에서 식재관(食財官)이 통근하여 투출하면 사주가 약해지는데 식재관(食財官) 중에서 어느 세력이 강한가에 따라 종아격(從兒格), 종재격(從財格), 종살격(從殺格)으로 나누어진다. 식상의 세력이 무척 강하여 일간이 식상에 종해야 한다면 종아격(從兒格)이 되고, 재성의 세력이 무척 강해 재에 종해야 한다면 종재격(從財格), 그리고 관살의 세력이 무척 강하여 관살에 종한다면 종살격(從殺格)이 된다.

⊙종격(從格)에는 진종(眞從)과 가종(假從)이 있다. 진종(眞從)이란 종(從)하는 오행을 거스르는 세력이 없는 완벽한 종격(從格)을 말한다. 종격(從格)과 대충 비슷하면 종격(從格)이라고 규정해 버리는 경우가 많은데, 진종(眞從)은 일간이 특정한 오행에게 완벽하게 종(從)할 때로 한정한다. 가종(假從)은 진종(眞從)이 되지 못하고 종(從)하는 오행의 반대편 세력이 미약하게라도 있을 경우를 말한다. 가종(假從)이라도 운에서 진종(眞從)을 방

해하는 글자를 일시적으로 제(制)하거나 합(合)하면 진종(眞從)처럼 될 수 있다. 그러나 팔자 원국에서 이미 진종(眞從)과 가종(假從)은 그릇의 차이가 난다. 진짜와 진짜처럼 보이는 것은 다른 것이다.

◉일행득기격 (一行得氣格)

◉사주가 온통 일간과 같은 오행으로 된 경우도 있는데 이런 사주를 일행득기격이라고 한다. 타 오행이 통근하여 투출하거나 천간이 하나의 오행으로 구성되더라도 지지에 통근하지 못하여 힘이 없으면 일행득기격이 아니다. 뿌리를 둔 천간만이 의미를 갖는다.

◉사주가 온통 木으로만 된 일행득기격은 곡직격(曲直格), 火로만 된 일행득기격은 염상격(炎上格), 土로만 된 일행득기격은 가색격(稼穡格), 金으로만 된 일행득기격은 종혁격(從革格), 水로만 된 일행득기격은 윤하격(潤下格)이라고 부른다.

◉양신성상격 (兩神成象格)

◉팔자가 온통 두 가지 오행으로만 된 사주도 있는데 이러한 사주를 양신성상격이라고 한다. 두 오행의 상생, 상극에 따라 상생의 양신성상격과 상극의 양신성상격이 있다. 상생의 양신성상격은 그 운이 길하고 그 오행을 극하는 운을 만나면 불길하다. 상극의 양신성상격은 두 오행 사이에 있는 통관운이 길하다. 예를 들면 木火의 양신성상격은 木火운이 길하며, 土金의

양신성상격은 土金운이 길하다. 또 火水 상극의 양신성상격은 火水 사이를 통관하는 木운이 길하고 木을 극하는 金운은 불길하다.

●辰戌충과 戌未형 등으로 지지가 모두 土이다.

●辰월에 戊土가 투하여 재격이다.

●살면서 환경의 변화가 심한 팔자이다.

●운이 남방(南方)으로 갈 때 장원급제하였다.

●오백 명 응시자 중에서 일등이었다.

●寅월에 戊土가 투하여 편인격이다.

●지지의 글자는 모두 寅으로 편재에 속한다.

●일찍 과거에 급제하여 벼슬이 황당(黃堂)에 이르렀다.

*황당(黃堂) 태수(太守)

時	日	月	年
丙	庚	壬	丁
戌	午	寅	卯

● 寅午戌 삼합이 있고 천간에는 丁壬합이 있다.

● 寅午戌에 丙火가 투하여 칠살격이다.

● 향시(鄕試)에 급제하고 지현(知縣)에 발탁되었다.

● 丁酉운에 부모상을 당했다.

● 丙申운에 관리의 명부에 올랐지만 후반에 징계를 받아 벼슬을 떠났다.

   *향시(鄕試) 과거 시험인 향시(鄕試), 회시(會試), 전시(殿試) 중 하나. 지방 초시

時	日	月	年
乙	乙	辛	辛
酉	酉	丑	巳

● 巳酉丑 삼합에 두 개의 辛金이 투하였다.

● 일간 乙木은 살(殺)에 종하는 종살격이다.

● 戊戌운에 연달아 과거에 급제하여 한림원에서 근무하였다.

● 丙申운에 관리의 명부에 등재되었다.

● 월지를 충하는 乙未운에 사망하였다.

時	日	月	年
乙	甲	乙	癸
亥	寅	卯	卯

● 卯월에 乙木이 투하여 양인이 강하다.

● 초년 甲寅운에 일찍 국학에 들어갔다.

● 癸丑운에 과거에 급제하였다.

● 壬子운에 승진하였다.

● 辛亥운에 벼슬이 황당(黃堂)에 이르렀다.

● 庚戌운에 재앙이 있었다.

時	日	月	年
甲	丙	甲	丙
午	午	午	午

● 종왕격이다.

● 초운 乙未운에 일찍 국학에 들어가서 丙申운에 과거에 급제하였다.

● 丙申운 후반에 큰 질병을 앓았다.

● 丁酉운에 과거에 장원급제하였다.

● 丙申운 후반에는 부모상을 당했다.

● 戊戌, 己亥운에 벼슬길이 평탄하였다.

● 己亥운 후반에 군대의 선봉에 서서 죽었다.

時	日	月	年
丁	庚	癸	癸
亥	申	亥	酉

- 亥월에 癸水가 투하여 상관격이다.

- 좋은 가정에서 태어났다.

- 초운인 壬戌운에 국학에 들어갔다.

- 이때 부모상을 당하였다.

- 辛酉, 庚申운에 과거에 장원급제하였다.

- 벼슬은 금당(琴堂)에 이르렀다.

- 己未운에 징계를 받고 벼슬을 그만 두었다.

- 戊午운에 파모(破耗)가 많아 사망하였다.

*금당(琴堂) 현감(縣監), 현령(縣令)

時	日	月	年
甲	癸	壬	丙
寅	巳	辰	戌

- 辰戌충과 寅巳형이 있다.

- 辰월에 甲木이 투하여 상관격이다.

- 월간의 壬水도 월지 辰에 묘지로 통근하고 있다.

- 戊午운에 청운의 길로 상승하였다.

- 乙未운에 벼슬에 나갔다.

●丙申, 丁酉운에 벼슬길이 평탄하였다.

●戊戌운에 관찰사가 되었다.

●己亥운에 사망하였다.

●酉丑 반합으로 재가 강하다.

●丑월에 癸水가 투하여 정관격이다.

●癸亥운에 국학에 들어가 과거에 급제하였다.

●辛酉, 庚申운에 현령에서 주목으로 옮겼고 재물도 풍족하였다.

●己未운에 사망하였다.

13 화상 化象

化得眞者只論化 化神還有幾般話
화득진자지론화   화신환유기반화

화격(化格)도 진화(眞化)만 화격(化格)으로 논한다. 화격(化格)에도 몇 가
지 설(說)이 있다.

原註

如甲日主生於四季, 單遇一位己土, 在月時上合遇壬·癸·甲·乙·戊,
而有一辰字, 乃爲化得眞. 又如丙辛生於冬月, 戊癸生於夏月, 乙庚
生於秋月, 丁壬生於春月, 獨自相合, 又得龍以運之, 此爲眞化矣.
旣化矣, 又論化神.

가령 甲木 일간이 辰戌丑未월에 생하고 월간이나 시간에서 己土를
만났을 때 土의 반대편 오행인 木과 水, 즉 壬·癸·甲·乙 등을 만나
지 않고 지지에 辰土가 있으면 진화(眞化)가 된다. 일간이 丙辛합이
되고 겨울철에 생하거나, 일간이 戊癸합이 되고 여름철에 생하거나,
일간이 乙庚합이 되고 가을철에 생하거나, 일간이 丁壬합이 되고 봄
철에 생하고 덧붙여서 지지에 辰土가 있다면 화격(化格)이 될 조건을
갖춘다. 화상(化象)이 될 때는 운도 합화(合化) 오행운으로 가야 좋다.

如甲己化土, 土陰寒, 要火氣昌旺；土太旺, 又要取水爲財, 木爲官, 金爲食神. 隨其所向, 論其喜忌, 再見甲乙, 亦不作爭合妬合論. 蓋眞化矣, 如烈女不更二夫, 歲運遇之皆閑神也.

甲己가 土로 화(化)한 경우에는 丑土는 음한(陰寒)하니 이때는 화기(火氣)가 왕성해야 한다. 土는 원래 양기(陽氣)가 가득한 속성을 가지고 있기 때문이다. 양기(陽氣)가 강한 土가 태왕할수록 화(化)가 잘 되는데, 이때는 水가 재가 되고 木이 관이 되며 金은 식상이 되니 주변 상황을 잘 살피면서 각각의 희기를 따져야 한다. 화격(化格)이 되면 또 다른 甲木이 있다 하더라도 쟁합(爭合)이나 투합(妬合)으로 간주하지 않고, 세운에서 甲木이 오더라도 한신으로 취급한다. 마치 열녀(烈女)가 두 남편을 번갈아 섬기지 않는 것과 같다.

任氏曰

合化之原, 昔黃帝禮天于圓丘, 天降十干, 爰命大撓作十二支以配之. 故日干曰天干, 其所由, 合卽天一·地二·天三·地四·天五·地六·天七·地八·天九·地十之義. 依數推之, 則甲一·乙二·丙三·丁四·戊五·己六·庚七·辛八·壬九·癸十也.

합화(合化)의 근원은 옛날 황제(皇帝)가 원구(圓丘)에서 제사를 지낼 때 하늘에서 십간을 내리는 것을 보고 대요(大撓)에게 명(命)하여 십이지지를 만들게 하여 천간과 지지를 짝을 이루게 했다. 그러므로 십간을 천간이라 하고 거기에서 합이 생긴다. 천일(天一)·지이(地二)·

천삼(天三)·지사(地四)·천오(天五)·지육(地六)·천칠(天七)·지팔(地
八)·천구(天九)·지십(地十)의 뜻을 가지고 있으니, 숫자로 십간을 추
리하면 甲은 一, 乙은 二, 丙은 三, 丁은 四, 戊는 五, 己는 六, 庚은
七, 辛은 八, 壬은 九, 癸는 十이 된다.

如洛書以五居中, 一得五爲六, 故甲與己合; 二得五爲七, 故乙與庚
合; 三得五爲八, 故丙與辛合; 四得五爲九, 故丁與壬合; 五得五爲
十, 故戊與癸合. 合則化, 化亦必得五土而後成, 五土者辰也. 辰土居
春, 時在三陽, 生物之體, 氣辟而動, 動則變, 變則化矣.

낙서(洛書)에는 五를 중앙에 두니 一이 五를 얻으면 六이 되므로 甲
이 己와 합하고, 二가 五를 얻으면 七이 되므로 乙과 庚이 합한다. 그
리고 三이 五를 얻으면 八이 되므로 丙이 辛과 합하고, 四가 五를 얻
으면 九가 되므로 丁이 壬과 합한다. 그리고 五가 五를 얻으면 十이
되므로 戊가 癸와 합하는 것이다. 합하면 화(化)하게 되는데 화(化)는
반드시 오토(五土)를 얻은 뒤에 이루어진다. 오토(五土)는 辰土를 말
하는데, 辰土는 춘(春)에 머물고, 시(時)는 삼양(三陽)에 머무르므로
만물을 생성하는 체(體)가 된다. 기(氣)가 열리면 동(動)하고, 동(動)하
면 변(變)하게 되며, 변(變)하면 화(化)하는 것이다.

且十干之合, 而至五辰之位, 則化氣之元神發露. 故甲己起甲子, 至
五位逢戊辰而化土; 乙庚起丙子, 至五位逢庚辰而化金; 丙辛起戊

子, 至五位逢壬辰而化水；丁壬起庚子, 至五位逢甲辰而化木；戊癸
起壬子, 至五位逢丙辰而化火. 此相合相化之眞源, 近世得傳者少, 只
知逢龍而化, 不知逢五而化, 辰龍之說, 供引之意, 如果辰爲眞龍.
則辰年生人爲龍, 可行雨, 而寅年生人爲虎, 必傷人矣.

십간합은 지지에서 辰土를 보아야 화기(化氣)의 원신(元神)이 발로(發
露)하게 된다. 화격(化格)에서 辰土를 중(重)하게 보는 이유는 辰은 만
물이 변하는 시기이기 때문이다. 甲己는 甲子에서 시작하여 다섯 번
째 자리인 辰에 이르러 戊辰을 만나 土로 화(化)하고, 乙庚은 丙子에
서 시작하여 다섯 번째 자리인 辰에 이르러 庚辰을 만나 金으로 화
(化)하고, 丙辛은 戊子에서 시작하여 다섯 번째 자리인 辰에 이르러
壬辰을 만나 水로 화(化)하게 된다. 또 丁壬은 庚子에서 시작하여 다
섯 번째 자리인 辰에 이르러 甲辰을 만나 木으로 화(化)하고, 戊癸는
壬子에서 시작하여 다섯 번째 자리인 辰에 이르러 丙辰을 만나 火로
화(化)하는 것이다. 이것이 상합(相合)과 상화(相化)의 참된 원리이다.
근세에는 진짜 용(龍)을 만나야 화(化)한다고 생각하여, 다섯 번째 자
리인 辰土를 만나서 화(化)한다는 사실을 모르는 사람이 많다. 辰이
용(龍)이라는 설(說)은 비유적인 인용(引用)에 불과한데도 진짜 용(龍)
이라고 알고 있는 사람이 있다. 그렇다면 辰년생은 용이니 비를 내리
게 할 수 있고, 寅년생은 호랑이이니 사람을 해칠 수 있다는 말인가?

至于化象作用, 亦有喜忌配合之理, 所以化神還有幾般話也. 非化斯

神, 喜見斯神, 執一而論也, 是化象亦要究其衰旺, 審其虛實, 察其
喜忌, 則吉凶有驗, 否泰了然矣. 如化神旺而有餘, 宜泄化神之神爲
用;化神衰而不足, 宜生助化神之神爲用. 如甲己化土, 生于未戌
月, 土燥而旺, 干透丙丁, 支藏巳午. 謂之有餘, 再行火土之運, 必
太過而不吉也. 須從其意向, 柱中有水, 要行金運;柱中有金, 要行
水運;無金無水, 土勢太旺, 秘要金泄之;火土過燥, 要帶水之金運
以潤之. 生于丑辰月, 土濕爲弱, 火雖有虛, 水木無而實, 或干支雜
其金水, 謂之不足, 亦須從其意向. 柱中有金, 要行火運;柱中有
水, 要行土運;金水幷見, 過于虛濕, 要帶火之土運以實之, 助起化
神爲吉也.

화격(化格)의 작용에도 희기와 배합의 이치가 있다. 이 때문에 본문
에서 "화신(化神)에도 몇 가지 설(說)이 있다."고 한 것이다. 화(化)하지
않아도 그 글자만 보면 좋다는 것은 한 가지만 보고 논한 것이다. 화
상(化象)도 역시 쇠왕을 연구하고 허실(虛實)을 살피며 그 희기를 관
찰해야만 길흉과 비태(否泰)를 분명하게 알 수 있다. 화신(化神)이 왕
하여 유여(有餘)하면 화신(化神)을 설기하는 글자가 용신이 되고, 화
신(化神)이 쇠하여 부족하면 화신(化神)을 생조하는 글자를 용신으로
삼아야 하는 것은 당연하다. 甲己가 土로 화(化)하고 未월이나 戌월
에 태어나 土가 왕할 때 천간에 丙丁火가 투출하고 지지에 巳午火가
있으면 유여(有餘)하게 된다. 이때 다시 火土운으로 가면 태과하여
불길(不吉)하므로 이때는 水를 동반한 金으로 설기시켜야 한다. 즉,

火土가 지나치게 건조하면 水를 동반한 金운이 와야 윤택하게 되어 길(吉)하게 된다. 甲己가 土로 화(化)하고 丑월이나 辰월에 생하면 土가 습(濕)하니 火가 있다 하더라도 허(虛)하게 된다. 이때 간지에 金水가 혼잡되어 있다면 土 기운이 부족하고 약하게 된다. 만일 팔자에 金이 있다면 火운으로 가야 길(吉)하고, 水가 있다면 이를 제(制)할 土 운으로 가야 길(吉)하게 된다. 만일 팔자에 金水가 함께 있다면 습(濕)이 지나치므로 火를 동반한 土운으로 가서 합화오행(合化五行)의 기(氣)를 도와야 길(吉)하다.

至于爭合妬合之說, 乃謬論也, 旣合而化, 如貞婦配義夫, 從一而終, 不生二心, 見戊己是彼之同類, 遇甲乙是我之本氣, 有相讓之誼. 合而不化, 勉强之意, 必非佳偶. 見戊己多而起爭妬之風, 遇甲乙衆而更强弱之性. 甲己之合如此, 餘可例推.

일단 합화가 되어 화격(化格)이 되면 쟁합(爭合)이나 투합(妬合)은 적용하지 않는다. 이는 정조(貞操) 있는 부인이 두 마음을 가지지 않고 의로운 남편을 따라 일생을 마치는 것과 같다. 甲木이 己土를 만나 화(化)할 때 戊己土를 보면 상대의 부류를 만난 것이고, 甲乙木을 만난다면 나의 본기(本氣)를 만난 것이니 서로 양보하는 의(誼)가 있다. 합은 되지만 화(化)하지 않으면 합이불화(合而不化)가 되니 강제적인 합이 되어 좋은 짝이 아니다. 甲己합이 있을 때 戊己土를 많이 만나면 쟁투(爭妬)의 바람이 일어나고, 甲乙木을 많이 만나면 강약의 성정이 바뀐다. 甲己합을 예로 들었으니 나머지도 이와 같다.

나이스 주

⊙천간합이 되면 합이 되는 천간은 없는 글자처럼 된다. 그러면 일간이 합을 하면 어떻게 될까? 일간은 사주의 주인공이기 때문에 합이 된다고 사라질 수는 없다. 그래서 일간이 합되어 다른 오행으로 변하는 합화(合化)는 좀체 일어나지 않는다. 그러나 사주 전체의 기운이 온통 합화(合化)의 새로운 기(氣)로 넘치면 일간도 자기의 속성을 버리고 새로운 오행으로 변할 수 있다. 이렇게 일간이 합하여 새로운 오행으로 변해버리는 것을 화격(化格)이라고 한다. 甲木일간이 己土와 합하여 화격이 되면 甲木의 성질을 잃고 화기(化氣)인 土에 종(從)하게 된다.

⊙예를 들어 일간 乙木이 화격이 되려면 庚金과 합하고 乙庚합金에서 나오는 金 기운이 월지 계절을 얻거나 대운의 지지가 金이거나 또는 巳酉丑, 申酉戌 등으로 지지가 합국을 이루어야 한다. 즉, 합화의 기(氣)가 지지에 강하면 강할수록 화격이 잘 이루어진다. 이때 乙庚이 합하여 생기는 합화(合化) 기운 金을 거역하는 木이나 火 기운이 통근하여 힘이 있다면 화격(化格)이 되지 않는다. 합화의 오행을 극하는 기운이 미약할 때는 가화격(假化格)이라고 한다. 화격은 일간과 떨어져 있는 년간(年干)과는 합화되지 않는다. 천간합은 두 글자가 붙어 있어야 영향력이 크다.

時	日	月	年
庚	乙	乙	庚
辰	酉	酉	申

● 천간에 두 개의 乙庚합과 辰酉합이 있다.

● 사주 전체에 金 기운을 거스르는 오행이 없어 화격(化格)이 되었다.

● 화격이 되면 일간은 원래 오행의 성질을 잃는다.

● 자기를 포기하고 남을 위해 사는 것과 같다.

● 비서실장 등이다.

時	日	月	年
戊	癸	甲	甲
午	巳	寅	戌

● 천간에 戊癸합이 있고, 지지에 寅巳형이 있다.

● 午운에 寅午戌 삼합이 되고, 未운에 巳午未 방합이 된다.

● 지지에 火 기운이 강해 화격(化格)이 성립한다.

● 사주에 火를 거스르는 기운도 없다.

● 일간 癸水는 癸水의 속성을 잃고 火로 변한다.

時	日	月	年
甲	己	丙	甲
子	丑	寅	子

- 천간에 甲己합이 있다.

- 土 기운이 월지를 얻지 못했고 지지에 土 기운도 약하다.

- 천간에 토기(土氣)를 거스르는 뿌리가 강한 甲木이 있다.

- 합은 있지만 불화(不化)가 되어 합이불화(合而不化)이다.

時	日	月	年
己	甲	甲	乙
巳	辰	申	丑

- 일간은 시간의 己土와 합이 되었다.

- 壬午운에 향시(鄕試)에 합격하였다.

- 辛巳운에 진사(進士)에 올라 한림원에 들어갔다.

- 庚辰운에 벼슬이 번얼(藩臬)에 이르렀다.

*진사(進士) 소과(小科), 진사과(進士科)에 급제한 사람

時	日	月	年
己	甲	壬	戊
巳	辰	戌	辰

- 일간은 시간의 己土와 합이 되었다.

- 지지에 辰戌충이 연달아 있다.

- 乙丑운 丁酉년에 과거에 합격하였다.

- 戊戌년 장원으로 급제하여 벼슬이 주목(州牧)에 이르렀다.

*주목(州牧) 주(州)의 장관

時	日	月	年
甲	壬	丁	己
辰	午	卯	卯

- 일간은 월간의 丁火와 합이 되었다.

- 소년에 과거에 급제하여 한원(翰苑)에 올랐다.

- 水운이 오자 승진을 못하고 현재(縣宰=현령)에 머물렀다.

 *한원(翰苑) 한림원(翰林院)과 같은 관직명

時	日	月	年
癸	壬	丁	己
卯	午	卯	卯

- 일간은 월간의 丁火와 합이 되었다.

- 화기(化氣)인 목기(木氣)를 거스르는 己土가 년간에 있다.

- 己土를 합거하는 운에 좋아질 것이다.

- 그러나 팔자의 그릇은 원국에서 정해져 버린다.

- 향방(鄕榜)에 급제하였으나 벼슬로 나가지는 못했다.

 *향방(鄕榜) 향시(鄕試)

時	日	月	年
壬	癸	戊	丙
戌	巳	戌	戌

●일간은 월간의 戊土와 합이 되었다.

●화기(化氣)인 火를 거스르는 壬水가 시간에 있다.

●향방(鄉榜)에 급제한 뒤 癸卯운에 지현(知縣)에 발탁하였다.

●더 이상 승진하지는 못했다.

14 가종假從

眞從之象有幾人 假從亦可發其身
진종지상유기인　　가종역가발기신

진종(眞從)의 사주는 몇 사람 되지 않는다.

가종(假從)이라도 역시 발(發)하여 공명을 이룰 때가 있다.

日主弱矣, 財官強矣, 不能不從；中有比劫暗生, 從之不眞. 至于歲運
財官得地, 雖是假從, 亦可取富貴, 但其人不能免禍, 或心術不端耳.

일간이 약하고 재관이 강하면 종(從)하지 않을 수 없다. 그러나 팔자
에 일간을 돕는 비겁이 조금이라도 암암리에 있다면 진종(眞從)이 안
되고 가종(假從)이 된다. 세운에서 재관이 득지하게 되면 가종이라도
부귀할 수 있지만 화(禍)를 당하거나 마음씨가 바르지 않다.

假從者, 如人之根淺力薄, 不能自立, 局中雖有劫印, 亦自顧不暇,
而日主亦難依靠, 只得投從于人也. 其象不一, 非專論財官而已也. 與
眞從大同小異. 四柱財官得時當令, 日主虛弱無氣, 雖有比劫印綬生
扶, 而柱中食神生財, 財仍破印；或有官星制劫, 則日主無從依靠,

只得依財官之勢, 財之勢旺, 則從財, 官之勢旺, 則從官. 從財行食傷財旺之地, 從官行財官之鄉, 亦能興發, 看其意向, 配其行運爲是.

사람의 근력이 약하면 자립할 수 없는 것처럼 가종(假從)은 팔자에 인비(印比)가 있지만 약해서 일간이 의지하기 어려운 경우에 강한 세력에 종(從)하는 것을 말한다. 그 상(象)은 진종(眞從)과 마찬가지로 팔자에 강한 세력에게 종(從)하게 되니 꼭 재관에만 종(從)하는 것이 아니다. 예를 들면 사주에 재관이 득시(得時)하고 당령할 때 일간이 허약(虛弱)하고 무기(無氣)하다면 팔자에 인비(印比)가 있다고 하더라도 일간은 종(從)할 수 있다. 가령 인비(印比)가 있다고 해도 팔자에서 식신이 재를 생하고 다시 재가 인수를 파괴하거나, 또는 강한 관성이 미약한 비겁을 억제하면 일간은 재나 관에 종(從)하는 것이 좋다. 만일 재의 세력이 왕하면 종재(從財)가 좋고, 관의 세력이 왕하면 종관(從官)이 좋은데 종재할 때는 식상운(食傷運)이나 재운(財運)으로 가는 것이 좋고, 종관(從官)할 때는 재운(財運)이나 관운(官運)으로 가면 흥발(興發)할 수 있다. 가종이 되면 팔자의 상황을 보고 행운을 배합하면서 판단해야 한다.

然假從之象, 只要行運安頓, 假行眞運, 亦可取富貴. 何謂眞運? 如從財有比劫分爭行官殺運必貴, 行食傷運必富. 有印綬暗生要行財運; 有官殺泄氣之氣, 要行食傷運. 如從官殺, 有比劫幫身, 逢官運而名高; 有食傷破官, 行財運而祿重. 有印綬泄官, 要財運以破印, 謂假行眞

運, 不貴亦富, 反此者凶, 或趨勢忌義, 心術不端耳. 若能歲運不悖,
抑假扶眞, 縱使身出寒微, 亦能崛起家聲, 所爲亦必正矣. 此乃源濁流
清之象, 宜深究之.

가종(假從)이라도 진운(眞運)으로 가면 부귀를 취할 수 있는데, 진운
(眞運)이란 무엇인가? 재에 종(從)할 때 비겁의 분쟁이 있다면 관살운
(官殺運)으로 가서 비겁의 분쟁을 해결하면 귀(貴)하고, 식상운(食傷
運)으로 가서 비겁의 기운을 설기하면서 재를 도우면 부(富)하게 된
다. 혹시 인수의 암생(暗生)이 있는 경우에는 재운(財運)으로 가서 인
수를 파(破)해야 하고, 관살이 재의 기(氣)를 설기할 경우는 식상운(食
傷運)으로 가서 관살을 파(破)해야 한다. 만일 관살에 종(從)할 때 비
겁이 일간을 돕는 경우에는 관운으로 가서 비겁을 파(破)하면 명성이
높아지고, 식상이 관을 파괴하는 경우에는 재운(財運)이 오면 통관작
용을 하니 록(祿)이 많아진다. 만일 인수가 관을 설기하는 경우에는
재운(財運)으로 가서 인수를 파괴하면 좋다. 이렇게 되면 가종이라도
운의 흐름이 좋게 되니 귀(貴)하거나 부(富)하게 된다. 그러나 이와 반
대로 간다면 흉(凶)하게 되어 권세를 좇아 의리를 버리거나 마음씨가
바르지 못한 사람이 된다. 만일 세운이 어그러지지 않아서 가(假)를
억제하고 진(眞)을 부조하면 비록 출신은 한미(寒微)하더라도 집안의
명성을 일으키고 올바로 행동할 것이다. 이것이 바로 근원은 탁해도
운은 청한 경우이니 잘 살펴 연구해야 한다.

⊙종격(從格)이나 화격(化格)의 사주는 별로 없으니 명리 학습을 하려면 보통 사람의 사주를 많이 연구해야 한다. 명리 고전(古典)에는 유명인들의 사주가 많아 일반인들의 사주풀이에는 별 도움이 되지 않을 수 있다. 그러나 부귀격(富貴格)의 사주를 알면 그렇지 않은 사주도 쉽게 판별하는 데 도움이 될 수 있을 것이다. 기왕에 종(從)하려면 진종(眞從)이 되면 좋겠지만 약간의 불순물이 섞인 가종(假從)이 더 많다. 가종의 사주도 운에 따라 진종처럼 좋아질 때가 있다. 그러나 기본적인 격(格)의 고저는 이미 팔자 원국에서 드러나니 진종과 가종의 사주는 크게 차이가 난다.

時	日	月	年
癸	己	乙	癸
酉	亥	卯	巳

●亥卯 반합에 乙木이 투하여 칠살격이다.

●무리 중에 뛰어나서 일찍 국학에 입학하였다.

●壬子운에 연달아 과거에 급제하였다.

●황당(黃堂)을 거쳐 관찰사에 발탁되었다.

●辛亥운에 벼슬길이 평탄하였다.

●庚戌운에 풍파를 만났다.

時	日	月	年
壬	丙	壬	丁
辰	申	寅	丑

● 丁壬합과 寅申충이 있다.

● 寅월에 丁火가 투했으나 丁壬합으로 편인격이다.

● 월지가 寅이어서 丁壬합에서 나오는 목기(木氣)를 생성할 수 있다.

● 목기(木氣)는 인성에 속한다.

● 왕실에서 태어나 일찍 과거에 급제하였다.

● 金水운에 벼슬이 관찰사에 이르렀다.

時	日	月	年
癸	戊	己	乙
亥	辰	卯	卯

● 戊癸합과 卯辰해 그리고 辰亥귀문이 있다.

● 卯월에 乙木이 투하여 정관격이다.

● 과거에 합격하지 못했다.

● 丙子, 乙亥운에 연달아 관리의 명부에 올리고 봉강(封疆)에 올랐다.

● 癸丑운에 면직당하고 사망하였다.

時	日	月	年
庚	辛	丙	丁
寅	亥	寅	卯

- 寅월에 丙丁火가 투하여 관살혼잡이다.

- 원국의 寅亥寅은 합이 합을 푸는 모습이다.

- 합으로 묶인 글자가 일단 온전하게 쓰인다.

- 운이 水로 가니 흉함이 없었다.

- 연달아 과거에 합격하여 현재(縣宰=현령)를 거쳐 군수에 이르렀다.

- 세 아들을 두었는데 모두 기량과 재주가 뛰어났다.

時	日	月	年
丁	己	乙	癸
卯	未	卯	亥

- 亥卯未 삼합이 있다.

- 乙木도 투하여 칠살격이다.

- 칠살을 거역하는 기운이 없으니 종살격이다.

- 과거에 합격하여 벼슬이 관찰사에 이르렀다.

15 가화假化

假化之人亦可貴 孤兒異性能出類
가화지인역가귀　　　고아이성능출류

가화격(假化格)도 역시 귀할 수 있다. 고아(孤兒)이거나 이성(異性)일지라
도 출세할 수 있다.

原註

日主孤弱而遇合神眞, 不能不化, 但暗扶日主, 合神又虛弱, 及無龍
以運之, 則不眞化. 至于歲運扶起合神, 制伏忌神, 雖爲假化, 亦可
取富貴, 雖是異姓孤兒, 可出類拔萃, 但其人多執滯偏拗, 作事不
進, 骨肉欠遂.

일간이 고약(孤弱)한 경우에 합신(合神)이 참되면 화(化)하지 않을 수
없다. 다만 암신(暗神)이 일간을 돕고 있거나, 화신(化神)이 허약하거
나, 辰土가 없으면 진화(眞化)가 되지 못한다. 가화(假化)가 성립되었
을 때 세운에서 화신(化神)을 돕고 기신을 제복하면 비록 가화라고 하
더라도 부귀할 수 있다. 비록 이성(異性)이나 고아(孤兒)라고 할지라
도 무리에서 뛰어날 수 있지만 가화(假化)가 되면 고집이 세고 비뚤어
져서 하는 일이 막히거나 골육(骨肉)에게도 문제가 있을 수 있다.

假化之局, 其象不一, 有合神眞而日主孤弱者, 有化神有餘而日帶根
苗者, 有合神不眞而日主無根者, 有化神不足而日主無氣者, 有旣合
化神而日主得劫印生扶者, 有旣合化而閑神來傷化氣者, 故假化比眞
化尤難, 更宜細究, 庶得假化之機.

가화(假化)에도 한 가지 상(象)만 있는 것이 아니고 여러 가지가 있다.
합은 참되는데 일간이 고약(孤弱)한 경우도 있고, 화신(化神)이 유여
할 때 일간이 근묘(根苗)를 가지고 있는 경우도 있고, 합신(合神)이 부
진(不眞)할 때 일간이 무근(無根)한 경우도 있다. 또 화신(化神)이 부
족할 때 일간이 무기(無氣)한 경우도 있으며, 이미 합화가 되었는데
일간이 겁재나 인수의 생부(生扶)를 받는 경우도 있다. 또 합화가 되
었는데 한신이 화기(化氣)를 손상하는 경우도 있으니 가화는 진화에
비하여 훨씬 경우의 수가 많아서 분별하기 어렵다. 가화의 여러 가지
상황을 자세히 연구해서 터득해야 한다.

如甲己之合, 生于丑戌月, 合神雖眞, 而日主孤弱無助, 不能不化,
但秋冬氣翕而寒, 又有金氣暗泄, 歲運必須逢火, 去其寒濕之氣, 則
中氣和暖矣. 生于辰未之月, 化神雖有餘, 而辰乃木之餘氣, 未是通
根身庫, 木未嘗無根, 但春夏氣辟而暖, 又有水木藏根, 歲運必須土
金之地, 去其木之根苗, 則無分爭矣.

甲木이 己土를 만나 합이 될 때 丑월이나 戌월에 생하고 합이 참될

경우에 일간이 고약(孤弱)하고 도움을 받지 못한다면 화(化)하지 않을 수가 없다. 그러나 추동(秋冬)에는 추우므로 세운에서 火를 만나야 그 한습(寒濕)한 기(氣)가 화난(和暖)해진다. 만일 辰월이나 未월에 생하면 화신(化神)이 비록 유여하더라도 甲木의 암장된 뿌리가 있으므로 甲木이 합을 거부할 가능성이 있다. 이때는 세운에서 土金이 올 때 木이 약해지니 화(化)가 된다. 뿌리가 있으면 믿고 의지할 곳이 있어 종(從)이나 화(化)가 잘 안 되니 반드시 木의 뿌리와 싹을 제거해야 한다.

如乙庚之合, 日主是木, 生于夏令, 合神雖不眞, 而日主泄氣無根, 土燥又不能生金, 歲運必須帶水之土, 則能泄火養金矣. 生于冬令, 金逢泄氣而不足, 木不納水而無氣, 縱有土而凍, 不能生金止水, 歲運必須帶火之土, 則解凍而氣和, 金得生而不寒矣.

일간이 乙木일 때 庚金을 만나 乙庚합이 되고 여름에 태어났다면 일간은 근(根)이 없고 설기가 심해 화(化)가 될 가능성이 있지만 진화(眞化)가 되지는 않는다. 일간은 설기되고 무근(無根)하지만 하토(夏土)는 조열(燥熱)하여 金을 생할 수 없기 때문이다. 이때는 세운에서 반드시 土를 만나야 화기(火氣)를 설(洩)하고 화기(化氣)인 金을 도울 수 있다. 겨울철에 생한 경우에는 화기(化氣)인 金은 설기되어 약해지고 乙木은 차디찬 水를 받아들이지 못하니 무기(無氣)하게 된다. 또 겨울에는 비록 화기(化氣)를 생하는 土가 있다 하더라도 얼어 있으니

金을 생하거나 水를 제(制)할 수 없게 된다. 그래서 겨울생일 경우에는 세운에서 火를 대동한 土가 와야 해동(解凍)이 되어 金이 생을 만나고 한랭하지 않게 된다.

如丁壬之合, 日主是丁, 生于春令, 壬水無根, 必從丁合, 不知木旺自能生火, 則丁火反不從壬化木, 或有比劫之助, 歲運必須逢水, 則火受制而木得成矣.

일간이 丁火이고 丁壬합이 될 때 봄철에 생한 경우에는 壬水가 무근(無根)하다면 丁火와 합이 된다. 그러나 봄에는 木이 왕하여 丁火를 생하니 혹 비겁이 丁火를 돕고 있다면 丁火는 壬水와 합화를 꺼린다. 이럴 경우에는 세운에서 水를 만나야 火를 제압하고 합화를 이룰 수 있다. 팔자에 천간합(天干合)이 있다고 하더라도 하나의 글자가 힘이 있을 때는 쉽게 합이 되지 않는 것이나.

如丙辛之合, 日主是火, 生于冬令, 重重金水, 旣合且化, 嫌其柱中有土, 暗來損我化神, 濕土雖不能止水, 而水究竟混濁不清, 歲運必須逢金土, 則氣流行而生水, 化神自眞矣. 如是配合, 以假成眞, 亦能名利雙全, 光前裕後也. 總之格象非眞, 未免幼遭孤苦, 早見蹭蹬, 否則其人執傲遲疑. 倘歲運不能抑假扶眞, 一生作事不進, 名利無成也.

일간이 丙火이고 丙辛합이 되었을 때 겨울에 태어나고 팔자에 金水가 중첩되어 있다면 합화가 되기 쉽다. 이때 만일 팔자에 土가 있다면 화기(化氣)가 손상당하여 합화가 되지 않는다. 겨울철의 습토(濕土)는 水를 제(制)할 수 없다고 하더라도 土로 인하여 혼탁해지니 세운에서 金을 만나야 토생금, 금생수로 기(氣)가 유행하여 합화가 된다. 이렇게 되면 가화가 진화가 되어 명리(名利)가 온전해지고 조상이 빛나며 후손이 유복해진다. 만일 진화를 이루지 못하고 가화에 머물러 격(格)이 참되지 않으면 성장기부터 외롭고 고달프며 평생 방황하게 된다. 세운에서조차 가신(假神)을 억제하지 못하거나 진신(眞神)을 부조하지 못하면 일생동안 하는 일이 막히고 명리(名利)를 얻기가 힘들다.

나이스 주

⊙진화격(眞化格)이 가화격(假化格)보다 팔자의 그릇이 크고, 운의 영향을 덜 받는다. 그러나 가화라도 역시 운에서 도와주면 귀할 수 있다. 국(局)에서 진화(眞化)를 방해했던 글자가 운에서 합거(合去)나 극제를 당하면 가화(假化)라도 진화(眞化)처럼 해당 기간에 귀하게 될 수 있다. 그러나 운의 도움을 받지 못하고 가화로 머문다면 흠이 있는 보석처럼 가치를 인정받지 못하고 힘들게 된다.

時	日	月	年
己	甲	甲	己
巳	子	戌	卯

● 천간에 두 개의 甲己합이 있다.

● 卯戌합과 子巳특합이 있다.

● 甲己합에서 나오는 합화(合化) 기운 土는 戌월에서는 약하다.

● 子巳 특합은 子 중 癸水와 巳 중 戊土가 강력하게 암합을 하는 것을
말한다.

● 辛未운에 향방(鄕榜)에 올랐다.

● 庚午, 己巳운에 금당(琴堂)의 벼슬을 하였다.

時	日	月	年
己	甲	丙	甲
巳	申	子	子

● 子월에 甲木은 인수격이다.

● 甲己합과 申子 반합과 巳申형, 巳申합이 있다.

● 인품이 단정하지 못했다.

● 庚辰운 甲午년에 향방(鄕榜)에 올랐지만 벼슬은 하지 않았다.

時	日	月	年
己	甲	丁	甲
巳	戌	丑	寅

●丑월에 己土가 투하여 재격이다.

●丑戌형과 巳戌원진이 있다.

●庚辰운에 연달아 과거에 급제하였다.

●辛巳, 壬午운에 벼슬이 황당(黃堂)에 이르렀다.

時	日	月	年
戊	癸	辛	甲
午	亥	未	寅

●戊癸합과 寅未귀문이 있다.

●未월에 戊土가 투하여 정관격이다.

●일간 癸水는 정관 戊土와 합이 되어 유정하다.

●상관 甲木도 통근되어 힘이 있다.

●초운인 壬申, 癸酉운에 외롭고 괴로웠다.

●甲戌운에 기회를 만났다.

●乙亥운에 아도에 명성을 이루어지고 재화와 포백이 풍성했다.

●丙子운에 징계를 받고 면직되었다.

●壬子운에 사망하였다.

時	日	月	年
辛	壬	丁	甲
亥	辰	卯	辰

●卯월에 甲木이 투하여 식신격이다.

●卯辰해와 辰亥귀문이 있다.

●남방(南方) 火운에 국학에 들어가 급식을 제공받고 뜻을 이루었다.

●壬申, 癸酉운에 벼슬에 나아갈 수 없었고 형상(刑傷)과 파모(破耗)가

 있었다.

16 순국順局

一出門來只見兒　見兒成氣構門閭
일출문래지견아　　견아성기구문려

從兒不論身强弱　只要吾兒又遇兒
종아불론신강약　　지요오아우우아

문을 열었을 때 아이[식상]가 있으면 그 아이[식상]가 기(氣)를 이루고 또 다른 문을 세우고 있는지 보아야 한다. 종아격(從兒格)은 신강 신약에 관계없이 내 아이[식상]가 또 자기의 아이[식상의 식상=재성]를 만나야 한다.

原註

此與成象從象傷官不同，只取我生者爲兒. 如木遇火，成氣象，如戊己日遇申酉戌成西方氣，或巳酉丑全會金局，不論日主强弱，而又看金能生水氣，轉成生育之意. 此爲流通，必然富貴.

이것은 성상(成象)이나 종상(從象) 그리고 상관격과는 같지 않고, 다만 내가 생하는 식상이 아이가 된다. 가령 木이 火를 만나 기상(氣象)을 이루면 되는 것이다. 예를 들어 戊土나 己土일간이 申酉戌이나 巳酉丑의 회국(會局)을 만나고 다시 금국(金局)이 수기(水氣)를 생한다면 일간의 강약과 관계없이 생육(生育)의 뜻을 이루게 된다. 이렇게 되면 토생금, 금생수로 유통되니 부귀하게 된다.

順者, 我生之也；只見兒者, 食傷多也；構門閭者, 月建逢食傷也,
月爲門戶, 必要食傷在提綱也；不論身强弱者, 四柱雖有比劫仍去生
助食傷也；吾兒又得兒者, 必要局中有財, 以成生育之意也. 如己身
碌碌庸庸, 無作無爲, 得子孫昌盛, 振起家聲, 又要運行財地, 兒又
生孫, 可享兒孫遺榮矣. 故爲順局. 從兒與從財官不同也.

순(順)은 내가 생하는 것이다. 오직 자식만 보인다는 것은 식상이 많
다는 것이다. 그리고 문려(門閭)를 이룬다는 것은 월건(月建)에 식상
이 있다는 것이다. 월이 문호(門戶)이므로 반드시 식상이 제강(提綱)
에 있어야 한다. 일간의 강약을 논하지 않는다는 것은 사주에 있는
비겁은 식상을 생조하기만 하면 되니 강약을 따지지 않는다는 것이
다. 내 자식이 또 자식을 만난다는 것은 팔자에 식상의 자식이 되는
재가 있는 것을 말하니 생육(生育)의 뜻을 이루게 된다. 에를 들면 지
신은 보잘 것이 없어도 자손이 창성(昌盛)하여 가성(家聲)을 일으키
려면 반드시 운이 재로 가서 식상이 재성을 생해야만 자손들이 영화
를 누리게 된다. 그래서 순국(順局)이라 하였고 그런 의미에서 종아
(從兒)는 종재(從財)나 종관(從官)과는 다르다.

然食傷生財, 轉成生育, 秀氣流行, 名利皆遂. 故以食傷爲子, 財卽
是孫, 孫不能剋祖, 可以安享榮華. 如見官星, 謂孫又生兒, 則曾祖
必受其傷, 故見官殺必爲己害. 如見印綬, 是我之父, 父能生我, 我

自有爲, 焉能容子? 子必遭殃. 無生育之意. 其禍立至, 是以從兒格最
忌印運, 次忌官運. 官能泄財, 又能剋日, 而食傷又與官星不睦, 忘
生育之意, 起爭戰這風, 不傷人丁, 則散財矣.

식상이 재를 생하여 생육(生育)을 하게 되면 수기(秀氣)가 유행하여
명리(名利)를 이루게 된다. 식상은 자식이 되고 재는 자식의 자식이
니 손자가 된다. 재성인 손자는 조상인 나를 극할 수 없으니 일간은
편안하게 영화를 누릴 수 있게 된다. 관성은 재성의 자식이니 관성이
있다면 손자가 또 자식을 또 낳은 것이며 증손자가 된다. 그렇다면
관성은 나를 극하므로 증조(曾祖)인 나는 손상을 당하게 되니 관살을
만나면 일간에게는 해(害)가 된다. 인수는 나의 부모이다. 부모가 나
를 생하여 나를 존재하게 했으니 어찌 나의 힘을 빼는 내 자식을 용
납할 수 있겠는가? 그래서 인성이 있으면 식상인 자식은 반드시 재앙
을 만나게 되고 생육의 뜻이 사라지니 그 화(禍)가 곧바로 미치게 된
다. 이 때문에 종아격(從兒格)은 인수운을 가장 꺼리고 그 다음으로
관운을 꺼리는데 관은 재를 설기하고 일간을 극하기 때문이다. 관성
은 또 식상과 불목(不睦)하여 생육(生育)의 뜻을 잃고 다투게 하니 사
람을 상(傷)하게 하거나 재물을 흩어지게 한다.

나이스 주

◎『적천수(滴天髓)』 원문은 책에 따라 약간씩 글자가 다르다. 큰 뜻은 변함이

없는데 후대 사람들이 더 쉽게 이해하도록 수정한 것 같다. 식상에 종(從)하면 종아격(從兒格)이라고 한다. 종아격(從兒格)이 되면 식상의 또 다른 아이, 즉 재성으로 흘러야 기(氣)가 유통된다. 즉, 종아격(從兒格)이 되면 비겁이 식상을 생하고, 식상이 재를 생하게 되어 생육(生育)의 뜻을 이루게 된다.

⊙팔자에 식상이 제강에 있고 식상이 많을 때는 종아격(從兒格)이 될 가능성이 크다. 종아격(從兒格)이 되면 자기 자신은 보잘 것 없고 평범하여 이루는 것도 없지만 자손이 창성하여 가문(家門)의 명성을 일으키고, 만일 운이 재로 향한다면 자식이 또 손자를 생하니 가문의 영광이 계속된다. 종재(從財)나 종관(從官)은 일간이 강해지는 것을 꺼리지만, 종아(從兒)는 신강, 신약에 관계없이 식상이 재로 흐르면 좋다는 점에서 차이가 있다.

⊙종격(從格)은 어떤 하나의 오행이 매우 강해서 일간이 그 강한 오행에 종(從)하는 경우를 말한다. 따라서 강한 오행을 극제하는 운은 좋지 않다. 종아격(從兒格)은 식상을 설기시키는 재운(財運)으로 가면 좋다. 종아(從兒)가 될 때 관이 있으면 내가 극을 당하고, 인수가 있으면 자식인 식상이 손상을 당한다. 그러므로 종아격(從兒格)은 식상이 재로 흘러 멈춰야지 관운이나 인수운으로 가면 좋지 않다.

時	日	月	年
丙	癸	壬	丁
辰	卯	寅	卯

- 寅월에 丙火가 투하여 재격이다.

- 丁壬합과 寅卯辰 방합이 있다.

- 丁壬합에서 나오는 목기(木氣)는 활성화되어 식상의 기운이 활발하다.

- 일찍 과거에 급제하였고 한원(翰苑)에 몸을 두었다.

- 벼슬이 봉강(封疆)에 이르렀다.

- 丙申운에 사망하였다.

- 월지를 충하는 운이었다.

*봉강(封疆) 성(省)의 민정 병사 형옥 군정 등을 담당하는 관직, 제후(諸侯)

時	日	月	年
丙	癸	癸	丁
辰	卯	卯	巳

- 卯월에 癸水일간으로 식신격이다.

- 壬寅운 甲戌년 반궁(학교)에 들어가서 丙子년에 향방(鄕榜)에 올라 갔다.

- 벼슬길은 형통했다.

時	日	月	年
戊	丙	丁	己
戌	戌	丑	未

- 丑戌未 삼형이 있다.

- 丑戌未 삼형이 개고되어 동할 때 현실적인 변화가 일어난다.

- 개고되면 戊土는 합거되고 일간은 辛金 재를 취하게 된다.

- 丑월에 戊己土가 투하여 식상이 발달하였다.

- 癸酉, 壬申운에 벼슬길이 순조로웠다.

時	日	月	年
戊	丙	辛	己
戌	戌	未	未

- 지지는 戌과 未로만 되어 있나.

- 丙辛합과 戌未형이 있다.

- 未월에 戊己土가 투하여 식상이 발달하였다.

- 운이 木火로 달리니 향방(鄕榜)에 올랐으나 더 이상의 승진은 없었다.

時	日	月	年
丙	甲	丁	甲
寅	午	丑	午

- 寅午 반합에 丙丁火가 투하여 식상격이다.

- 丑午원진, 丑午귀문이 있다.

- 원진과 귀문은 정신이나 신경의 예민함을 의미한다.

- 과거에 급제하였고 시랑의 벼슬까지 올라갔다.

- 申子 반합에 壬水가 투하여 재격이다.

- 격(格)이란 팔자에서 가장 강한 세력을 말한다.

- 두 개의 辛金도 뿌리가 강하니 상관도 발달하였다.

- 일찍 반수(泮水)에 올라 己亥운에 추위(秋闈)에 합격하였다.

- 戊戌운 丙申년에 사망하였다.

  *반수(泮水) 좋은 학교 입학, 주나라 때 제후의 학교인 반궁(泮宮) 앞에 파놓은 못
  *추위(秋闈) 가을에 보는 과거 시험, 주로 무과(武科) 시험

- 申子辰 삼합으로 재가 발달하였다.

- 천간의 식상도 발달하였다.

- 운이 土金으로 갈 때 과거에 연달아 합격하였다.

●일간이 힘을 얻을 때였다.

●벼슬이 군수에 이르렀다.

時	日	月	年
壬	辛	辛	壬
辰	亥	亥	寅

●亥月에 두 개의 壬水가 투하여 상관격이다.

●寅亥합과 亥亥형 그리고 辰亥귀문이 있다.

●甲寅운에 장원으로 과거에 급제하였다.

●乙卯운에 서랑에서 황당(黃堂)에 나아갔다.

●丙辰운 戊戌년에 사망하였다.

●辰戌충으로 개고되어 일간은 제외한 천간이 모두 합거되는 시기였다.

時	日	月	年
辛	辛	辛	壬
卯	卯	亥	子

●亥卯 반합으로 재가 강하다.

●亥月에 壬水가 투하여 상관격이다.

●일간은 통근하지 못하였다.

●甲寅운에 관리등용 시험에 뽑혀 현재(縣宰)에 나아갔다.

●乙卯운에 벼슬길이 순조로웠다.

- 丙辰운에 징계를 받고 戌년에 사망하였다.

- 辰戌丑未가 동하면 입묘 상황을 잘 살펴야 한다.

- 입묘는 사라짐, 손실, 사망 등이다.

- 입묘가 동하더라도 입묘될 글자가 없을 때에는 해당사항이 없다.

17 반국反局

君賴臣生理最微
군뢰신생이최미

군주가 신하에게 의지하는 것이 가장 미묘(微妙)하다.

木君也, 土臣也. 水泛木浮, 土止水則生木, 木旺火熾, 金伐木則生火, 火旺土焦, 水剋火則生土 ; 土重金埋, 木剋土則生金, 金旺水濁, 火剋金則生水, 皆君賴臣生也, 其理最妙.

木이 군주이고 土가 신하라고 할 때 水가 범람하면 木이 뜨는 **수범목부**(水泛木浮)가 된다. 이때 범람하는 水를 土가 제(制)하면 木을 살리게 된다. 木이 왕하여 火가 치열해지는 **목왕화치**(木旺火熾)가 될 때는 金으로 木을 베면 火를 살리게 된다. 또 火가 왕하여 土가 타버리는 **화왕토초**(火旺土焦)가 될 경우는 水로써 火를 극하면 土를 살리게 되고, 土가 중첩하여 金이 묻히는 **토중금매**(土重金埋)가 되었을 때 木으로 土를 극하면 金을 살리게 된다. 또 金이 왕하여 水가 탁한 **금왕수탁**(金旺水濁)이 될 때는 火로써 金을 극하면 水를 살리게 되는데, 이러한 경우가 모두 군주가 신하의 생에 의지하는 **군뢰신생**(君賴臣生)의 구조이다.

君賴臣生者, 印綬太旺之意也. 此就日主而論, 如日主是木爲君, 局中
之土爲臣, 四柱重逢壬癸亥子, 水勢泛濫, 木氣反虛, 不但不能生木,
抑且木亦不能納受其水, 木必浮泛矣 ; 必須用土止水, 則木可托根, 而
水方能生木, 木亦受其水矣, 破其印而就其財, 犯上之意, 故爲反局也.

군뢰신생(君賴臣生)에서 신하는 재성이다. 군주가 신하에게 의지한
다는 것은 인수가 태왕할 때 일간이 재성에게 의지하는 것을 말한다.
가령 군주인 일간이 木이라면 신하는 土가 된다. 팔자에 壬癸나 亥子
등 水의 세력이 범람하면 木은 水의 생을 받아들이기는커녕 오히려
물에 뜨게 된다. 이때는 신하인 土를 써서 水를 제(制)해야만 木이 뿌
리를 내리면서 水의 생을 받아들일 수 있다. 이 경우에 일간인 木이
인수인 水보다 신하인 土 재성에 의지하게 되니 윗사람을 범(犯)했다
고 하여 반국(反局)이라고 한 것이다.

雖就日主而論, 四柱亦同此論, 如水是官星, 木是印綬, 水勢太旺,
亦能浮木, 亦須見土而能受水, 以成反生之妙, 所以理最微也. 火土
金水, 皆同此論.

일간 위주로 설명했지만 일간이 아닌 사주의 나머지도 마찬가지이
다. 가령 일간이 火라면 水가 관성이고 木이 인수가 된다. 이 경우에
水 관성이 태왕하면 역시 인수인 木이 뜰 수 있으니 土 재성을 만나
야 木이 水의 생을 받을 수 있다. 나머지 오행도 이치는 모두 같다.

⊙아무리 좋은 것이라도 태과하거나 불급하면 좋을 리가 없다. 인성이 지나치
면 재성을 써서 재극인(財剋印)해 주면 좋다. 일간을 군주라 하고 재성을 신
하라고 할 때 신하가 넘치는 인성을 제(制)함으로써 군주를 보호하게 된다.
이를 군(君)이 신(臣)에 의지한다고 하여 군뢰신생(君賴臣生)이라고 한다.

時	日	月	年
戊	甲	壬	壬
辰	寅	子	辰

● 子辰 반합에 壬水가 투하여 편인격이다.
● 일찍 과거에 급제하여 한원(翰苑)에 올랐다.
● 火土운에 벼슬길이 순탄했다.
● 강한 水를 통제하는 시기였다.

時	日	月	年
戊	甲	壬	壬
辰	子	子	戌

● 子월에 子辰 반합이 있고 壬水가 투하여 편인격이다.
● 강한 水를 제하는 戊土가 제방의 역할을 한다.
● 벼슬이 상서(尙書)에 이르렀다.

● 辰월에 戊己土가 투하여 인성이 강하다.

● 학업을 이루지 못했다.

● 水木운에 무관으로 뛰어났다.

● 巳월에 丁火가 투하여 편인격이다.

● 국(局) 중에 水가 없어 관직에 오르지 못하고 벼슬길에 차질이 있었다.

兒能生母洩天機
아능생모설천기

자식이 모(母)를 생하는 것은 하늘의 기밀을 누설하는 것이다.

原註

木爲母, 火爲子. 木被金傷, 火剋金則生木；火遭水剋, 土剋水則生火；土遇木傷, 金剋木則生土；金逢火煉, 水剋火則生金；水因土塞, 木剋土則生水, 皆兒能生母之意. 此意能奪天機.

木이 모(母)이고 火가 자식이라고 할 때 木인 모(母)가 金에게 손상될 때 자식인 火가 金을 극하면 모(母)인 木을 살리게 된다. 또 火가 水에게 극을 당할 때 土로써 水를 극하면 火를 살리게 되며, 土가 木에게 손상당할 때 金으로 木을 극하면 土를 살리게 된다. 또 金이 火에게 극을 당할 때 水로써 火를 극하면 金을 살리게 되며, 水가 土에게 극을 당할 때 木으로 土를 극하면 水를 살리게 된다. 이러한 경우가 모두 자식이 어미를 살릴 수 있다는 **아능생모**(兒能生母)가 된다.

兒能生母之理, 須分時候而論也. 如木生冬令 寒而且凋 逢金水必凍 不特金能剋木 而水亦能剋木也. 必須火以剋金 解水之凍 木得陽和而 發生矣.

자식이 모(母)를 살릴 수 있는 이치는 어느 계절에 태어났는가를 보아야 한다. 가령 木이 겨울에 태어나면 차가운데 또 金水를 만나면 木이 얼게 된다. 그러면 金이 木을 극할 수 있고 水도 木을 얼게 하므로 이때는 火가 있어야 한다. 火로 金을 극하고 水를 해동(解凍)시켜야만 木이 양화(陽和)를 얻어 생을 발(發)하게 된다.

火遭水剋, 生于春初冬盡, 木嫩火虛, 非但火忌水, 而木亦忌水, 必須 土來止水, 培木之精神, 則火得生, 而木亦榮矣.

火가 水의 극을 받고 있고 춘초(春初)인 寅월이나 동말(冬末)인 丑월에 생하면 木은 어리고 火는 허(虛)한 시기가 된다. 이때는 火도 水를 꺼리고 木도 水를 꺼리니 반드시 土가 와서 水를 제(制)하고 木의 정(精)과 신(神)을 배양해야만 火가 생을 얻고 木도 번영하게 된다.

土遇木傷, 生于冬末春初, 木堅土虛, 縱有火, 不能生濕土, 必須用金伐木, 則火有焰而土得生矣.

土가 木에게 손상당할 때 만일 동말(冬末)이나 춘초(春初)에 생하면 **목견토허**(木堅土虛)하게 된다. 이 시기에는 비록 火가 있다 하더라도 습토(濕土)를 생할 수 없으므로 반드시 金을 써서 木을 극해야 火가 타오르고 土가 생을 얻게 된다.

金逢火煉, 生于春末夏初, 木旺火盛, 必須水來剋火, 又能濕木潤土, 而金得生矣.

金이 火에게 극을 당하고 있으면서 춘말(春末)이나 하초(夏初)에 생하면 **목왕화성**(木旺火盛)하게 된다. 이때에는 반드시 水가 와서 火를 극해야 **습목윤토**(濕木潤土)하게 할 수 있어 金이 생을 얻게 된다.

水因土寒, 生于秋冬, 金多水弱, 土入坤方, 而能塞水, 必須木以疏土, 則水勢通達而無阻隔矣.

水가 가을이나 겨울에 생하고 土에게 막혀 있다면 **금다수약**(金多水弱)하게 된다. 土가 곤방(坤方)에 있을 때는 水는 더욱 막히니 이때에

는 반드시 木으로 土를 소통시켜야만 한다. 그래야 水의 세력이 통달
하여 막히지 않게 된다.

成母子相依之情. 若木生夏秋, 火在秋冬, 金生冬春, 水生春夏, 乃休
囚之位, 自無餘氣, 焉能用生我之神, 以制剋我之神哉. 雖就日主而
論, 四柱之神, 皆同此論.

이와 같은 설명은 모자(母子)가 서로 의지하는 정(情)을 이루는 예이
다. 만일 木이 여름이나 가을에 생하고, 火가 가을이나 겨울에 생하
고, 金이 겨울이나 봄에 생하고, 水가 봄이나 여름에 생하면 휴수(休
囚)된 시기에 생한 것이다. 이때는 자연히 여기(餘氣)가 없는데 어떻
게 나를 생하는 글자를 용하겠는가? 나를 극하는 글자를 제(制)해야
하는 것이다. 비록 일간의 입장에서 설명했지만 사주의 모든 글자가
마찬가지이다.

나이스 주

⊙일간이 모(母)라면 식상은 자식이다. 火가 겨울에 태어나면 水가 강한 때이
니 이때에는 土가 와서 水를 제(制)해야 좋다. 土가 봄에 태어나면 木이 강
하고 土가 약하니 金을 써서 木을 극해야 土가 살아남는다. 金이 여름에 태
어나면 火가 강한 때이니 이때에는 水가 와서 火를 극해야 金이 생을 얻게
된다. 土가 강한 계절에 水가 태어나면 약해지므로 이때에는 木으로써 土

를 소토(疏土)해야 水가 막힘이 없게 된다. 이상은 모(母)와 자식이 서로 의지하는 정(情)을 다루는 설명이다.

時	日	月	年
庚	甲	丙	甲
午	申	寅	申

●寅월에 甲丙이 투하여 식신격이다.

●寅申충의 연속이다.

●형충은 이겨내면 경쟁력의 바탕이 된다.

●己巳운에 향방(鄕榜)에 합격하였다.

●庚午운에 과거에 장원급제하였다.

●辛未운에 벼슬이 현재(縣宰)에 이르렀다.

●壬申운에 벼슬길이 험란했다.

時	日	月	年
丙	乙	丙	甲
戌	酉	子	申

●申子 반합과 子酉파가 있다.

●지지에 水의 기운이 강하니 인수격이다.

●창업하여 십여만금을 모았다.

●학업은 불리하였다.

時	日	月	年
甲	壬	乙	丙
辰	辰	未	辰

● 지지는 온통 土이다.

● 未월에 壬水는 정관격이다.

● 丙火와 甲乙木이 투하여 식상과 재가 발달하였다.

● 동북운에 재물을 바치고 벼슬길에 나아갔다.

● 지위가 번얼(藩臬)에 이르고 백여만금의 부(富)를 소유하였다.

時	日	月	年
辛	己	乙	癸
未	卯	卯	卯

● 卯월에 乙木이 투하여 칠살격이나.

● 卯未 반합이 있어 관이 더 강해졌다.

● 癸酉년에 향방(鄕榜)에 합격하였다.

● 庚戌운에 현령이 되었다.

● 청렴하고 절개가 있었으며 인품이 단정하고 반듯하였다.

母慈滅子關頭異
모자멸자관두이

모(母)의 자애가 자식을 망친다는 것은 앞 내용들과는 다른 관점에서 본
것이다.

木母也. 火子也. 太旺謂之慈母. 反使火熾而焚滅. 是謂滅子. 火土金
水亦如之.

木이 모(母)이고 火가 자식인 경우에 木이 태왕하면 그것을 **자모**(慈
母)라고 한다. 木이 태왕하면 火를 생하는 것이 아니라 오히려 火를
멸(滅)할 수 있으니 **멸자**(滅子)가 된다. 木을 예로 들었지만 火土金水
의 경우도 같다.

母慈滅子之理. 與君賴臣生之意相似也. 細究之. 均是印旺. 其關頭異
者. 君賴臣生. 局中印綬雖旺. 柱中財星有氣. 可以用財破印也. 母慈滅
子. 縱有財星而無氣. 未可以財星破印. 只得順母之性, 助其子也. 歲運
仍行比劫之地. 庶母慈而子安；一見財星食傷之類. 逆母之性. 無生育
之意. 災咎必不免矣.

모자멸자(母慈滅子)의 이치는 인수가 왕하다는 점에서 군뢰신생(君賴
臣生)과 비슷하지만 다른 점이 있다. 군뢰신생은 팔자에 인수가 왕하
더라도 재성이 유기(有氣)하여 힘이 있으니 재가 인수를 파괴할 수 있

지만, 그러나 모자멸자의 경우는 비록 재성이 있다 하더라도 무기(無氣)하니 재성이 인수를 파괴할 수 없다는 차이가 있다. 모자멸자가 되면 왕한 인수에게 순종해야 하니 만일 세운이 비겁으로 간다면 인성의 왕한 세력이 설기되어 좋아진다. 그러나 만일 세운이 재성이나 식상 등으로 가면 왕한 세력을 건들게 되어 재난(災難)을 면치 못한다.

● 寅卯辰 방합을 포함하여 木이 많아 인수가 많다.

● 종강격이다.

● 초운인 癸丑, 壬子운에는 형상(刑傷)과 파모(破耗)를 당했다.

● 辛亥, 庚戌, 己酉, 戊申운에 쇠설이 심해 육십 이전에는 한 가지도 이루지 못했다.

● 丁未운에 첩을 얻어 연이어 두 아들을 낳았다.

● 丙午운까지 이십년 동안 수만금의 재산을 모았다.

● 수명(壽命)은 구십이 넘었다.

- 土의 글자가 많으나 辰戌丑未는 같은 土가 아니다.

- 辰戌충과 丑辰파와 丑戌형이 있어 삶이 순탄하지 못하다.

- 종강격으로 보기 힘들다.

- 초운에 형상(刑傷)과 파패(破敗)로 가업이 탕진하였다.

- 庚申운에 기회를 만났다.

- 辛酉운에 재물을 헌납하고 벼슬로 나아갔다.

- 壬戌운에 징계를 받고 면직되었다.

時	日	月	年
戊	辛	戊	丙
戌	丑	戌	戌

- 앞의 사주와 비슷하다.

- 월주가 다르니 운의 흐름이 달라진다.

- 己亥, 庚子, 辛丑운에 부귀한 집안에 태어나 자랐다.

- 辛丑운에 재물을 바치고 벼슬을 샀다.

- 壬寅운에 범법을 저지르고 파직되었다.

時	日	月	年
壬	甲	壬	壬
申	子	寅	子

- 申子 반합 등 水의 기운이 강해 인수가 강하다.

- 종왕격이다.

- 초년운인 癸卯, 甲辰운에 조상의 음덕(蔭德)이 좋았다.

- 乙巳운에 부모가 사망하고 재물은 흩어졌다.

- 丙午운에 가업이 모두 파(破)하고 세상을 떠났다.

夫健何爲又怕妻
부건하위우파처

남편이 건장하면 어찌 처(妻)를 두려워하겠는가?

原註

木是夫也, 土是妻也. 木雖旺, 土能生金而剋木. 是謂夫健而怕妻. 火土金水如之. 其有水逢烈火而生土, 火逢寒金而生水, 水生金者, 潤土之燥; 火生木者, 解天之凍. 火焚木而水竭, 土滲水而木枯皆反局, 學得須細詳其玄妙.

木이 남편이고 土가 처(妻)인 경우에는 비록 木이 왕하더라도 팔자에 金이 있다면 土가 金을 생하여 木을 극할 수도 있다. 이런 경우 남편이 강건해도 처(妻)를 두려워한다고 하여 **부건파처**(夫健怕妻)라고 하였다. 木을 예로 들었지만 火土金水 다른 오행도 마찬가지이다. 水가 맹렬한 火를 만나면 火가 土를 생하여 토극수 현상이 나타나니 火가 水를 극하는 모습이고, 火가 한랭한 金을 만나면 金이 水를 생하여 수극화가 되니 金이 火를 극하는 현상이 나타난다. 水가 金을 생할 수도 있는데 그렇게 되면 메마른 土가 윤택하게 되고, 火가 木을 생할 수도 있는데 그렇게 되면 얼어 있는 하늘을 해동(解東)하게 된다. 火가 木을 태우면 水가 고갈되고, 土가 水를 흡수하면 木이 마르게 된다. 이런 것들은 오행의 상생상극의 법칙에 어긋나니 반국(反局)이라고 한다. 학자들은 이러한 묘한 이치를 자세히 살펴야 한다.

任氏曰

木是夫也, 土是妻也. 木旺土多, 無金不怕, 一見庚申辛酉字, 土生金, 金剋木, 是謂夫健而怕妻也. 歲運逢金, 亦同此論.

木이 남편이고 土가 처(妻)라고 하면, **목왕토다**(木旺土多)하더라도 金이 없으면 두렵지 않다. 그러나 만일 庚申이나 辛酉를 만나면 土가 金을 생하고 金이 木을 극하게 되니 남편이 처를 두려워하게 되는데 이를 부건파처(夫健怕妻)라고 한다. 세운에서 金이 올 때도 마찬가지이다.

如甲寅乙卯日元, 是謂夫健, 四柱多土, 局內又有金, 或甲日寅月, 乙日卯月, 年時土多, 干透庚辛之金. 所謂夫健怕妻, 如木無氣而土重, 卽不見金. 夫衰妻旺, 亦是怕妻, 五行皆同此論.

또 일주(日柱)가 甲寅이나 乙卯이면 이것을 부건(夫健)이라고 하는데 사주에 土가 많고 다시 또 金이 있을 경우나, 또는 寅월의 甲木일간이나 卯월의 乙木일간이 년(年)과 시(時)에 土가 많고 천간에 庚辛金

이 투출했다면 부건파처(夫健怕妻)가 된다. 또 남편인 木이 무기(無氣)하고 처(妻)인 土가 중(重)하면 비록 金이 없어도 남편이 쇠하고 처(妻)가 왕하므로 역시 파처(怕妻)가 된다. 다른 오행도 마찬가지이다.

其有水生土者. 制火之烈 ; 火生水者. 敵金之寒 ; 水生金者, 潤土之燥 ; 火生木者, 解水之凍. 火旺逢燥土而水竭, 火能剋水矣 ; 土燥遇金重而水滲, 土能剋木矣 ; 金重見水泛而木枯, 金能剋木矣 ; 水狂得木盛而火熄, 水能剋土矣 ; 木衆逢火烈而土焦, 木能剋金矣. 此皆五行顚倒之深機, 故謂反局, 學者宜細詳玄妙之理. 命學之微奧, 其盡泄于此矣.

水가 土를 생하는 경우는 수극화로 火의 맹렬함을 제거하기 때문이고, 火가 水를 생하는 경우는 화극금으로 金의 차가움을 없애기 때문이다. 水가 金을 생하는 경우는 土의 건조함을 적셔 토생금을 하기 때문이고, 火가 木을 생하는 경우는 얼어 있는 水를 해동시켜 木을 생하기 때문이다. 火가 왕할 때 조토(燥土)를 만나면 金이 고갈되므로 火가 水를 극할 수 있고, 土가 건조할 때 金이 중(重)하면 水가 마르므로 土가 木을 극할 수 있다. 金이 중(重)할 때 水가 범람하면 木이 고갈(枯渴)되므로 金이 木을 극할 수 있고, 水가 창광(猖狂)할 때 木이 성(盛)하면 火가 꺼지므로 水가 土를 극할 수 있다. 木이 많을 때 火가 맹렬하면 土가 까맣게 타므로 木이 金을 극할 수 있는데, 이런 것들은 오행의 상생상극에 어긋나는 것으로 전도(顚倒)되는 깊은 의미가 있으니 반국(反局)이라고 한다. 학자들이 이러한 근본이 되는 이치를 잘 알면 명리학(命理學)의 미묘하고 깊은 뜻을 알 수 있을 것이다.

予觀夫健怕妻之命, 頗多貴顯者, 少究其理, 重在一"健"字之妙也. 如日主不健, 爲財多身弱, 終身困苦矣. 夫健怕妻, 怕而不怕, 倡隨之理然也. 運遇生旺扶身之地, 自然出人頭地. 若夫不健而怕妻, 妻必恣性越理. 男牽欲而失其剛, 婦貪悅而忘其順, 豈能富貴乎?

살펴보면 부건파처(夫健怕妻)의 명(命)은 지위가 높고 이름이 나는 경우가 많다. 그 이치를 연구해 보면 건(健)이라는 글자 때문이다. 가령 일간이 강건하지 않으면 재다신약(財多身弱)이 되어 종신토록 곤고하게 되는데, 그러나 부건파처(夫健怕妻)가 되면 부(夫)가 강건하니 처를 두려워하지 않게 되니 부창부수(夫唱婦隨)가 된다. 운이 일간을 돕는 생왕으로 가면 자연히 남보다 뛰어날 것이다. 그러나 만일 부(夫)가 강건하지 않으면 처를 두려워하게 될 것이고 그렇게 되면 처는 반드시 방자한 성품을 드러내어 도리에 어긋나게 될 것이다. 남자는 욕정으로 강함을 잃고 부인은 기쁨을 탐하여 순종하는 것을 잃으니 어찌 부귀할 수 있겠는가?

나이스 주

⊙여기서 신하는 식상이다. 식상은 아랫사람이다. 자식도 후배도 부하직원도

모두 식상이다. 반대로 윗사람은 인성이다. 시간이 지나면 윗사람은 힘이 없어지니 아랫사람(食傷)에게 의지해야 되고, 아랫사람은 윗사람을 보살 펴야 하는 것이 자연의 섭리이고 하늘의 기밀이다.

◉모자멸자(母慈滅子)란 모(母)의 사랑이나 간섭이 지나치면 아이를 망친다 는 뜻이니 군뢰신생(君賴臣生)과는 다르다. 오행의 상생 상극은 이상적인 이론에 불과하다. 실제 사주에 나타날 때는 강한 것이 약한 것을 이기게 되 니 오행의 상생상극과는 반대로 설명되는 반국론이 나오는 것이다.

◉처(妻)는 재성이니 부(夫)는 처(妻)를 극한다. 극할 때는 에너지 소모가 많 으니 힘이 있어야 한다. 그러나 일간보다 재가 더 강하면 남편이 처(妻)를 두려워한다.

◉水가 맹렬한 火를 만나면 火는 土를 생하게 되어 결국 火가 水를 극하는 모 습이 되고, 火가 강한 金을 만나면 金이 水를 생하게 되어 금극화 현상이 나타난다. 水가 조토(燥土)를 적시면 土가 金을 생하게 되어 수극토 현상이 나타나고, 火가 얼어 있는 水를 녹이면 水는 木을 생하게 되니 화극수 현상 이 나타난다. 火가 록(祿)을 만나면 水가 고갈되어 수극화 현상이 일어나지 않고, 土가 水를 제(制)하면 木이 마르게 되어 목극토 현상은 일어나지 않 는다. 이러한 현상들은 오행의 상생 상극과는 같지 않으니 반국(反局)이라 고 한다.

- 辰월에 戊己土가 투하여 재격이다.

- 辰亥귀문과 寅未귀문이 있다.

- 일간이 강할 때는 식상운이 좋다.

- 초년 木火운에 반수(泮水)에 노닐고 연달아 과거에 합격하였다.

- 甲子, 癸亥운에 벼슬길이 높아졌다.

- 辰월에 戊己土가 투하여 재격이다.

- 子辰 반합과 子未원진이 있다.

- 원진은 충과 비슷하여 현실적인 삶에 굴곡이 있을 수 있다.

- 초년 木火운에 일찍 학교에 들어가서 과거에 연달아 합격하였다.

- 벼슬길이 순조롭지는 않았다.

時	日	月	年
庚	丁	辛	乙
戌	巳	巳	亥

●巳亥충과 巳戌원진 그리고 巳戌귀문이 있다.

●巳월에 庚辛金이 투하여 재격이다.

●일간이 강하니 재를 잘 사용할 수 있다.

●장원급제하여 벼슬길에 풍파가 없었다.

●丙子운에 별세하였다.

時	日	月	年
癸	戊	甲	癸
丑	戌	子	亥

●子월에 癸水가 투하여 재격이다.

●방백(方伯)의 지위에 올랐다.

●돈은 넉넉하지 못했다.

 ※**방백**(方伯) 관찰사

時	日	月	年
甲	戊	癸	癸
寅	午	亥	亥

●戊癸합과 亥亥형과 寅午 반합이 있다.

●亥월에 癸水가 투하여 재격이다.

●寅午 반합이 있어 인수도 강하고 甲寅으로 관도 힘이 있다.

●무관(武官)으로 무리 중에서 뛰어났다.

18 전국戰局

天戰猶自可 地戰急如火
천전유자가　　　지전급여화

천간의 싸움은 스스로 조절이 가능하지만, 지지의 싸움은 급하기가 불과
같다.

干頭遇甲庚乙辛謂之天戰, 而得地支順靜者無害；地支寅申卯酉, 謂
之地戰, 則天干不能爲力. 其勢速凶, 蓋天主動, 地主靜故也. 庚申
甲寅, 乙卯辛酉之類是也. 皆見謂之天地交戰, 必凶無疑.

간두(干頭)에 甲庚이나 乙辛이 있는 경우를 **천전**(天戰)이라고 하는데,
지지에서 순정(順靜)한 글자를 만나면 무해(無害)하다. 지지에 寅申이
나 卯酉가 있으면 **지전**(地戰)이라고 하는데, 지전(地戰)이 되면 천간
은 힘이 되지 못하므로 그 기세가 빠르고 흉(凶)하다. 천간은 동(動)하
고, 지지는 정(靜)하기 때문이다. 庚申, 甲寅이나 乙卯, 辛酉로 구성된
팔자가 그렇다.

時	日	月	年		時	日	月	年
辛	乙	○	○		甲	庚	○	○
酉	卯	○	○		寅	申	○	○

이런 식으로 천간 지지가 구성되면 **천지교전**(天地交戰)이 되어 반드시 흉(凶)하다는 것을 의심할 여지가 없다.

遇歲運合之會之, 視其勝負, 亦有可存可發者. 其有一沖兩沖者, 只得一個合神有力, 或無神庫神貴神, 以收其動氣, 息其爭氣, 亦有佳者. 至于喜神伏藏死絶者, 又要沖動引用生發之氣.

세운(歲運)에서 합이나 회(會)를 만났을 경우 그 승부(勝負)를 살펴보면 그대로 있거나 또는 발(發)하는 것을 알 수 있다. 팔자에 충이 한두 개 있을 때는 유력한 합신(合神)이 있거나, 합신(合神)이 없으면 고신(庫神)이나 귀신(貴神)이 있어 충을 동하지 않게 하면 역시 아름답다. 그러나 만일 희신이 복장(伏藏)되거나 사절(死絶)된 경우라면 오히려 충으로 동(動)하게 하여 생발(生發)하는 기(氣)를 인용(引用)해야 한다.

任氏曰

天干氣專, 而得地支安靜, 易於制化, 故天戰猶自可也 ; 地支氣雜, 天干雖順靜, 難於制化, 故地戰急如火也.

천간의 기(氣)는 순수하므로 지지의 안정(安靜)을 득하면 제화(制化)되기 쉬우니 천전(天戰)은 스스로 조절이 가능하다. 그러나 지지의 기(氣)는 복잡하니 천간이 비록 순정(順靜)하더라도 제화(制化)가 어렵다. 그래서 지전(地戰)은 급하기가 불과 같은 것이다.

且天干宜動不宜靜, 動則有用 ; 靜則愈專 ; 地支宜靜不宜動, 靜則有用, 動則根拔. 必得合神有力, 會神成局, 息其動氣, 或庫神收其動神, 安其靜神, 謂動中助靜, 以凶化吉.

천간은 동(動)해야 하고 정(靜)하면 마땅하지 않다. 천간은 동(動)하면 유용(有用)하고 정(靜)하면 전일(專一)하다. 지지는 정(靜)해야 하고 동(動)하면 마땅하지 않으니 정(靜)하면 유용(有用)하고 동(動)하면 뿌리가 뽑힌다. 그래서 지지가 동(動)할 때는 반드시 유력(有力)한 합신(合神)이나 또는 국(局)을 이룬 회신(會神)이 있어서 동(動)하는 기(氣)를 멈추게 해야 한다. 또는 고신(庫神)이 동(動)하는 지지를 거두거나 정(靜)한 글자를 안정시키면 동(動)한 가운데 정(靜)을 돕는 것이 된다. 이렇게 되면 흉(凶)이 길(吉)로 변하게 된다.

如甲寅·庚申·乙卯·辛酉·丙寅·壬申·丁卯·癸酉之類, 天地交戰, 雖有合神會神, 亦不息其動氣, 其勢速凶.

甲寅과 庚申, 乙卯와 辛酉, 丙寅과 壬申, 丁卯와 癸酉 등의 부류는 천지교전(天地交戰)이 되는데, 천지교전이 되면 비록 합신(合神)이나 회신(會神)이 있다 하더라도 그 동(動)하는 기(氣)를 멈추게 하지 못하니 흉(凶)하다.

如謂兩不沖一，此謬言也. 兩寅一申，沖去一寅，存一寅也；如兩申逢一寅，縱使不沖，金多木少，亦能剋盡矣. 故天干論剋. 地支言沖，沖卽剋也，顯然之理，又何疑耶?

그리고 두 개의 글자가 하나의 글자를 충하지 못한다는 것은 잘못된 말이다. 두 개의 寅과 하나의 申이 있을 때 하나의 寅은 충거(沖去)되고 하나의 寅은 남게 된다. 또 두 개의 申이 하나의 寅을 만나면 충이 되지는 않더라도 金이 많고 木이 적으니 木은 극을 당하여 사라질 수 있다. 천간에서는 극이라 하고 지지에서는 충이라고 하는데, 충과 극이 비슷하니 또 무엇을 의심하겠는가?

至於用神伏藏或用神被合，柱中無引用之神，反宜沖而動之，方能發用. 故合有宜不宜，沖亦有宜不宜也，須深究之.

용신이 복장(伏藏)되어 있거나 용신이 합을 당하여 용신을 사용하지 못할 경우는 그것을 충동(沖動)시키면 쓸 수 있다. 합에도 좋은 경우와 그렇지 않는 경우가 있고, 충도 역시 좋은 경우와 그렇지 않은 경우가 있으니 잘 연구해야 한다.

나이스 주

⊙천전(天戰)이란, 예를 들면 천간에서 甲庚이나 乙辛과 같은 경우를 말하고, 지전(地戰)이란 지지에 寅申이나 卯酉 등이 있을 때를 말한다. 천전(天戰)은

하늘에서 일어나는 싸움이므로 인간에게 직접 영향을 미치지 않지만, 지전 (地戰)은 인간이 살고 있는 현실에서 일어나기 때문에 직접적으로 영향을 미친다. 천전과 지전이 동시에 일어날 때 천지교전(天地交戰)이라고 하는데 庚申과 甲寅, 乙卯, 辛酉 등이 나란히 있는 경우이다. 천지교전이 일어나면 하늘과 땅이 동시에 흔들리니 정신적으로나 현실적으로 불안하고 흉(凶)하다.

⊙충(沖)은 유력한 합을 만나면 해소될 수 있고 또는 고지(庫地)나 귀인으로도 해소될 수 있다. 또 희신이 복장(伏藏)되거나 사절(死絕)된 경우에는 충으로 생발(生發)하는 경우도 있으니 무조건 충을 나쁘다고만 할 수는 없다.

時	日	月	年
辛	丁	乙	癸
亥	未	卯	酉

● 卯酉충과 亥卯未 삼합이 있다.
● 卯월에 乙木이 투하여 편인격이다.
● 辛亥대운 壬子년에 법을 어겨 형벌을 받았다.

時	日	月	年
己	乙	辛	癸
卯	卯	酉	酉

● 酉酉형과 卯酉충이 있다.

●酉월에 辛金이 투하여 칠살격이다.

●중년 火운에 이도(異途)로 관직으로 나가 지현(현령)에 올랐다.

●丙辰운에 법을 어겼다.

●辰酉합으로 관이 묶이던 운이었다.

時	日	月	年
甲	壬	壬	壬
辰	午	寅	申

●寅申충과 寅午 반합이 있다.

●寅월에 甲木이 투하여 식신격이다.

●과거에 합격하여 현재(縣宰)로 나갔다.

●戊申운에 죽었다.

時	日	月	年
辛	壬	壬	壬
丑	申	寅	申

●寅申충이 연달아 있다.

●寅월에 壬水일간이니 식신격이다.

●초년 癸卯, 甲辰운에 조상의 음덕(蔭德)이 유여했다.

●乙巳운에 형상(刑傷)과 파패를 당했다.

●丙午운에 집안이 파괴되고 사망했다.

時	日	月	年
甲	戊	辛	乙
寅	申	巳	亥

● 巳亥충과 巳申형 그리고 寅申충이 있다.

● 寅申巳亥가 모두 지지에 있다.

● 巳월에 辛金이 투하여 상관격이다.

● 중년 木火운에 연달아 과거에 급제하였다.

● 벼슬이 군수에 이르렀다.

● 丙子운에 사망하였다.

時	日	月	年
庚	甲	辛	乙
午	子	巳	亥

● 巳亥충과 子午충이 있다.

● 巳월에 庚辛金이 투하여 관살혼잡이다.

● 형모(刑耗)가 심해 세 명의 처와 네 아들을 극해(極害)하였다.

● 丁丑운에 한 가지 일도 이루지 못하고 죽었다.

19 합국 合局

合有宜不宜 合多不爲奇
합유의불의　　　합다불위기

합(合)에도 마땅한 것과 마땅하지 않는 것이 있다. 그러나 합이 많으면 묘
(妙)하지는 않다.

原註

喜神有能合而助之者, 如以庚爲喜神, 得乙合而助金；凶神有能合而
去之者. 如以甲爲凶神. 得己合而去之. 動局有能合而靜者. 如子午相沖.
得丑合而靜. 生局有能合而成者. 如甲生于亥, 得寅合而成, 皆是也.

희신이 합이 되면 좋아지는 경우가 있다. 가령 庚金이 희신일 때 乙木
을 만나 합이 되면 화기(化氣)가 金이 되어 庚金을 돕게 된다. 그리고
흉신이 합으로 제거되어서 좋아지는 경우가 있다. 가령 甲木이 흉신
일 때 己土를 만나 합거(合去)되는 경우이다. 또 충 등으로 동(動)하고
있을 때 합이 되면 정(靜)으로 바뀔 수가 있다. 가령 子午충으로 동(動)
할 때 丑을 만나 子丑합이 되면 정(靜)해진다. 또 생국(生局)이 합을 만
나 완성되는 경우가 있는데 가령 甲木이 亥 장생을 만났을 때 寅이 있
어 寅亥합이 되는 경우이다. 이상은 합이 되어 긍정적인 결과를 가져
오는 경우이다.

若助起凶神之合, 如己爲凶神, 甲合之則助土, 羈絆喜神之合 ; 如乙
是喜神, 庚合之則羈絆, 掩蔽動局之合, 丑未喜神. 子午合之則閉. 助
其生局之合. 不喜甲木. 寅亥合之則助木. 皆不宜也. 大率多合則不流
通. 不奮發, 雖有秀氣, 亦不爲奇矣.

합(合)이 되어 흉신을 도와 나빠지는 경우도 있다. 가령 己土가 흉신
일 때 甲木과 합이 되면 화기(化氣)가 土가 되니 흉신인 己土를 돕게
된다. 또 희신이 합으로 묶이면 좋지 않게 되는데, 가령 희신 乙木이
庚金과 합이 되면 乙木은 희신의 역할을 못하게 된다. 또 동(動)하고
있는 국(局)이 합이 되면 동(動)하지 않게 되는데, 즉 丑이나 未가 희
신인 경우에 子나 午가 그것들과 子丑합, 午未합이 되면 희신의 역할
을 하지 못한다. 또 생국(生局)을 돕는 합이 있는데, 甲木이 희신이 아
닐 때 亥 장생이 寅을 만나 寅亥합을 이루면 甲木을 돕게 되니 좋지
않다. 이와 같은 경우는 모두 합이 되어 마땅하지 않은 경우이다. 대
체로 합이 많으면 묶여서 유통되지 않고 분발(奮發)하지 못하니 비록
수기(秀氣)가 있다 하더라도 답답함을 느끼게 된다.

合固美事, 然喜合而合之最美, 若忌合而合之, 比沖愈凶也. 何也? 沖
得合而靜這則易, 合得沖而表靜這則難, 故喜神有能合而助之者爲美.
如庚爲喜神, 得乙合而助之者是也. 凶神有能合而去之者更美, 如甲爲
凶神, 得己合而去之者是也. 閑神凶神有能合而化喜者, 如癸爲凶神,

戊爲閑神, 戊癸合而化火爲喜神是也. 閑神忌神有能合而 化喜者, 如
壬爲閑神, 丁爲忌神, 丁壬合而化木爲喜神是也. 如子午逢沖, 喜神在
午, 得丑合之, 寅申逢沖, 喜神在寅, 得亥合之, 皆是宜也.

합(合)은 합이 필요할 때 합해야 아름다운 것이다. 합을 꺼리는데도
합을 한다면 충보다도 더 흉(凶)하다. 왜 그런가? 충은 합을 만나면 정
(靜)해지지만 합은 충을 만나면 합이 풀려 동하기 때문이다. 그러므로
희신이 합이 되어 도움이 된다면 좋은 것이다. 가령 庚金이 희신인 경
우에 乙木을 만나면 합이 되어 희신을 돕게 되니 좋다. 또 흉신이 있
다 하더라도 합으로 제거되면 다시 좋아지는 경우가 있다. 가령 甲木
이 흉신일 때 己土가 와서 합거(合去)하면 흉신이 제거되니 좋아지게
된다. 또 한신과 흉신이 합이 되어 희신으로 변할 수도 있는데, 가령
癸水가 흉신이고 戊土가 한신일 때 戊癸가 합이 되어 火로 화(化)하여
희신이 되는 경우이다. 또 한신과 기신이 합이 되어 희신으로 변하는
경우도 있는데, 가령 壬水가 한신이고 丁火가 기신일 때 丁壬합이 되
어 木으로 화(化)하여 희신이 되는 경우이다. 또 子午충이 있을 때 희
신이 午라면 丑을 만나 子와 子丑합이 되거나, 寅申충이 있을 때 寅이
희신이라면 亥를 만나 寅亥합이 되면 좋아지게 된다.

如忌神得合而助之者, 己以爲忌神, 甲合之, 則爲助忌之合 ; 以乙爲
喜神庚合之則爲戀凶之合, 有喜神閑神合化忌神者, 以丙爲喜神, 辛爲
閑神, 丙辛合化水爲忌神也. 有閑神忌神合化凶神者, 以壬爲閑神, 丁

爲忌神, 丁壬合化. 木爲凶神是也. 如卯酉逢沖, 喜神在卯, 得辰合之, 化金仍剋木者. 巳亥逢沖, 喜神在巳, 得申合之, 化水仍剋火者. 皆是不宜也.

기신(忌神)이 합이 되어 기신을 돕는 경우가 있다. 己土가 기신일 때 甲木과 합이 되면 화기(化氣)인 土가 기신을 돕게 된다. 또 乙木이 희신일 때 庚金과 합이 되면 희신을 극하는 金의 화기(化氣)가 나오니 흉(凶)이 된다. 또 희신과 한신이 합하여 기신으로 변하는 경우도 있다. 丙火가 희신이고 辛金이 한신일 때 丙辛합이 되면 水로 화(化)하여 희신을 해치게 된다. 또 한신과 기신이 합하여 흉(凶)으로 변하는 경우도 있다. 壬水가 한신이고 丁火가 기신일 때 丁壬합이 되어 木으로 화(化)하면 기신인 丁火를 돕게 된다. 또 卯酉충이 있고 卯가 희신일 때 辰을 만나 辰酉합이 되면 金으로 화(化)하여 희신인 卯를 극하게 된다. 또 巳亥충이 있고 巳가 희신일 때 申을 만나면 巳申합이 되어 水로 화(化)하여 희신인 火를 극하게 된다. 이런 경우가 모두 합이 되어 나빠지는 경우이다.

大率忌神合而化去之. 喜神合而化來之. 若忌神合而不去. 不足爲喜. 喜神合而不來. 不足爲美. 反爲羈絆貪戀而無用矣. 來與不來, 卽化與不化也, 宜審察之.

결론적으로 기신은 합으로 화(化)하여 제거되면 좋고, 희신은 합으로 화(化)하여 다시 희신으로 돌아와야 좋다. 만일 기신이 합하고도 제

거되지 않으면 기뻐할 것이 못되고, 희신이 합하고도 희신으로 돌아
오지 않으면 기반(羈絆)되고 탐연(貪戀)하게 되니 쓸모가 없게 된다.
합이 되어 희신으로 돌아오기도 하고 그렇지 않기도 하고, 화(化)하
기도 하고 그렇지 않기도 하니 합을 볼 때는 잘 살펴야 한다.

나이스 주

⊙합(合)에는 천간합(天干合), 삼합, 방합, 그리고 지합(支合) 등이 있다. 합도
충과 마찬가지로 좋을 때도 있고 나쁠 때도 있으니 잘 살펴야 한다. 천간합
(天干合)이든 지지합(地支合)이든 합이 되면 묶여서 해당 글자는 제대로
자기 역할을 못하게 된다.

⊙희신이 힘되이 제 역할을 못하면 좋을 리가 없지만, 기신이 합되어 제거되
면 좋을 것이다. 또 합되어 합화(合化)한 오행이 희신을 도우면 좋고 합화
(合化)한 오행이 기신을 도우면 좋을 리가 없다. 그래서 합이 된다고 해서
좋다거나 나쁘다고 단정적으로 말할 수는 없는 것이다.

時	日	月	年
乙	丙	庚	辛
未	子	寅	亥

●寅亥합과 子未원진이 있다.

●寅월에 乙木이 투하여 인수격이다.

●庚辛金은 뿌리가 없다.

●사람됨이 관후 화평하였고 일생동안 벼슬길이 편안하였다.

●申子 반합과 寅申충이 있다.

●申월에 庚辛金이 투하여 정편인이 혼잡되었다.

●癸亥운에 학교에 들어가 과거에 연달아 합격하였다.

●이름이 한원(翰苑)에 퍼졌다.

●甲子운에 벼슬길이 평안하였다.

●乙丑운에 파직되어 집으로 돌아가서 후반에 사망하였다.

*한원(翰苑) 한림원(翰林院)과 같은 관직명

●천간에 丁壬합 그리고 지지에 寅亥합, 寅午 반합, 午酉파가 있다.

●寅월에 丁火가 투하여 비겁이 강하다.

●초년 金水운에 유업(遺業)이 풍성했다.

- 戊戌운에 寅午·戌 삼합으로 아극재 현상이 일어나서 가업이 파산하고 자신은 죽었다.
- 재는 재물, 여자 그리고 건강을 나타낸다.

時	日	月	年
丙	戊	甲	己
辰	寅	戌	亥

- 戌亥천문과 천간에 甲己합이 있다.
- 시간의 丙火는 寅戌에 뿌리를 내려 힘이 있다.
- 편인격이다.
- 중년운이 土金으로 가니 명성이 높고 녹(祿)이 중후하였다.

時	日	月	年
丙	戊	甲	己
辰	寅	戌	巳

- 앞의 사주와 비슷하다.
- 壬申운에 과거에 응시했으나 급제하지 못하였다.
- 중년운에 처자를 형극(荊棘)하고 가업이 소멸되었다.
- 己巳운에 사망했다.
- 巳戌원진과 寅巳형이 동하던 때였다.
- 글자 하나 차이가 크다.

時	日	月	年
丙	甲	壬	丁
寅	子	寅	未

- 寅월에 丙火가 투하여 식신격이다.

- 丁壬합과 寅未귀문이 있다,

- 己亥대운 癸酉년에 과거에 합격하였다.

- 戊戌운 卯년에 장원급제하였다.

- 운 때문에 크게 승진하지는 못했다.

時	日	月	年
甲	甲	壬	丁
子	戌	寅	亥

- 丁壬합과 寅亥합이 있다.

- 丁壬합이 木으로 화(化)하니 비겁이 강해진다.

- 일생동안 형모(刑耗)가 다단하였다.

- 중년운에 의식은 충분하였다.

20 군상 君象

君不可抗也 貴乎損上以益下
군불가항야　　위호손상이익하

군주(君主)에게 항거(抗拒)하는 것은 불가(不可)하다. 귀하려면 위를 덜어
내어 아래에 보태야 한다.

原註

日主爲君. 財神爲臣. 如甲乙日主. 滿局皆木. 内有一二土氣. 是君盛臣
衰. 其勢要多方以助臣. 火生之. 土實之. 金衛之. 庶下全而上安

일간이 군(君)이라면 재는 신(臣)이 된다. 예를 들면 일간이 甲乙木이
고 팔자에 木이 많을 때 그 안에 한두 개의 土가 있다면 군(君)이 성
(盛)하고 신(臣)이 쇠하다. 이때는 여러 방법으로 신(臣)을 도와야 하
니 재성을 火로 생해주고, 土로 실(實)하게 하며, 金으로 보호하면 **하
전상안(下全上安)**할 것이다.

任氏曰

君不可抗者, 無犯上之理也. 損上者. 洩上也. 非剋制也. 上洩則下受
益矣. 如以甲乙日主爲君. 滿局皆木内只有一二土氣, 君旺盛而臣極衰
矣, 其勢何如哉惟有順君之性, 火以行之, 火行則木洩, 土得生扶,

爲損上以益下, 則上不亢君, 下得安臣矣. 若以金衛之, 則抗君矣; 且
木盛能令金自缺, 君仍不能抗, 反觸其怒, 而臣更洩氣, 不但無益,
而有害也, 豈能上安而下全乎?

군불가항(君不可抗)이란 윗사람을 범하지 않는 이치를 말한다. 위를
덜어낸다는 것은 위를 설기한다는 것이지 극제(剋制)한다는 것이 아
니다. 위를 설기하면 아래가 이익을 받게 된다. 가령 甲乙木 일간이
군(君)이고 팔자에 木이 가득할 때 그 안에 한두 개의 土가 있다면 군
(君)은 왕성하고 신(臣)은 극쇠(極衰)한 모습이 된다. 이때 土는 오직
군(君)의 성정을 따르면서 火로 통관시켜 그 기(氣)를 유행시켜야 한
다. 火로 유행시키면 木이 설기되고 土가 생부(生扶)를 받으니 위를
덜어내서 아래를 보태는 것이 되므로, 군(君)에게 항거하지 않고 신
(臣)을 편안하게 할 것이다. 만일 金으로 강한 木을 막으려고 한다면
그것은 군(君)에게 항거(抗拒)하는 것이 된다. 이렇게 木이 성할 때 金
이 항거하면 金은 저절로 이지러시니 군(君)의 노여움을 촉발하게 된
다. 또 쇠약한 신(臣)은 군(君)을 공격하다가 더욱 설기되므로 이익(利
益)은 없고 오히려 해(害)만 있게 된다. 이렇게 되면 어찌 **상안하전**(上
安下全)이 될 수 있겠는가?

나이스 주

⊙극하는 것은 군(君)이 되고 극을 당하는 것은 신(臣)이 된다. 원주에서는 일

간을 군(君)으로 보고 재성을 신(臣)으로 보았지만, 일간을 신(臣)으로 보면 관성이 군(君)이 된다. 또 천간을 군(君)으로 보고 지지를 신(臣)으로 볼 수도 있다. 어쨌든 군상(君象)에서는 군(君)이 신(臣)보다 과(過)할 때는 군(君)에게 항거하면 안 되고, 군(君)의 힘을 덜어 신(臣)을 도와야 한다.

● 천간의 글자들이 모두 월지에 뿌리를 두고 있다.

● 강한 일간의 힘은 식상으로 흐른다.

● 己巳운에 과거에 연달아 합격하였다.

● 庚午, 辛未운에 벼슬이 번안(안찰사)에 이르렀다.

● 壬申운에는 사망하였다.

● 월지를 충하는 운이었다.

時	日	月	年
乙	甲	甲	甲
亥	寅	戌	子

● 월지에서 투한 천간이 없다.

● 비겁의 기운이 무척 강하다.

● 초운인 水운에 형상(刑傷) 파모(破耗)가 있었다.

- 丁丑운에 가업(家業)을 상승시켰다.

- 戊寅, 己卯운에 세 차례 화재를 당하고 처자를 형극(荊棘)하였다.

- 己卯운 후반에 사망하였다.

21 신상臣象

臣不可過也 貴乎損下以益上
신불가과야 　　귀호손하이익상

신하(臣下)에게 과도(過渡)한 기운이 몰리는 것은 불가(不可)하니, 아래
쪽을 덜어내어 위쪽에 보태야 한다.

原註

日主爲臣, 官星爲君. 如甲乙日主, 滿盤皆木, 內有一二金氣, 是臣
盛君衰, 其勢要多方以助金. 用帶土之火, 以泄木氣 ; 用帶火之土,
以生金神, 庶君安臣全. 若木火又盛, 無可奈何則當存君之子, 少用
水氣一路行火地方得發福.

일간이 신(臣)이라면 관성이 군(君)이다. 가령 일간이 甲乙木이고 팔
자의 주도 세력이 木일 때 그 안에 한두 개의 金이 있다면 **신성군쇠**
(臣盛君衰)가 된다. 이때는 쇠약한 金을 도와야 하니 土를 대동한 火
를 써서 木을 설기시키면서 火를 지닌 土를 써서 金을 생하면 목생
화, 화생토, 토생금이 되어 **군안신전**(君安臣全)하게 된다. 만일 木火
가 더욱 성(盛)하다면 마땅히 군(君)인 金의 자식인 水를 적게 써서 보
존하고 오로지 火로 행하면 발복하게 된다.

臣不可過, 須化之以德也, 庶臣順而君安矣. 如甲乙日主, 滿局皆
木, 内只一二金, 臣盛而君衰極矣. 若金運制臣, 是衰勢而行威令,
必有抗上之意, 必須帶火之土運,

신(臣)이 지나쳐서는 안 된다. 지나칠 경우는 반드시 덕(德)으로 화
(化)해야 **신순군안(臣順君安)**할 것이다. 가령 일간이 甲乙木이고 팔자
에 木이 가득할 때 한두 개의 金이 있다면 신성군쇠(臣盛君衰)가 된
다. 이때 金운이 와서 왕한 신(臣)을 제압하려 한다면 그것은 쇠한 세
력이 왕한 세력을 거역하는 형국이 되니 자연의 흐름에 역행하는 것
이다. 이럴 경우에는 반드시 火를 지닌 土운이 와서 목생화, 화생토,
토생금으로 소통이 되어야 한다.

木見火而相生, 臣心順矣; 金逢土而得益, 君心安矣. 若水木竝旺,
不見火土, 當存君之子. 一路行水木運. 亦可安君. 若木火竝旺. 則宜
順臣之心. 一路行火運. 亦可安君. 所謂臣盛而性順. 君衰而仁慈, 亦
上安而下全. 若純用土金以激之, 非安上全下之意也.

木은 火를 보면 상생이 되므로 신(臣)의 마음이 순(順)해진다. 그리고
金은 土를 만나면 이익이 되므로 군(君)의 마음도 편안해진다. 만일
水木이 함께 왕하고 火土가 보이지 않는다면 어찌할 방법이 없으니
적더라도 金의 자식인 水를 쓰고, 만일 木火가 함께 왕하다면 마땅히
신(臣)의 마음을 따라야 하니 火운으로 가야 군(君)을 편안하게 할 수

있다. 이른바 신(臣)이 성(盛)하면 그 성질에 순응해야 하고, 군(君)이 쇠할 때는 군(君)이 인자(仁慈)해야 상안하전(上安下全), 즉 위아래가 편안하고 안전하게 된다. 만일 신(臣)인 木이 강할 때 土金을 용(用)하여 그 성정을 격동시키면 **안상전하**(安上全下)의 뜻을 이룰 수가 없다.

時	日	月	年
庚	甲	甲	戊
午	寅	寅	寅

- 寅월에 戊土가 투하여 재격이다.
- 강한 일간의 힘은 寅午 반합으로 흐른다.
- 일찍 과거에 급제하였다.
- 벼슬이 시랑(侍郞)에 이르렀다.
- 庚申운에 사망하였다.
- 월지를 충하는 운이었다.

  ***시랑**(侍郞) 정승, 장관급, 상서 다음 가는 직책

時	日	月	年
辛	甲	乙	癸
未	寅	卯	卯

- 양인격으로 비겁의 기운이 강하다.
- 초반은 종왕격으로 흐른다.

●甲寅, 癸丑운에 조상의 유업(遺業)이 풍부하였다.

●壬子, 辛亥운에 명리(名利)가 모두 넉넉하였다.

●庚戌운에 사고를 범하고 파직당하고 사망하였다.

●월지가 합으로 묶이고 戌未형이 일어나는 운이었다.

時	日	月	年
甲	戊	戊	戊
寅	午	午	午

●寅午 반합 등으로 종강격이다.

●운이 金운으로 갈 때 공명(功名)이 드러나서 빛났다.

●운이 水로 가자 장계를 받고 면직되었다.

●水운은 강한 세력인 火土를 극하는 시기였다.

時	日	月	年
己	己	丙	甲
巳	酉	子	寅

●子酉파와 巳酉 반합이 있다.

●子월에 己土로 재격이다.

●巳酉 반합이 있어 식상도 강하다.

●일찍 과거에 급제하여 한원(翰苑)에 이름이 높았다.

22 모상母象

知慈母恤孤之道 始有瓜瓞無彊之慶
지자모휼고지도   시유과질무강지경

자애로운 어머니가 외로운 자식을 보살피는 방법을 알면 자손이 끝없이
번창하는 경사(慶事)가 있다.

日主爲母, 日之所生者爲子. 如甲乙日主, 滿柱皆木, 中有一二火氣,
是母旺子孤, 其勢要多方以生子孫, 成瓜瓞之緜緜, 而後流發於千世
之下.

일간이 모(母)라고 하면 일간이 생하는 식상이 자식이 된다. 가령 일
간이 甲乙木이고 사주에 木이 가득할 때 火가 한두 개 있다면 이것은
모왕자고(母旺子孤)가 된다. 그런 경우에는 자식인 식상으로 유통되
어야 오이덩굴에 크고 작은 오이가 끝없이 열린 것처럼 자손들이 천
세까지 발전할 것이다.

母衆子孤, 不特子仗母勢, 而母之情亦依乎子, 故子母二人, 皆不宜
損抑. 只得助其子勢, 則母慈而子益昌矣.

모왕자고(母旺子孤)가 되면 자식이 모(母)의 세력에 의지하고, 모정(母情)도 자식에게 의지하게 되니, 자모(子母) 둘 다 손상이나 억제되지 않아야 된다. 자고(子孤)할 때 모(母)가 자식의 세력을 도우면 모(母)는 자애롭고 자식은 더욱 번창하게 된다.

如日主甲乙木爲母, 內只有一二火氣, 其餘皆木, 是母多子病. 一不可見水, 見水子必傷; 二不可見金, 見金則觸母性. 母子不和, 子勢愈孤. 惟行帶火土之運, 則母性必慈, 其必向子. 子方能順母之意而生孫, 以成瓜瓞, 衍慶於千世之下, 若行帶水之土運, 則母情有變, 而反不容子矣.

가령 일간인 모(母)가 甲乙木이고 사주에 火가 한두 개 있고 나머지는 모두 木이라면 이것은 모(母)가 많으니 자식에겐 병(病)이 된다. 이때는 첫째 水를 만나지 말아야 하는데, 水를 만나면 자식이 반드시 손상당한다. 둘째는 金을 만나지 말아야 한다. 金을 만나면 모(母)의 성정을 격동시켜서 모자(母子)가 불화(不和)하게 되니 자식이 더욱 외롭게 된다. 오직 火를 대동한 土운으로 흘러야 모성(母性)이 자애로워지고 그 성정이 자식을 향하게 된다. 그렇게 되면 자식이 어머니 뜻에 순종하고 자손들이 번창하여 천년 후까지 경사(慶事)가 넘치게 된다. 만일 水를 대동한 土운으로 행하면 모정(母情)이 변하여 자식을 용납하지 않는다.

⊙자식이 많고 모(母)가 쇠하면 자식은 모(母)를 돌봐야 하고, 모(母)는 자식에게 의지해야 한다. 반대로 자식이 약하고 모(母)가 왕할 때에는 자식이 모(母)에 의지하고, 모(母)는 자식을 돌봐야 한다. 이렇게 되면 끝없는 경사(慶事)가 있게 된다.

⊙인성(印星)을 모(母)로 본다면 일간이 자식이 된다. 자애로운 어머니가 외로운 자식을 불쌍히 여긴다는 의미는 일간이 약할 때 인성이 일간을 돕는 것을 말한다. 효성이 지극한 자식은 어버이에게 효도한다는 것은 일간이 재를 극하여 약한 인성을 돕는 것을 말한다.

⊙또 일간을 모(母)로 본다면 일간이 생하는 식상이 자식이 된다. 이때 일간이 강하고 식상이 약하면 모(母)는 왕한데 자식은 고독한 형상이므로 식상을 돕는 운으로 가야 한다. 그렇게 되면 모(母)는 자애롭고 자식은 더욱 번창하게 된다. 일간이 강하고 식상이 약할 때 인성은 기신이 된다. 인성이 강한 일간을 돕고 약한 식상을 극하기 때문이다.

⊙만일 인성이 약할 때 재성이 인성을 공격하면 인성은 다치게 된다. 이때 일간이 강하다면 재를 극하여 인성을 구제할 수 있다. 이렇게 인성과 일간이 서로 돕고 보살피면 무강지경(無疆之慶), 즉 끝없는 경사가 있고 대순지풍(大順之風), 즉 큰 순리(順理)의 바람이 이어진다.

時	日	月	年
己	乙	甲	戊
卯	卯	寅	午

● 寅월에 甲木이 투하여 비겁이 강하다.

● 寅午 반합이 있고 戊己土도 투하여 식재도 강하다.

● 월지에서 천간의 모든 글자가 투하면 좋은 사주이다.

● 천간의 모든 글자가 힘이 있기 때문이다.

● 어린 나이에 과거에 급제하였다.

● 벼슬이 시랑(侍郎)에 올랐다.

● 庚申운에 사망하였다.

● 팔자의 본부인 월지를 충하는 운이었다.

時	日	月	年
乙	甲	丙	癸
亥	寅	辰	卯

● 寅卯辰 방합과 寅亥합이 있다.

● 종왕격이다.

● 초운인 乙卯, 甲寅운에 술술 잘 풀렸다.

● 癸丑운에 파패(破敗)가 보통이 아니었다.

● 壬子운에 자식과 절(絶)하고 가업이 무너지니 목을 매어 죽었다.

23 자상 子象

知孝子奉親之方 始能尅諧大順之風
지효자봉친지방　　시능극해대순지풍

효자(孝子)는 어버이를 봉양하는 방법을 알고 있으니 어버이와 자식간에

조화를 이루게 되어 순조로운 가풍(家風)을 이어가게 된다.

原註

日主爲子, 生日得爲母. 如甲乙滿局皆是木, 中有一二水氣, 爲子衆
母衰. 其勢要多方以安母. 用金以生水, 用土以生金, 則成母子之情,
爲大順矣, 設或無金, 則水之神依乎木, 而行木火金盛地亦可.

일간이 자식이라면 일간을 생하는 인성은 모(母)가 된다. 가령 일간
이 甲乙木일 때 팔자에 木이 가득하고 그중에 한두 개의 水만 있다면
자식은 많고 모(母)가 쇠한 것이다. 이때는 모(母)를 도와 모(母)를 편
안하게 해야 한다. 金을 써서 약한 水를 생하고 土를 써서 金을 생하
면 모자(母子)의 정(情)을 순조롭게 이루게 된다. 金이 없을 때에는 水
가 木에게 의지해 버리거나 木火金이 왕성한 곳으로 가도 좋다.

任氏曰

子衆母衰, 母之性依乎子, 須要安母之心, 亦不可逆子性. 如甲乙日

爲主, 滿局皆木, 中有一二水氣, 謂子衆母孤, 母這情依乎子, 必要
安母之心. 一不可見土, 見土則子戀婦而不顧母, 母不安矣；二不可
見金, 見金母勢强而不容子, 子必逆矣. 惟行帶水之金運, 使金不剋
木而生水, 則母情必依子, 子情亦順母矣, 以成大順之風. 若行帶土
之金運, 婦性必悍, 母子皆不能安, 人事莫不皆然也, 此四章雖主木
論, 火土金水亦如之.

자중모쇠(子衆母衰)하면 모(母)는 자식에게 의지하게 된다. 이때는 자
식은 모(母)를 편안하게 해야 하고 모(母)도 자식을 거스르면 안 된다.
가령 일간이 甲乙木이고 팔자에 木이 가득할 때 한두 개의 水만 있다
면 **자중모고**(子衆母孤)한 것이 된다. 이렇게 되면 모정(母情)은 자식
에게 의지할 수밖에 없으니 자식은 반드시 모(母)의 마음을 편안하게
해야 한다. 첫째는 土를 만나지 말아야 한다. 土를 만나면 자식이 처
(妻)만 연모하고 모(母)를 돌보지 않으니 모(母)가 불안(不安)하게 된
다. 둘째는 金을 보지 말아야 한다. 金을 만나면 모(母)의 세력이 강해
져서 자식을 용납하지 않으니 자식이 반드시 거역하게 된다. 오직 水
를 대동한 金운으로 가야 금생수, 수생목으로 金이 木을 극하지 않고
水를 생하게 된다. 그렇게 되면 모정(母情)은 자식에게 의지하고 자
식은 모(母)에게 순종하니 대순지풍(大順之風)을 이루게 된다. 만일
土를 대동한 金운으로 가면 아내의 성정이 반드시 사나워서 모자(母
子)가 모두 편안하지 못할 것이다. 木을 예로 들었지만 나머지 火土
金水도 같다.

⊙일간이 자(子)라면 인성이 모(母)가 된다. 자중모쇠(子衆母衰)할 때는 모
(母)는 자식에게 의지하면 좋다. 일간이 木일 때 木이 많고 모(母)에 해당하
는 水가 적다면 자중모고(子衆母孤)가 된다. 이때 土가 약한 水를 극하면
안 된다. 또 金을 보면 金이 강한 木에게 대들게 되어 왕신에 해당하는 木
이 화를 내게 되니 金도 좋지 않다. 그래서 약한 水를 도와줄 水의 인비, 즉
金水로 가야 모자(母子)간에 균형을 이루어 좋아지게 되니 이를 대순지풍
(大順之風)이라고 한다.

時	日	月	年
乙	甲	乙	癸
亥	寅	卯	亥

● 亥卯 반합에 乙木이 투하여 양인격이다.

● 종왕격이다.

● 초운인 甲寅, 癸丑운에 조상의 음지가 유여하여 일찍 반수(泮水)에
노닐었다.

● 壬子운에 향방(鄕榜)에 합격하였다.

● 辛亥운에 현령(縣令)에서 주목(州牧)으로 옮겨갔다.

● 庚戌운에 징계를 받고 파직하여 사망하였다.

● 월지가 卯戌합으로 묶이던 때였다.

時	日	月	年
甲	甲	己	乙
子	寅	卯	亥

●卯월에 甲木으로 양인격이다.

●甲己합으로 종왕격은 되지 못했다.

●丁丑운에 가정이 불화하고 형상(刑傷)과 파모(破耗)를 겪었다.

●丙子운에 평안하고 재앙이 없었다.

●甲戌운에 파모(破耗)가 심했다.

●乙亥, 癸酉운에 재취하여 자식을 낳고 거듭 집안의 명성을 날렸다.

●壬申운에 만년이 더욱 아름다웠다.

24 성정 性情

五行不戾 性情中和 濁亂偏枯 性乖情逆
오행불려　　성정중화　　탁란편고　　성괴정역

오행이 어그러지지 않으면 성정이 중화를 이루지만, 탁란(濁亂)하고 편고

하면 성정이 괴팍하고 어지럽다.

原註

五氣在天, 則爲元亨利貞；賦在人, 則仁·義·禮·智·信之性, 惻
隱, 羞惡, 辭讓, 是非誠實之情, 五所不戾者, 則其存之而爲性, 發
之而爲情, 莫不中和矣, 反此者乖戾.

오기(五氣)는 하늘에 있을 때는 원형이정(元亨利貞)이 되고, 사람에게

부여되면 인의예지신(仁義禮智信)의 성(性)과 측은(惻隱), 수오(羞惡),

사양(辭讓), 시비(是非), 성실(誠實)의 정(情)이 된다. 오기(五氣)가 어

그러지지 않으면 성(性)이 정(情)으로 변하여 중화를 이루게 된다. 그

러나 이와 반대가 되면 어그러진 팔자가 된다.

任氏曰

五氣者, 先天洛書之氣也. 陽居四正, 陰居四隅, 土寄居於艮坤, 此後
天定位之應. 東方屬木, 於時爲春, 於人爲仁, 南方屬火, 於時爲夏,

於人爲禮；西方屬金，於時爲秋，於人爲義；北方屬水，於時爲冬，於
人爲智. 坤艮爲土，坤居西南者，以火生土，以土生金也；艮居東北
者，萬物皆主於土，冬盡春來，非土不能止水，非土不能栽木，猶
仁·義·禮·智之性，非信不能成. 故聖人易艮於東北者，卽信以成之
之旨也. 賦於人者，須要五行不戾，中和純粹，則有惻隱·辭讓·誠實
之情；若偏枯混濁，太過不及，則有是非·乖逆·驕傲之性矣.

오기(五氣)는 선천(先天)의 낙서(洛書)에서 나오는 기(氣)를 말한다.
양(陽)은 사정방(四正方)에 거(居)하고 음(陰)은 사우방(四隅方)에 거
(居)한다. 土는 간(艮)과 곤(坤)에 거(居)하는데 이것은 후천(後天)의
위치이다. 동방(東方)은 木에 속하고 봄이고 인(仁)이 되며, 남방(南
方)은 火에 속하고 여름이고 예(禮)가 된다. 서방(西方)은 金에 속하고
가을이고 의(義)가 되며, 북방(北方)은 水에 속하고 겨울이고 지(智)가
된다. 곤방(坤方)과 간방(艮方)은 土가 되는데 곤(坤)이 서남방(西南
方)에 배치된 까닭은 火로써 土를 생하고 土로써 金을 생하기 때문이
다. 간(艮)이 동북방(東北方)에 배치된 까닭은 만물이 모두 土에 의해
주재되기 때문이다. 겨울이 다하면 봄이 오는데 土가 아니면 水를 제
(制)할 수 없고, 土가 아니면 木을 재배할 수가 없다. 또 인의예지(仁
義禮智)의 본성도 신(信)이 아니면 이루어질 수 없다. 성인(聖人)들이
역(易)에 동북(東北)을 간(艮)에 배치한 것은 신(信)으로 그것을 이루
었기 때문이다. 오행이 어그러지지 않고 중화를 이루고 순수하면 측
은(惻隱)·사양(辭讓)·성실(誠實)의 정(情)이 있고, 만일 오행이 편

고·혼탁하거나 태과·불급하면 시비(是非)나 괴역(乖逆), 교오(驕傲)의 성정을 갖게 된다.

⊙사람의 팔자에 오행이 골고루 있기는 어렵다. 그래도 대충이라도 오행이 균등하게 있다면 중화를 이루어 성정이 안정감이 있지만, 오행이 탁란(濁亂)하고 편고하다면 성질도 괴팍하고 갈피를 잡을 수 없는 사람이 된다. 그래서 오행이 중화를 이루지 못한 종격(從格) 등의 사주는 어느 한 분야에서 이름을 날릴지는 몰라도 개인의 삶과 성정은 편고한 사람들이다.

時	日	月	年
戊	甲	丙	己
辰	子	寅	丑

●寅월에 丙火가 투하여 식신격이다.

●戊己土도 투하여 식신생재가 되었다.

●천간의 글자가 모두 월지에 뿌리를 두고 있다.

●교만하고 아첨하지 않았다.

●겸손하고 공손하고 어질고 후덕한 풍격이 있었다.

時	日	月	年
乙	己	丁	己
丑	卯	卯	酉

- 卯월에 乙木이 투하여 칠살격이다.

- 卯酉충이 있다.

- 卯酉충이 동하면 비견 己土와 乙木 칠살이 합거된다.

- 그에 따라 년월지가 손상당한다.

- 권세 있는 자에게 아부하였다.

- 남을 손상하고 자신을 이롭게 하였다.

- 재앙과 화(禍)를 당하였다.

時	日	月	年
甲	丙	乙	丙
午	子	未	戌

- 未월에 甲乙木이 투하여 인수격이다.

- 戌未형과 子未원진 그리고 子午충이 있다.

- 형충이 동하면 甲己합과 丙辛합으로 년월지와 시지가 손상된다.

- 성정이 비뚤어져서 처세에 교만함이 있었다.

- 조급하여 가업이 파패(破敗)하고 남은 것이 없었다.

火烈而性燥者 遇金水之激
화열이성조자 　　　우금수지격

화열(火烈)하면 성정이 조급한데, 이때 金水를 만나면 火는 더욱 격렬해진다.

原註

火烈而能順其性, 必明順, 惟金水激之, 其燥急不可禦矣.

화열(火烈)할 때 순화(純化)된다면 그 성정이 반드시 밝고 순해진다. 그러나 金이나 水로 火의 성정을 격동시키면 그 조급함은 말로 할 수가 없다.

任氏曰

火燥而烈, 其炎上之性, 只可純用濕土潤之, 則知禮而成慈愛之德；若遇金水激之, 則火勢愈烈而不知禮, 災禍必生也. 濕土者, 丑辰也, 晦其光, 斂其烈, 則明矣.

火가 조열하고 세찰 때에는 습토(濕土)를 써서 그 염상(炎上)의 성정을 윤택하게 하면 예(禮)를 알고 자애의 덕(德)을 베풀 수 있다. 그러나 만일 金水를 만나 火를 격동시키면 예(禮)를 모르게 되니 재화(災禍)가 발생할 것이다. 습토(濕土)는 丑과 辰으로 火의 광채를 어둡게 하니 火의 열렬(烈烈)함을 수렴하여 성정을 밝게 한다.

⊙팔자에 火가 맹렬하면 조급하고, 水가 많으면 차분하다. 강한 火를 金水가 격동시키면 잠자는 호랑이를 건드리는 것과 같아 火는 더욱 격렬해진다. 火가 맹렬할 때는 습토(濕土)로 설기시키는 것이 좋다. 습토(濕土)에는 辰 과 丑이 있다.

時	日	月	年
己	丙	甲	丙
丑	午	午	戌

- 午월에 丙火로 양인격이다.
- 양인의 강한 힘이 己土가 투하여 상관으로 흐른다.
- 午戌 반합과 午午형 그리고 丑午원진이 있다.
- 아랫사람을 능멸하지 않았다.
- 위엄이 있으나 사납지 않았다.
- 엄격했으나 모질지 않아서 명리(名利)가 모두 빛났다.

時	日	月	年
甲	丙	甲	辛
午	子	午	巳

- 午월에 丙火로 양인격이다.
- 지지에 子午충이 연달아 있다.

●子午충이 동하면 일간을 제외한 천간의 글자들이 모두 손상된다.

●어려서 부모를 잃고 형수에게 의지하여 살았다.

●용맹함을 좋아했다.

●16, 17세에 신체가 웅장하고 커서 체력이 남보다 뛰어났다.

●권법과 봉술을 익혀 무뢰한들과 교유했다.

●맨손으로 호랑이를 잡다가 물려 죽었다.

時	日	月	年
庚	壬	甲	癸
子	申	子	亥

●子월에 壬水로 양인격이다.

●申子 반합과 癸水가 투하여 양인이 더욱 강해졌다.

●양인의 강한 힘은 원간의 甲木 식신으로 흐른다.

●어진 덕이 있고 학문을 쌓고 행실이 돈독하였다.

●초운인 癸亥운에 조상의 음덕(蔭德)이 좋았다.

●壬戌운에 형상(刑傷) 파모(破耗)가 있었다.

●辛酉, 庚申운에 학교에 들어가서 늠생(廩生)이 되었다.

●네 아들을 얻어 가업이 증가했다.

●己未운에 세 아들을 극해하고 파모(破耗)가 남달랐다.

●월지가 충이 되는 戊午운에 사망하였다.

*늠생(廩生) 관(官)에서 급식을 제공받는 생원(生員), 생원의 첫째 등급

時	日	月	年
壬	壬	壬	壬
寅	辰	子	寅

● 천간이 모두 壬水로 양인격이다.

● 子辰 반합이 있어 水의 기운이 강한 종왕격이다.

● 교만하거나 오만하지 않았다.

● 총명하고 글을 읽을 때 한 번 보면 잊지 않았다.

● 甲寅운에 학교에 들어가 乙卯운에 등과하였다.

● 운이 나빠 배운 바를 이루지는 못했다.

● 丙辰운에 사망하였다.

時	日	月	年
戊	壬	癸	癸
申	子	亥	未

● 亥월에 壬水가 申子 반합과 癸水를 만났다.

● 년지의 未土와 시간의 戊土가 격을 파괴하고 있다.

● 초운인 壬戌운에 부모가 모두 사망하였다.

● 辛酉, 庚申운에 불량하고 어긋나는 행실이 있었다.

● 흉한 재난을 면했다.

● 己未운에 일가족 다섯 식구가 화재로 소사하였다.

木奔南而軟怯
목분남이연겁

木이 남쪽으로 달리면 연약해지고 겁(怯)이 많아진다.

原註

木之性見火爲慈, 奔南則仁之性行於禮, 其性軟怯. 得其中者, 爲惻
隱辭讓, 偏者爲姑息, 爲繁縟矣.

木은 火를 만나면 자애로워지고, 운이 남(南)으로 가면 인(仁)의 성정
이 예(禮)를 향하게 된다. 그 성정은 연약하고 겁(怯)이 많게 된다. 木이
중화를 이루면 측은지심(惻隱之心)과 사양지심(辭讓之心)을 갖지만,
만일 중화되지 못하고 편고되면 편함을 찾거나 번잡하고 까다롭다.

任氏曰

木奔南, 泄氣太過, 柱中有金, 必得水以通之, 則火不烈；如無金,
必得辰土以收火氣, 得其中矣, 爲人恭而有禮, 和而中節. 如無水以
濟土, 土以晦火, 發泄太過, 則聰明自恃, 又多遷變不常, 而成婦人
之仁矣.

木이 火로 달려 설기가 너무 지나칠 때 주 중에 金이 있다면 반드시
水가 통관시켜야 火가 맹렬하지 않게 된다. 만일 주 중에 金이 없으
면 반드시 辰土가 있어야 화기(火氣)를 흡수하여 중화를 이루게 된
다. 중화를 이루면 공손하고 예(禮)를 갖추며, 중절(中節)의 성정을 갖
게 된다. 그러나 水가 土를 적시지 못하고, 土가 火를 어둡게 하지 못

하면 木의 설기가 태과하어 자신의 총명을 믿고 변덕을 부리며 하찮은 정(情)에 이끌리고 결단을 내리지 못한다.

나이스 주

⊙木이 火를 보면 새싹이 꽃을 보게 되는 것과 같으니 자연스럽게 활기가 넘친다. 아침이 낮이 되고, 봄이 여름이 되는 것처럼 木은 火로 흘러야 한다. 그렇게 되면 木의 인(仁)은 예(禮)로 흐르게 되며 성정은 부드럽고 연약해진다. 木火가 중화를 이루면 순탄하지만 만일 편고되면 번잡하고 까다롭다. 또한 화기(火氣)가 너무 강해 통제되지 못하면 자신의 총명함을 믿고 쓸데없는 자신감에 넘치거나 하찮은 동정심을 보이기도 한다.

時	日	月	年
丙	甲	壬	庚
寅	午	午	辰

- 午월에 丙火가 투하여 식신격이다.
- 午午형과 寅午 반합이 있다.
- 甲申, 乙酉운에 학교에 들어가서 늠생이 되고 향시(鄕試)에 뽑혔다.
- 丙戌운에 좋은 일들이 거듭 있었다.
- 丁亥운에 덕(德)과 교화(敎化)로 벼슬을 하였다.

時	日	月	年
丙	甲	甲	丙
寅	申	午	戌

- 午戌 반합에 丙火가 투하여 식신격이다.

- 寅申충이 있다.

- 의심이 많아 결단력이 부족하여 작은 이익을 탐하고 큰 의리를 저버렸다.

- 한 가지 일도 이루지 못했다.

- 음양의 조화를 이루지 못해 일어난 폐단이기도 하였다.

金見水以流通
금현수이유통

金은 水를 보면 유통된다.

原註

金之性, 最方正, 有斷制執毅, 見水則義之性行而爲智, 智則元神不滯, 故流通. 得氣之正者, 是非不苟, 有斟酌, 有變化；得氣之偏者, 必泛濫流蕩.

金의 성정은 방정(方正)하고 결단성이 있으며 강건하다. 金이 水를 만나면 의(義)의 성정이 지(智)를 향해 가게 되고, 水는 원신(元神)이 막히지 않으니 유통되어 흐르게 된다. 기(氣)가 바른 경우에는 시비

(是非)가 구차하지 않아 헤아림과 변화가 있지만, 기(氣)가 바르지 못하면 흘러 넘치게 된다.

任氏曰

金者，剛健中正之體也，能任大事，能決大謀，見水則流通剛前面之性，能用智矣. 得氣之正者，金旺遇水也，其人內方外圓，能知權變，處世不傷廉惠，行藏自合中庸；得氣之偏者，金衰水旺也，其人作事荒唐，口是心非，有挾術待人之意也.

金은 강건(剛健)하고 중정(中正)의 체(體)를 갖추고 있어서 대사(大事)를 감당할 수 있고 대업(大業)을 모사(謀事)할 수 있다. 金이 水를 만나면 굳센 성정이 유통되어 지혜롭고, 金이 왕할 때 水를 만나 기(氣)가 올바르면 사람됨이 내방외원(內方外圓)하니 권변(權變)에 능하여 행장(行藏)이 저절로 중용(中庸)에 부합하게 된다. 金이 쇠할 때 水가 왕하여 기(氣)가 편중되면 일하는 것이 황당(荒唐)하고 말과 마음이 다르며 꾀를 품고 사람을 대하게 된다.

나이스 주

⊙金의 성정은 굳세고 단호하여 결단을 잘 내린다. 金이 水를 보면 흐름이 자연스러워서 수기(秀氣)가 빼어나다. 의(義)의 성정에 지혜(智慧)가 곁들여지는데, 기(氣)의 흐름이 올바르면 시비(是非)의 판단이 정확하지만, 기

(氣)의 흐름이 바르지 못하면 언행이 일치가 되지 않는다.

●酉월에 庚金으로 양인격이다.

●乙庚합과 子酉파가 있다.

●일을 처리할 때 한쪽으로 기울지 않았다.

●강개심이 있고 베풀기를 좋아했다.

●자기의 사욕을 극복하고 남을 이롭게 하였다.

●申子辰 반합에 壬水가 투하였다.

●강한 세력에 저항하는 丙火가 투하여 파격이 되었다.

●대운이 木火로 가서 문제가 생겼다.

●중년운이 火土로 갈 때 형상(刑傷) 파모(破耗)로 재물이 흩어졌다.

●반평생 간교하게 남을 속여 남의 재물을 유인했으나 모두 사라졌다.

最拗者 西水還南
최요자 서수환남

가장 고집스러운 사람은 서방(西方)의 水가 火를 만날 때이다.

原註

西方之水, 發源最長, 其勢最旺, 無土以制之, 木以納之, 如浩蕩之勢. 不順行, 反行南方, 則逆其性, 非强拗而難制乎?

서방(西方)의 水는 발원(發源)이 가장 길고 그 세력이 왕하다. 土로써 그것을 제(制)하면 안 되고, 木으로 설기해야 흐름이 자연스럽다. 만일 거대한 물결이 순행하지 못하고 오히려 남방(南方)으로 간다면 水의 성정을 거역하게 되니 고집이 세고 통제가 어렵다.

任氏曰

西方之水, 發源崑崙, 其勢浩蕩, 不可遏也. 亦可順其性, 用木以納之, 則智之性行於仁矣. 如用土制之, 若不得其情, 有反沖奔之患, 其性仍逆而强拗. 至于還南. 其衝激之勢. 尤難砥定. 强拗異常. 全無仁禮之性矣.

서방(西方)의 水는 곤륜산(崑崙山)에서 발원(發源)하여 그 세력이 호탕하니 막을 방법이 없다. 그 왕한 水의 성정에 순응하여 木으로 설기하면 지(智)의 성정이 인(仁)으로 가게 될 것이다. 그러나 만일 土를 써서 호탕한 水를 제(制)하려고 하면 충분(沖奔)하는 우환에 시달리고 성정이 비뚤어지게 된다. 왕한 水가 남방(南方)으로 돌아가면 그

충격의 세(勢)를 평정하기 어려워 이상(異常)이 생기는데, 그렇게 되면 인(仁)이나 예(禮)의 성정이 전혀 나타나지 않는다.

⊙가을철 水가 火를 만나거나 봄의 火가 水를 만나면 집요하고 강해진다. 왕한 세력을 거스르기 때문이다. 서방(西方)의 水는 그 세력이 왕한데 木으로 설기하면 지(智)와 인(仁)을 이룬다. 만일 土로써 왕한 水 세력을 제지(制止)하려고 하거나, 운이 남방(南方)으로 가면 水의 성정을 거스르니 통제가 불가능하다. 그렇게 되면 水가 넘치거나 혼탁하여 근심이 있게 된다.

●申월에 庚金이 투하여 편인격이다.
●子운이 오면 申子辰 삼합으로 양인의 힘이 강해진다.
●癸水도 월지에 뿌리를 두어 비겁도 강하다.
●사람됨이 기품은 있으나 재주는 없었다.
●중년의 火운에 명리(名利)가 온전하였다.

時	日	月	年
丙	壬	庚	癸
午	子	申	亥

● 위 사주와 년월주는 같다.

● 申亥해와 申子 반합 그리고 子午충이 있다.

● 戊午운에 남의 처(妻)를 강탈하다가 구타당하여 죽었다.

至剛者 東火轉北
지강자 동화전북

지극히 강(剛)한 자는 동쪽의 火가 북(北)으로 돌아갈 경우이다.

原註

東方之火, 其氣焰欲炎上, 局中無土以收之水以制之, 焉能安焚烈之勢? 若不順行而反行北方, 則逆其性矣, 能不剛暴耶?

동방(東方)의 火는 그 기(氣)가 염상(炎上)의 성질을 갖는다. 만일 국(局) 중에 火를 수렴할 土가 없어서 水로서 火를 제(制)하려고 한다면 어찌 타오르는 기세를 안정시킬 수 있겠는가? 만일 火가 土로 순행하지 않고 반대로 북방(北方)으로 간다면 그 왕한 성정을 거역하게 되니 어찌 강포(強暴)해지지 않겠는가?

東方之火, 火逞木勢, 其炎上之性, 不可禦也, 只可順其剛烈之性, 用濕土以收之, 則剛烈之性, 化爲慈愛之德矣. 一轉北方, 焉制焚烈之勢? 必剛暴無禮, 若無土以收這, 仍行火木之運, 順其氣勢, 亦不失慈讓惻隱之心矣.

동방(東方)의 火는 木의 세력에 의지하므로 그 염상(炎上)의 성정을 막을 수가 없으니 순응하는 것이 좋다. 이때는 습토(濕土)를 용(用)하여 화기(火氣)를 수렴하면 강렬한 火의 성정이 자애로운 덕(德)으로 변화된다. 운이 북방(北方)으로 간다고 해도 水가 분열하는 火를 제압할 수는 없으며 그렇게 되면 반드시 강포(剛暴)하고 무례(無禮)한 성정을 갖게 된다. 만일 土로 火 기운을 수렴하지 못한다면 운이 木火로 흘러서 그 기세에 순응해야 자애(慈愛)와 사양(辭讓), 측은(惻隱)의 마음을 잃지 않게 된다.

나이스 주

⊙동방(東方)의 火는 그 기세가 염상(炎上)의 성정을 띠어 위로 오르려 하니 팔자에 있는 土로 수렴해야 안정된다. 그렇지 않을 경우에는 그 강렬한 성정에 종(從)하는 것이 차라리 낫다. 습토(濕土)를 써서 火를 수렴하면 자애로운 덕성(德性)을 나타내지만, 왕한 火를 극하는 水운으로 간다면 강포(剛暴)하고 무례(無禮)한 성정이 나타나게 된다.

時	日	月	年
己	丙	甲	丙
丑	午	午	寅

● 寅午 반합에 丙火가 투하여 양인이 강하다.

● 己土 상관도 월에 뿌리를 두어 강하다.

● 寅午 반합, 午午형, 丑午원진 등이 있다.

● 포용력이 있고 교만하고 아첨하지 않았다.

● 土金운이 오자 과거에 연달아 급제하여 군수에 올랐다.

時	日	月	年
庚	丙	丙	丁
寅	午	午	卯

● 午卯파와 午午형 그리고 寅午 반합이 있다.

● 寅午 반합 등 火의 글자가 무척 강하니 양인격이다.

● 글공부가 안 되어 군대를 통하여 관직에 나아갔다.

● 癸卯운에 관직을 얻었다.

● 壬寅운에 관직을 잃었으나 후반에 군대의 공을 이루어 도사(道司)로 승진했다.

● 辛丑, 庚子운을 거쳐 甲子운에 군(軍)에서 죽었다.

順生之機 遇擊神而抗
순생지기 우격신이항

순생(順生)의 기틀을 이루었다면 이를 거역하는 격신(擊神)을 만나면 저항하게 된다.

原註

如木生火, 火生土, 一路順其性情次序, 自相和平：中遇擊神, 而不得遂其順生之性, 則抗而勇猛.

목생화, 화생토로 순조롭게 가면 질서가 있어 성정이 화평하다. 그러나 중간에서 이 흐름을 막는 격신(擊神)을 만나면 저항이 따르게 된다.

任氏曰

順則宜順, 逆則宜逆, 則和平而性順矣. 如木旺得火以通之, 順也；土以行之, 生也, 不宜見金水之擊也. 木衰, 得水以生之, 反順也；金以助水, 逆中之生也, 不宜見火土之擊也. 我生者爲順, 生我者爲逆；旺者宜順, 衰者宜逆, 則性正情和. 如遇擊神, 旺者勇急, 衰者懦弱. 如格局得順逆這序, 其性情本和平, 至歲運遇擊神, 亦能變爲强弱. 宜細究之.

순(順)해야 할 경우에는 순(順)해야 하고, 역(逆)해야 할 경우에는 역(逆)해야 성정이 화평하고 순(順)하다. 가령 木이 왕할 때 火를 만나 유통되면 순(順)하고, 다시 土로 흐르면 생(生)이 된다. 이때 金水의 격(擊)을 만나서는 안 된다. 반대로 木이 쇠할 때 水가 木을 생해주면 반순(反順)이 되고, 이때 金이 水를 생해주면 역(逆) 중에 생(生)이 된다. 이때는 火土의 격(擊)을 만나서는 안 된다. 내가 생하는 것이 순(順)이고, 나를 생하는 것은 역(逆)이다. 왕한 경우에는 순(順)해야 하고 쇠한 경우에는 역(逆)해야 그 성정이 바르고 조화롭다. 만일 격신(擊神)을 만나면 왕한 경우에는 용급(勇急)해지고, 쇠한 경우에는 나약해진다. 만일 팔자의 격국이 순역(順逆)의 질서를 따르면 그 성정이 화평하지만, 세운에서 격신을 만나게 되면 변하여 강하거나 약하게 될 수 있으니 마땅히 이러한 것을 자세히 살펴야 한다.

나이스 주

⊙甲乙丙丁...... 순서가 순생(順生)이다. 癸壬辛庚......은 역생(逆生)이다. 글자가 순생(順生)하고 있을 때 거역하는 운을 만나면 항거(抗拒)하게 된다. 글자가 역생(逆生)할 때 이를 막는 글자가 있다면 역시 저항이 따른다. 내가 생하는 것이 순(順)이고 나를 생하는 것은 역(逆)이니, 왕한 경우에는 순(順)해야 하고 쇠한 경우에는 역(逆)해야만 그 성정이 바르고 화평하다.

⊙만일 왕할 때 격신(擊神)을 만나면 급해지고, 쇠할 때 격신을 만나면 나약해진다. 팔자의 격국도 순역(順逆)의 순서를 따르면 성정이 화평하지만 운에서 격신을 만나면 변하게 되니 잘 살펴야 한다. 火를 쓸 때는 金이나 水를 만나면 좋지 않고, 水를 쓸 때는 火나 土를 만나면 좋지 않다.

時	日	月	年
壬	甲	丙	己
申	寅	寅	亥

- 寅亥합과 寅申충이 있다.

- 寅월에 甲木으로 건록격이다.

- 丙火와 己土, 즉 식신과 정재도 월지에 뿌리를 두어 강하다.

- 책을 한 번 보면 모두 다 외웠다.

- 초운 북방 水운에 공명(功名)을 이루기 어려웠고 파모(破耗) 형상(刑傷)까지 있었다.

- 辛酉운에 사망하였다.

時	日	月	年
壬	甲	戊	庚
申	午	寅	寅

- 寅午 반합에 戊土가 투하여 편재격이다.

- 재격은 재극인 현상으로 책과 멀어진다.

- 독서를 하지 못했고 파모(破耗)가 많았다.

- 중년운에도 뜻은 있지만 펴지 못하였다.

- 후손은 잘 되었다.

逆生之序 見閑神而狂
역생지서 견한신이광

역생(逆生)의 순서일 때 한신(閑神)을 만나면 사나워진다.

原註

如木生亥, 見戌酉申則氣逆, 非性之所安, 一遇閑神若巳酉丑逆之, 則必發而爲狂猛.

木이 亥의 생을 받을 때 戌酉申 운으로 가면 역(逆)이 되니 성정이 편안하지 않고, 木이 한신(閑神)을 만났을 때 巳酉丑 운으로 간다면 역시 역(逆)이 되니 몹시 사납게 된다.

任氏曰

逆則宜逆, 順則宜順, 則性正情和矣, 如木旺極得水以生之, 逆也; 金以成之, 助逆之生也, 不宜見己丑之閑神也. 如木衰極, 得火以行之, 反逆也; 土以化之, 逆中之順也, 不宜見辰未閑神也. 此旺極衰極, 乃從旺從弱之理, 非前輩旺衰得中之意. 如旺極見閑神, 必爲狂猛; 衰極見閑神, 必爲姑息. 歲運見之亦然, 火土金水如之.

역(逆)해야 할 때는 역(逆)해야 하고, 순(順)해야 할 때는 순(順)해야 성정이 바르고 화평하다. 가령 木이 왕극(旺極)일 때 또 水를 만나면 역(逆)이 되는데, 만일 金이 水를 생해주면 역(逆)을 돕는 생이 된다. 이때는 己土나 丑土와 같은 한신을 만나지 말아야 한다. 또 木이 쇠극(衰極)할 때 火를 만나면 반역(反逆)이 된다. 이때 土로 火를 화(化)

하면 역(逆) 중의 순(順)이 되는데, 이때는 辰土나 未土 등의 한신을 만나지 말아야 한다. 여기서 왕극(旺極)과 쇠극(衰極)은 종(從)과 같은 것이다. 일반적으로 억부(抑扶)를 통해 중화를 이루어야 한다고 말할 때 사용하는 왕쇠(旺衰)라는 의미가 아니다. 보통 왕극(旺極)할 때 한신을 보면 몹시 사납게 되며, 쇠극(衰極)할 때 한신을 보면 일시적인 편안함이 있다. 세운에서 한신을 만나도 역시 그와 같으며 火土金水도 마찬가지이다.

나이스 주

⊙ 木이 쇠할 때 火를 만나면 더욱 약해지니 역(逆)하는 것이다. 이때 土가 있어 火를 인화(引化)하면 木은 더욱 약해지니 약한 것을 더욱 약하게 하는 것이다. 이것은 왕극(旺極)일 때는 왕을 따르고, 쇠극(衰極)일 때 약을 따르는 이치와 같다. 중화를 이룰 가능성이 없는 경우에는 극단(極端)의 기(氣)를 따르는 것이 좋다. 왕극(旺極)할 때는 왕한 운으로 가면 좋고, 쇠극(衰極)할 때는 쇠한 운으로 가면 좋다.

時	日	月	年
甲	甲	辛	壬
子	寅	亥	子

● 亥월에 壬水가 투하여 편인격이다.

●寅亥합이 있고 일간도 뿌리는 튼튼하다.

●초운 水운에 학교에 들어가 과거에 급제하였다.

●甲寅, 乙卯운에 현재(縣宰)로 나갔다.

●丙辰운에 관직은 그만 두고 흉한 재난은 면했다.

●丁巳운에 한신(閑神)의 충격을 만나 죽었다.

時	日	月	年
己	甲	辛	壬
巳	寅	亥	寅

●亥월에 壬水가 투하여 편인격이다.

●甲己합과 寅亥합 그리고 寅巳형이 있다.

●초년 壬子운에 유업(遺業)이 풍성하였다.

●癸丑운에 형모(刑耗)가 많았다.

●甲寅, 乙卯운에 사람과 재물이 늘었다.

●丙辰운에 처자가 모두 손상되고 화재가 일어났다.

●정신병을 앓다가 물 속에 빠져 사망하였다.

時	日	月	年
己	甲	丁	戊
巳	寅	巳	戌

●巳월에 丁火와 戊己土가 투하여 상관생재가 되었다.

- 巳戌원진과 寅巳형이 있다.

- 천간에는 甲己합이 되어 있다.

- 초년 戊午, 己未운에 조업이 제법 풍성하였다.

- 庚申운 癸亥년에 사망하였다.

陽明遇金 鬱而多煩
양명우금 울이다번

양명(陽明)이 金을 만나면 우울하고 번민이 많다.

原註

寅午戌爲陽明, 有金氣伏於內, 則成其鬱鬱而多煩悶.

寅午戌이 양명(陽明)인데, 이때 금기(金氣)가 안에 잠복되어 있으면 답답하고 번민이 많다.

任氏曰

陽明之氣, 本多暢遂, 如遇濕土藏金, 則火不能剋金, 金又不能生水, 而成憂鬱. 一生得意者少, 而失意者多, 則心鬱志灰, 而多煩悶矣. 必要純行陰濁之運, 引通金水之性, 方遂其所願也.

양명(陽明)의 기(氣)는 본래 밝고 화창하다. 그러나 만일 습토(濕土)에 암장된 金을 만나면 火가 金을 극할 수 없고 金도 水를 생할 수 없어서 우울하게 된다. 이런 팔자는 평생 뜻을 이루기는 어렵고 실의(失

意)에 빠지기 쉬워 마음이 울적하고 번민(煩悶)이 많게 된다. 이때는 순수한 음탁(陰濁)의 운으로 간다면 金水의 성정을 유통시켜 소원을 이루게 된다.

⊙양명(陽明)은 밝고 명랑하지만 습토를 만나면 밝음을 잃는다. 거기에 金을
  만나면 양(陽)의 뜻을 활발히 펼치지 못하니 번민이 많다.

時	日	月	年
庚	丙	丙	乙
寅	午	戌	丑

●丑戌형과 寅午戌 삼합이 있다.

●寅午戌 삼합에 丙火가 투하여 양인이 무척 강하다.

●초운인 乙酉, 甲申운에 가업이 제법 풍부하고 이득도 있었다.

●열 번이나 과거에 응시했으나 급제하지 못했다.

●火운에 세 번이나 화재를 당했고 네 번이나 그 처(妻)를 손상했다.

●다섯 번 자식을 극해하고 만년에 이르러 외롭고 가난하게 지냈다.

時	日	月	年
己	丙	丙	壬
丑	寅	午	戌

- 寅午戌 삼합에 丙火가 투하여 양인의 기세가 강하다.

- 일간의 강한 힘이 己土 상관으로 흐른다.

- 이부(吏部)의 관리가 되어 십여만금을 모았다.

- 이도(異途)로 나가 주목(州牧)에 올라 명리(名利)가 모두 온전했다.

陰濁藏火 包而多滯
음탁장화 포이다체

음탁(陰濁)에 火가 암장되면 속에 쌓인 것이 많아 막힘이 많다.

原註

酉丑亥爲陰濁, 有火氣藏於內, 則不發輝而多滯.

酉丑亥를 음탁(陰濁)이라고 하는데, 화기(火氣)가 그 안에 암장되어 있으면 빛을 발(發)하지 못하여 막힘이 많다.

任氏曰

陰晦之氣, 本難奮發, 如遇濕木藏火, 陰氣太盛, 不能生無焰之火, 而成濕滯之患. 故心欲速而志未逮, 臨事而模稜少決, 所爲心性多疑. 必須純行陽明之運, 引通木火之氣, 則豁然而通達矣.

흐리고 어두운 기운은 본래 분발(奮發)이 쉽지 않다. 만일 습목(濕木)이 암장된 火를 만나면 음기(陰氣)가 너무 성(盛)하여 火를 살릴 수가 없으니 습체(濕滯)의 근심이 있게 된다. 이렇게 되면 일이 뜻대로 되지가 않고, 태도가 분명치 않아 결단력이 없으며 심성(心性)에 의심이 많게 된다. 이때는 반드시 순수한 양명(陽明)의 운으로 가서 木火의 기(氣)를 유통시켜야 통달(通達)하게 된다.

나이스 주

⊙양명(陽明)할 때 금기(金氣)가 잠복되면 우울하고 번민이 많고, 음탁(陰濁)할 때 화기(火氣)가 암장되면 일이 정체되는 경우가 많다. 음탁(陰濁)한 기운, 즉 흐리고 어두운 기운은 본래 분발하기 어렵다. 예를 들면, 습목(濕木)이 암장된 火를 만나도 火를 살릴 수 없으니 근심이 있게 된다. 음탁(陰濁)하면 일을 할 때 태도가 분명치 않고 결단력이 없으며 의심이 많다. 이때는 木火인 양명(陽明)의 운으로 가야 木火의 기(氣)를 유통시켜 좋아진다.

時	日	月	年
壬	癸	辛	癸
戌	丑	酉	亥

●酉丑 반합에 辛金이 투하여 편인격이다.

●과거에 우등으로 올라 뜻을 펼쳤다.

● 진방안(陳榜眼)의 사주이다.

*방안(榜眼) 전시의 갑과에 이등으로 급제한 사람

● 亥월에 癸水로 비겁의 기운이 무척 강하다.

● 강한 일간의 힘은 亥 중 甲木으로 흐른다.

● 火운을 지날 때 丙午, 丁未년에 연달아 과거에 합격하였다.

● 벼슬이 관찰사에 이르렀다.

● 亥월에 癸水가 투하여 식신격이다.

● 巳酉 반합에 辛金도 투하여 비겁도 강하다.

● 출가하여 승도가 되었다.

陽刃局 戰則逞威 弱則怕事 傷官局 清則謙和
양인국 　전즉령위 　 약즉파사 　 상관국 　 청즉겸화

濁則剛猛
탁즉강맹

양인국(陽刃局)이 되면 싸울 때는 위엄을 떨치지만, 국(局)을 이루지 못해 약할 때에는 일을 두려워한다. 상관국(傷官局)이 청하면 겸손하고 온화하지만 탁하면 굳세고 사납다.

原註

羊刃局, 凡羊刃, 如是午火, 干頭透丙, 支又會戌會寅, 或得卯以生之, 皆旺. 透丁爲露刃, 子沖爲戰, 未合爲藏, 再逢亥水之剋, 壬癸水之制, 丑辰土之泄, 則弱矣.

午월에 태어난 丙火일간이라면 양인격(陽刃格)이 된다. 이때 천간에 丙火가 투출하거나, 지지에서 다시 戌이나 寅과 회합하거나, 혹은 卯가 火를 생하면 일간이 왕하게 된다. 이때 丁火가 투출하면 로인(露刃), 즉 드러난 양인이 된다. 子가 午를 충하면 전(戰)이 되고, 未가 午와 합하면 장(藏)이 된다. 지지의 午火가 亥水의 극을 받거나, 壬癸水의 제압이 있거나, 또는 丑土나 辰土로 설기되면 양인의 기(氣)는 약해진다.

傷官格, 如支會傷局, 干化傷象, 不重出, 無食混, 身旺有財, 身弱有印, 謂之清, 反是則濁, 夏木之見水, 冬金之得火, 清而且秀, 富貴非常.

상관격은 지지가 회합하여 상관국(傷官局)을 이루고 천간이 상관으로 화(化)하는 상(象)인데, 상관이 중복되어 출(出)하지 않고 식신과 혼잡되지 않거나 또는 신왕할 때 재가 있거나 또는 신약할 때 인수가 있는 경우를 상관격이 청(淸)하다고 한다. 그러나 이와 반대가 되면 탁(濁)이 된다. 여름철의 木이 水를 보거나, 겨울철의 金이 火를 만나면 청하면서 빼어나니 부귀가 보통이 아니다.

任氏曰

羊刃局, 旺則心高志傲, 戰則恃勢逞威, 弱則多疑怕事, 合則矯情立異. 如丙日主, 以午爲羊刃, 干透丁火爲露刃. 支會寅戌, 或逢卯生, 干透甲乙, 或逢丙助, 皆謂之旺. 支逢子爲沖, 遇亥申爲制, 得丑辰爲泄, 干透壬癸爲剋, 逢己土爲泄, 皆謂之弱. 支得未爲合, 遇巳爲幫, 則中和矣.

양인격(陽刃格)이 왕하면 심지(心志)가 높으며 오만하지만 싸울 때는 세(勢)가 있으니 위엄을 떨친다. 그러나 양인격이 약할 때는 의심이 많고 일을 두려워하며, 양인격이 합이 되면 자기감정을 숨기고 겉과 속이 다른 태도를 취한다. 가령 丙火일간이 지지에 午火가 있고 천간에 丁火가 투출하면 로인(露刃), 즉 드러난 양인이 된다. 이때 지지에서 寅이나 戌과 회합하거나, 卯의 생을 만나거나, 천간에 甲乙木이 투출하거나, 丙火의 도움을 만나면 양인이 왕하게 된다. 그러나 양인인 午가 지지에서 子를 만나 충이 되거나, 亥나 申을 만나 억제되거나, 丑이나 辰을 만나 설기되거나, 또는 천간에 壬癸가 투출하여 극을 만나거나, 己土를 만나 설기되면 양인이 약해진다. 또 양인인 午가 지지에서 未를 만나 합이 되거나 巳의 방조(幇助)를 만나는 경우에는 중화를 이룬다.

傷官須分眞假, 眞者身弱有印, 不見財爲淸 ; 假者身旺有財, 不見印爲貴. 眞者, 月令傷官, 或支會傷局, 又透出天干者是也 ; 假者, 滿局比劫, 無官星以制之, 雖有官星, 氣力不能敵. 柱中不論食神傷官, 皆可作用, 縱無亦美, 只不宜見印, 見印破傷爲凶.

상관은 반드시 진가(眞假)를 구분해야 한다. 진(眞)의 경우에는 신약하여 인수를 써야 하니 재를 보지 않아야 청해지고, 가(假)의 경우에는 신왕하고 재가 있을 경우를 말하니 이때는 인수를 만나지 않아야 귀해진다. 진(眞)이란 월령이 상관이거나, 지지가 상관국(傷官局)을 이루고 다시 천간에 상관이 투출한 경우를 말한다. 가(假)는 비겁이 국(局)을 이루고 있을 때 관성이 그것을 제압하지 못하거나, 관성이 있다 하더라도 기력(氣力)이 부족하여 비겁을 대적(對敵)할 수 없어서 주(柱) 중에 있는 식신이나 상관으로 설기해야 하는 경우를 말한다. 비겁이 강할 때 가상관(假傷官)이 되면 관성이 없더라도 아름다운 명(命)이 된다. 이때는 인수를 만나서는 안 되고, 만일 인수를 만난다면 상관이 파괴되어 흉(凶)하다.

凡傷官格, 清而得用, 爲人恭而有禮, 和而中節, 人才卓越, 學問淵深, 反此者傲而多驕, 剛而無禮以强欺弱, 奉勢趨利.

대체로 상관격이 청하고 용신을 득하면 공손하고 예(禮)가 있으며 온화하고 절도가 있다. 또 재능이 탁월하고 학문이 깊다. 그러나 반대로 상관격이 탁하면 오만하고 교만하며 고집이 세고 무례하다. 또 자신보다 약한 자를 속이며 힘 있는 자에게 붙어 이익을 추구하기도 한다.

用神多者, 少恒之志, 多遷變之心 ; 時支枯者, 狐疑少決, 始勤終怠, 夏木之見水, 必先有金, 則水有源 ; 冬金之遇火, 須身旺有木, 則木有焰, 富貴無疑. 若夏水無金, 冬火無木, 清枯之象, 名利皆虛也.

용신의 글자가 많으면 의지가 약하고 변덕이 심하며, 팔자에서 시지가 편고하면 의심이 많고 결단력이 없으며, 처음에는 부지런하지만 종내에는 태만하게 된다. 여름철의 木이 水를 쓸 때는 반드시 먼저 金이 있어야만 水의 근원을 이루게 된다. 겨울철의 金이 火를 보면 반드시 신왕해야 하고 木이 있어야 부귀를 의심하지 않는다. 만일 여름철의 水에 金이 없고 겨울철의 火에 木이 없으면 청고(淸枯)한 상(象)이 되어 명리(名利)가 공허(空虛)하다.

나이스 주

◎양인격(陽刃格)은 卯월에 甲木, 午월에 丙火, 午월에 戊土, 酉월에 庚金, 子

월에 壬水이다. 양인격(陽刃格)은 보통 신강하지만 주변의 상황에 따라 강약이 달라질 수 있다.

◎상관격은 진가(眞假)를 구별하여 진상관(眞傷官)과 가상관(假傷官)으로 나눈다. 진상관(眞傷官)은 월령이 상관이고 상관이 천간에 투출하여 신약한 경우 인수가 있을 때를 말한다. 이때는 재가 인수를 극하면 좋지 않다. 가상관(假傷官)은 월령에 인수나 비겁이 있어 신왕할 때 상관을 용신으로 쓰는 경우를 말한다.

◎상관은 정관을 상(傷)하는 것이다. 정관이 법과 질서를 의미하니 상관은 기존의 틀을 깨뜨리고 새로운 것을 찾으려고 한다. 상관이 인성에 의해 통제를 받으면 청해져서 겸손하고 온화하다. 그러나 인성이 없어서 상관이 제멋대로 날뛴다면 성정이 사나워진다.

用神多者 性情不常 時支濁者 作爲多滯
용신다자　　　성정불상　　　시지탁자　　　작위다체

용신이 여러 개이면. 성정이 일정치 않고, 시지가 탁한 자는 하는 일에 막힘이 많다.

용신이 많으면 활을 쏠 때 목표점이 여러 개인 경우와 마음이 하나로 집중되지 못하고 마음이 수시로 변하기 쉽다. 그리고 시지가 탁하면 처음에는 부지런하지만 종말(終末)에는 태만하기 쉽다.

⊙용신이 많으면 성정이 일정치 않으며 시지가 편고하면 삶이 용두사미(龍頭
蛇尾)가 되기 쉽다. 용신이란 사용하는 글자로 한 우물을 파듯이 하나의 글
자로 집중되고 힘이 있으면 좋다. 팔자에 용신이 뚜렷하지 않으면 여러 가
지 성정이 나타난다. 시지(時支)는 삶의 목적지이고 마지막 종착지이다. 가
야 할 방향이 탁하다면 어디로 가야 할지를 모르니 하는 일에 막힘이 많게
된다.

時	日	月	年
壬	丙	甲	丙
辰	申	午	寅

● 寅午 반합에 丙火가 투하여 양인이 강하다.
● 운이 金水로 흘러 시간의 壬水 칠살도 강하여 양인로살(陽刃露殺)로
　성격되었다.
● 일찍 과거에 급제하여 관리가 되었다.
● 병형(兵刑)의 직책을 가지고 생살대권(生殺大權)을 잡았다.

時	日	月	年
壬	丙	甲	丙
辰	寅	午	申

● 앞의 사주와 비슷하다.

●寅午 반합에 丙火가 투하여 양인격이다.

●丙申운 甲子년에 향방(鄕榜)에 합격하였다.

●그 후로는 운이 좋지 않았다.

時	日	月	年
戊	丙	戊	戊
戌	辰	午	子

●午월의 丙火로 양인격이다.

●지지에 子午충과 辰戌충이 있다.

●운이 金水로 갈 때 공명에 차질이 있었다.

●재물도 모으기 힘들었다.

●甲寅년 나라에 경사에 있을 때 시행하는 은과(恩科)에 합격하였다.

時	日	月	年
壬	庚	乙	庚
午	午	酉	午

●酉월에 庚金일간으로 양인격이다.

●乙庚합과 午酉파 그리고 午午형이 있다.

●총명하고 권세가 최상이었다.

●다만 관직에서 물러날 결단력은 없었다.

時	日	月	年
戊	壬	丙	己
申	辰	子	丑

●子월에 壬水로 양인격이다.

●申子辰 삼합이 있어 양인이 더욱 강해졌다.

●子丑합도 있다.

●한미한 가문에서 태어났다.

●사람됨이 관후 화평하였고 군대를 통해 관직으로 나갔다.

●癸酉운에 관직을 얻었다.

●壬申운에 계속 승승장구하여 벼슬이 극품에 이르렀다.

●辛未운 丁丑년에 사망하였다.

●강한 水 기운에 土가 도전하던 때였다.

●왕신(旺神)이 빌(發)하면 미약한 오행들은 큰 피해를 입는다.

●인제대의 사주이다.

時	日	月	年
庚	甲	乙	辛
午	子	未	卯

●未월에 甲木일간은 재격이다.

●卯未 반합에 乙木이 투하여 겁재도 강하다.

●卯未 반합, 子未원진, 子午충 등이 있다.

- 평생 벼슬길이 순조로웠다.

- 계중당의 사주이다.

<table>
<tr><td>時</td><td>日</td><td>月</td><td>年</td></tr>
<tr><td>庚</td><td>甲</td><td>壬</td><td>庚</td></tr>
<tr><td>午</td><td>戌</td><td>午</td><td>午</td></tr>
</table>

- 午午형과 午戌 반합이 있다.

- 상관이 강하여 머리가 좋았다.

- 월간의 壬水는 원국에서 통근하지 못했으나 운에서 힘을 얻는다.

- 목화상관희견수(木火傷官喜見水)에 해당한다.

- 과거에 연달아 합격하였다.

- 벼슬길에 차질이 있었다.

<table>
<tr><td>時</td><td>日</td><td>月</td><td>年</td></tr>
<tr><td>庚</td><td>庚</td><td>丙</td><td>甲</td></tr>
<tr><td>辰</td><td>辰</td><td>子</td><td>子</td></tr>
</table>

- 子월에 庚金은 상관격으로 금수상관(金水傷官)이다.

- 子辰 반합으로 상관이 더욱 강해졌다.

- 월간의 丙火가 조후를 담당한다.

- 庚辰, 辛巳운에 관리의 명부에 등재되었다.

時	日	月	年
丁	辛	壬	丁
酉	巳	子	巳

● 子월에 壬水가 투간하여 상관격이다.

● 丁壬합으로 월간의 壬水는 역할이 줄어든다.

● 子월에 辛金으로 식신격이다.

● 벼슬이 현저하게 빛났다.

● 丁未운에 일이 실패했다.

25 질병 疾病

五行和者 一世無災 血氣亂者 平生多疾
오행화자　　　일세무재　　　혈기난자　　　평생다질

오행이 조화를 이룬 자는 일생동안 재앙이 없지만, 혈기(血氣)가 어지러운 자는 평생 질병이 많다.

原註

五行和者, 不特全而不缺, 生而不剋, 只是全者宜全. 缺者宜缺, 生者宜生, 剋者宜剋, 則和矣. 主一世無災. 血氣亂者, 不特火勝水, 水剋火之類 ; 五氣反逆, 上下不通, 往來不順, 謂之亂, 主人多病.

오행화자(五行和者)란 팔자에 결함이 없다거나, 생만 있고 극이 없는 것을 말하는 것이 아니다. 온전해야 할 경우에는 온전하고, 모자라야 할 경우에는 모자라며, 생해야 할 경우에는 생하고 극해야 할 경우에는 극하고 있어서 오행이 조화를 이루면 한평생 재앙이 없다. **혈기난자**(血氣亂者)란 火가 水를 이기려고 하거나 水가 火를 극하는 것만 말하는 것이 아니고, 오기(五氣)가 서로 반역(反逆)하고, 상하가 불통(不通)하며, 왕래(往來)가 불순(不順)한 경우를 말한다. 이렇게 혈기(血氣)가 난(亂)하면 질병이 많다.

五行在天爲五氣, 靑·赤·黃·白·黑也；在地爲五行, 木·火·土·金·水也；在人爲五臟, 肝·心·脾·肺·腎也. 人爲萬物之靈, 得·五行之全, 表于頭面, 象天之五氣, 裏于臟腑, 象地之五行, 故爲一小天也.

하늘에는 오기(五氣)가 있으니 청(靑)·적(赤)·황(黃)·백(白)·흑(黑)이고, 땅에는 오행(五行)이 있으니 木·火·土·金·水이며, 사람에게는 오장이 있으니 간(肝)·심(心)·비(脾)·폐(肺)·신(腎)이다. 사람은 만물의 영장으로 완전한 오행을 얻었으니, 겉으로는 머리와 얼굴에 하늘의 오기(五氣)를 받고, 속으로는 장부에 땅의 오행(五行)을 받아 하나의 소우주를 형성하게 된다.

是以, 臟腑各配五行之陰陽而屬焉, 凡一臟配　腑, 腑皆屬陽, 故爲甲·丙·戊·庚·壬；髒皆屬陰, 故爲乙·丁·己·辛·癸. 或不和, 或太過不及, 則病有風·熱·濕·燥·寒之症矣. 必得五味調和, 亦有可解者. 五味者, 酸·苦·甘·辛·鹹也. 酸者屬木, 多食傷筋；苦者屬火, 多食傷骨；甘者屬土, 多食傷肉；辛者屬金, 多食傷氣；鹹者屬水, 多食傷血, 比五味之相剋也.

이 때문에 장부는 각각 음양으로 구분된 오행에 배당되어 하나의 장(臟)은 하나의 부(腑)와 짝을 이루게 된다. 부(腑)는 모두 양(陽)에 속하니 甲·丙·戊·庚·壬이 되고, 장(臟)은 모두 음(陰)에 속하니 乙·

丁·己·辛·癸가 된다. 오행이 조화를 이루지 못하고, 태과하거나 불급하면 병(病)을 일으켜 풍(風)·열(熱)·습(濕)·조(燥)·한(寒)의 증세로 나타난다. 이때는 오미(五味)의 조화를 통해 해결할 수 있는데, 오미란 신맛·쓴맛·단맛·매운맛·짠맛이다. 신맛은 木에 속하는데 많이 먹으면 근육이 손상되며, 쓴맛은 火에 속하는데 많이 먹으면 뼈를 상(傷)하게 한다. 단맛은 土에 속하는데 많이 먹으면 살과 피부가 상(傷)하고, 매운맛은 金에 속하는데 많이 먹으면 기(氣)가 상(傷)하며, 짠맛은 水에 속하는데 많이 먹으면 혈(血)을 상(傷)하게 한다. 이것은 오미(五味)의 상극 때문이다.

故曰 五行和者, 一世無災. 不特八字五行宜和, 卽臟腑五行, 亦宜和也. 八字五行之和, 以歲運和之 ; 臟腑五行之和, 以五味和之. 和者, 解之意也. 若五行和, 五味調, 而災病無矣. 故五行之和, 非生而不剋, 全而不缺爲和也, 其要貴在泄其旺神, 瀉其有餘, 有餘之旺神瀉, 不足之弱神受益矣, 此之謂和也. 若强制旺神, 寡不敵衆, 觸怒其性, 旺神不能損, 弱神反家傷矣. 是以旺神太過者宜泄, 不太過宜剋 ; 弱神有根者宜扶, 無根者反宜傷之. 凡八字須得一神有力, 制化合宜, 主一世無災. 非全而不缺爲美, 生而不剋爲和也.

그러므로 오행이 조화를 이룰 때는 장부의 오행도 조화를 이루게 되니 한평생 재앙이 없다. 팔자 오행의 조화는 세운으로 조절하고, 장부 오행의 조화는 오미(五味)로 조절한다. 오행이 조절되면 서로 화해를 이루어 재앙과 질병이 사라지게 된다. 여기서 오행이 조화를 이룬다는 의미는 생만 있고 극이 없다거나, 결함없이 온전한 것만을 말하는 것이 아니고, 왕한 기운은 설기하고 모자라는 오행은 도와주어 조화를 이루는 것을 말한다. 만일 왕신을 강제로 제압하려고 하면 계란으로 바위를 치는 것처럼 오히려 왕신을 화나게 하여 도리어 약한 기운이 손상당한다. 그래서 왕신이 태과할 경우에는 설기시켜야 하고, 태과하지 않으면 극해야 하며, 약신(弱神)이 근(根)이 있는 경우에는 부조해야 하고, 근(根)이 없으면 오히려 그것을 손상시키는 것이 좋다. 팔자의 어떤 신(神)이 유력하고 제화(制化)하는 것이 합당하다면 대체로 한평생 재앙이 없다. 팔자가 온전하고 결함이 없다고 아름다운 것은 아니고, 또 생만 있고 극이 없다고 해서 조화를 이루었다고 하지는 않는다.

血氣亂者, 五行悖而不順之謂也. 五行論水爲血, 人身論脈卽血也. 心胞主血, 故通手足厥陰經, 心屬丁火, 心胞主血, 膀胱屬壬水. 丁壬相合, 故心能下交於腎, 則丁壬化木, 而神氣自足, 得旣濟相生, 血脈流通而無疾病矣. 故八字貴乎剋處逢生, 逆中得順而爲美也.

혈기난자(血氣亂者)란 오행이 서로 배반하여 순(順)하지 않은 경우를 말한다. 오행에서 水가 혈(血)이고, 사람의 몸에서는 맥(脈)이 혈(血)이다. 심포(心胞)는 혈(血)을 주관하므로 수궐음심포경(手厥陰心包經)으로 통하며, 심(心)은 丁火에 속하고, 방광(膀胱)은 壬水에 속한다.

丁火와 壬水가 상합(相合)하므로 심(心)은 아래의 신장과 통하게 된다. 丁壬이 木으로 화(化)하면 신기(神氣)가 넉넉하고 기제(旣濟)를 이루어 상생하게 되므로 혈맥(血脈)이 유통되어 질병이 없게 된다. 그러므로 팔자는 극처(剋處)에서 생을 만나거나, 역(逆) 중에서 순(順)을 만나면 아름답고 귀하게 된다.

若左右相戰, 上下相剋, 喜逆逢順, 喜順逢逆, 則火旺水涸, 火能焚木；水旺土蕩, 水能深金；土旺木折, 土能晦火；金旺火虛, 金能傷土；木旺金缺, 木能滲水. 此五行顚倒相剋之理, 犯此者, 必多災病.

만약 좌우가 상전(相戰)하고 상하가 상극(相剋)하면 역(逆)이 순(順)을 만나는 것을 기뻐한다. 즉 火가 왕하여 水가 고갈되거나, 火가 木을 다 태워버리거나, 水가 왕하여 土가 휩쓸려 나가거나, 水가 金을 잠기게 하거나, 土가 왕하여 木이 꺾이거나, 土가 火를 어둡게 하거나, 金이 왕하여 火가 허(虛)하거나, 金이 土를 손상하거나, 木이 왕하고 金이 모자라거나, 木이 水를 설기시키게 되면 오행이 전도(顚倒)되고 상극하게 된다. 이렇게 오행이 전도(顚倒)되고 상극하게 되면 재앙과 질병이 많게 된다.

나이스 주

⊙팔자에 오행이 골고루 있고 서로 조화를 이루면 평생 큰 질병 없이 건강하

다. 운에서 어떤 글자가 오더라도 서로 다른 오행들이 견제와 조정을 통해 균형을 이루니 큰 질병이 없는 것이다. 반면에 오행이 서로 싸워 혈기(血氣)가 난자(亂刺)한 경우에는 태어날 때부터 몸 안의 장기(臟器)가 균형을 잃게 되니 만일 운에서 동(動)한다면 그 시기에 질병을 겪을 가능성이 높다.

◉오행이 조화를 이룬다는 것은 오행을 다 갖춘다거나 상생만 있고 상극은 없는 경우만 말하는 것이 아니다. 생해야 할 곳에서 생하고, 극해야 할 곳에서 극하게 되면 오행이 조화를 이루는 것이다. 오행이 조화를 이루면 재앙이나 질병이 가볍다. 혈기(血氣)가 난자(亂刺)하다는 것은 오행이 모두 있다 하더라도 서로 소통이 되지 않고 천간과 지지의 왕래(往來)가 순조롭지 않은 경우를 말하는데, 이렇게 되면 해당 오행의 장기(臟器)에 문제가 발생하여 질병이 많게 된다.

時	日	月	年
庚	戊	甲	癸
申	戌	寅	未

●寅월에 甲木이 투하여 칠살격이다.

●식신 庚金이 투하여 살용식제(殺用食制)로 성격되었다.

●구순이 되어도 이목(耳目)이 총명하고 행동이 자유로웠다.

●자손이 왕성하고 많으며 명리(名利)와 수복(壽福)이 온전했다.

●한평생 재앙과 질병이 없었다.

時	日	月	年
甲	戊	庚	甲
寅	寅	午	寅

- 寅午 반합이 있어 인수격이다.

- 甲木 편관도 힘이 있다.

- 木火운에 명리(名利)가 모두 온전하였다.

- 부귀와 수복을 누리고 한평생 재앙이 없었다.

- 자손이 번창하고 뒤를 이어 아름다운 가업(家業)을 이어갔다.

時	日	月	年
乙	癸	丙	甲
卯	亥	子	子

- 亥卯 반합에 甲乙木이 투하여 식상이 강하다.

- 한평생 재앙이 없었다.

- 늙어서도 음식을 잘 먹고 건강했다.

- 이목(耳目)이 총명하고 걸음걸이도 강건하였다.

- 명리(名利)가 온전하고 자손이 많았다.

時	日	月	年
庚	丁	乙	丙
戌	未	未	申

- 未월 출생으로 丙火와 乙木이 투하였다.
- 木火 등 양기(陽氣)가 너무 강하다.
- 초년에 담화(가래)로 고생하였다.
- 己亥운에 피를 토하고 죽었다.

時	日	月	年
甲	丙	丁	壬
午	申	未	寅

- 未월에 丁火가 투하였으나 丁壬합거되었다.
- 甲木도 뿌리를 두고 투하여 편인격이다.
- 水가 고갈된 사주이다.
- 병이 생겨 소변을 통제하지 못하였다.
- 담수(痰嗽, 가래)도 있었다.
- 庚戌운에 水가 말라 피를 토하고 죽었다.

時	日	月	年
壬	丙	丙	甲
辰	寅	寅	辰

- 寅월에 甲丙이 투하였다.
- 초년 대운에 寅卯辰 방합이 된다.
- 초년 丁卯, 戊辰, 己巳운에는 장애가 없었다.

- ●木이 많아 水를 설기시킨다.

- ●피를 토하고 죽었다.

忌神入五臟而病凶 客神遊六經而災小
기신입오장이병흉　　　객신유육경이재소

기신(忌神)이 오장(五臟)에 들어가면 질병이 흉(凶)하고, 객신(客神)이 육경(六經)에 떠돌면 재앙은 크지 않다.

柱中所忌之神, 不制不化, 不沖不散, 隱伏深固, 相剋五臟, 則其病凶. 忌木而入土則脾病, 忌火而入金則肺病, 忌土而入水則腎病, 忌金而入木則肝病, 忌水而入火則心病.

팔자의 기신이 제화(制化)되지 않거나, 충이 안 되어 소멸되지 않은 채 깊이 은복되어 있으면서 오장과 상극하면 그 병(病)이 흉(凶)하다. 기신인 木이 土에 들어가 있다면 비(脾)가 병(病)이 들고, 기신인 火가 金에 들어가 있으면 폐가 병(病)들며, 기신인 土가 水에 들어가 있으면 신(腎)에 병(病)이 생긴다. 또 기신인 金이 木에 들어가 있다면 간(肝)이 병(病)들고, 기신인 水가 火에 들어가 있으면 심(心)에 병(病)이 드는 것이다.

又看虛實, 如木入土, 土旺者, 則脾自有餘之病, 發於四季月 ; 土衰者, 則脾有不足之病, 以於春冬月. 餘皆倣之.

또 허(虛)와 실(實)을 보아야 한다. 가령 木이 土에 들어가 있을 때 土

가 왕한 경우에는 비(脾)가 유여해서 생기는 병(病)이 사계월(四季月) 내내 발생할 수 있고, 土가 쇠한 경우에는 비(脾)의 부족 때문에 병(病)이 생길 수 있는데 土가 약해지는 춘동월(春冬月)에 발생할 수 있다. 나머지도 이와 같다.

客神比忌神爲輕, 不能埋沒, 遊行六道, 則必有災. 如木遊於土之地而胃災. 火遊於金之地而大腸災, 土行水地膀胱災, 金行木地膽災. 水行火地小腸災.

운(運)에서 오는 객신은 기신에 비하면 가볍지만 조용히 있지 않고 육도(六道)를 떠돌아다니면 반드시 재앙이 있다. 가령 객신인 木이 土를 위협하면 위(胃)에 탈이 있고, 객신인 火가 金을 공격하면 대장(大腸)에 탈이 있다. 객신인 土가 水를 공격하면 방광(膀胱)에 탈이 있고, 객신인 金이 木을 공격하면 담(膽)에 탈이 있을 수 있다. 그리고 객신인 水가 火를 공격하면 소장(小腸)에 탈이 있을 수 있다.

任氏曰

忌神入五臟者, 陰濁之氣, 埋藏於地支也. 陰濁深伏, 難制難化, 爲病最凶. 如其爲喜, 一世無災；如其爲忌, 生平多病.

기신(忌神)이 오장(五臟)에 들어간다는 것은 음탁(陰濁)한 기(氣)가 지지에 매장(埋藏)된 경우를 말한다. 음탁한 기운이 깊이 잠복되어 제화(制化)가 어려울 경우에는 가장 흉(凶)한 병(病)이 생긴다. 만일 오장에 잠복되어 있는 것이 희신이라면 평생 재앙이 없지만, 기신이 오장에 들어가 있으면 평생 질병이 많은 것이다.

土爲脾胃, 脾喜緩, 胃喜和, 忌木而入土, 則不和緩而病矣. 金爲大腸肺, 肺宜收, 大腸宜暢, 忌火而入金, 則肺氣上逆, 大腸不暢而病矣. 水爲膀胱腎, 膀胱宜潤, 腎宜堅, 忌土而入水, 則腎枯膀胱燥而病矣. 木爲肝膽, 肝宜條達膽宜平, 忌金而入木, 則肝急而生火, 膽寒而病矣. 火爲不腸心, 心宜寬, 小腸宜收, 忌水而入火, 則心不寬, 小腸緩而病矣.

土는 비(脾)와 위(胃)인데, 비(脾)는 완(緩)한 것을 좋아하고 위(胃)는 화(和)한 것을 좋아한다. 만일 기신인 木이 土를 공격하면 비위(脾胃)가 화완(和緩)하지 않게 되어 병(病)이 생길 수 있다. 金은 대장(大腸)이나 폐인데, 폐는 수(收)해야 하고 대장(大腸)은 창(暢)해야 한다. 기신인 火가 金을 침범하면 폐기(肺氣)가 위로 역(逆)하고, 대장(大腸)은 창(暢)하지 않게 되니 폐나 대장(大腸)에 병(病)이 생기게 된다. 水는 방광이나 신장을 나타내는데, 방광은 윤(潤)해야 하고 신장은 견(堅)해야 한다. 기신인 土가 水를 공격하면 신장은 고(枯)하고 방광은 조(燥)해져서 병(病)이 된다. 木은 간(肝)과 담(膽)인데, 간(肝)은 조달(條達)해야 하고 담(膽)은 평(平)해야 한다. 기신인 金이 木을 극하면 간(肝)은 급해져서 火를 생하고, 담(膽)은 한(寒)해져서 병(病)이 될 수 있다. 火는 소장(小腸)과 심장인데, 심장은 관(寬)해야 하고 소장(小

腸)은 수(收)해야 한다. 기신인 水가 火를 공격하면 심장은 관(寬)하지 못하고, 소장(小腸)은 완(緩)해져서 병(病)이 생긴다.

又要看有餘不足, 如土太旺, 木不能入土, 是脾胃自有餘之病. 脾本忌濕, 胃本忌寒, 若土濕而有餘, 其病發於春冬, 反忌火以燥之; 土燥而有餘, 其病發於夏秋, 反忌水以潤之. 如土虛, 弱木足以疏土, 若土濕而不足, 其病發於夏秋; 土燥而不足, 其病發於冬春. 蓋虛濕之土, 遇夏秋之燥, 虛濕之土, 逢春冬之濕, 使木托根而愈茂, 土受其剋而愈虛. 若虛濕之土, 再逢虛濕這時, 虛燥之土, 再逢虛燥之時, 木必虛浮, 不能盤根, 土反不畏其剋也. 餘倣此.

또 유여(有餘)와 부족(不足)을 보아야 한다. 가령 土가 태왕하면 목극토가 되지 않으니 비(脾)와 위(胃)에는 유여에서 생기는 병(病)이 있게 된다. 비(脾)는 본래 습(濕)을 꺼리고, 위(胃)는 원래 인(寒)을 꺼린다. 만일 土가 습(濕)하고 유여하면 그 병(病)은 봄과 겨울에 발생한다. 반대로 火가 조(燥)하게 하는 것을 꺼리는데 土가 마르고 유여하면 그 병(病)은 겨울과 봄에 발생한다. 대체로 허(虛)하고 습(濕)한 土가 여름과 가을의 조(燥)를 만나거나, 허(虛)하고 습(濕)한 土가 봄과 겨울의 습(濕)을 만나면 木을 더욱 무성하게 한다. 그러면 土는 木에게 극을 받아서 더욱 허(虛)하게 되며 만일 허(虛)하고 습(濕)한 土가 재차 허(虛)하고 습(濕)한 운을 만나거나, 또는 허(虛)하고 조(燥)한 土가 재차 허(虛)하고 조(燥)한 운을 만나면 木은 허(虛)하고 들떠서 뿌리를 내릴 수 없다. 그러면 土가

木의 극을 두려워하지 않게 된다. 나머지도 이와 같다.

客神遊六經者, 陽虛之所, 浮於天干也. 陽而虛露, 易制易化, 爲災
必小, 猶病之在表, 外感易於發散, 不至大患, 故爲小也. 究其病
源, 仍從五行陰陽, 以分臟腑, 而五臟論法, 亦勿以天干爲客神論
虛, 地支爲忌神論實. 必須究其虛中有實, 實處反虛之理, 其災祥了
然有驗矣.

객신(客神)이 육경(六經)을 돌아다닌다는 뜻은 양(陽)의 허(虛)한 기
(氣)가 천간에 떠 있는 것을 말한다. 양(陽)이 허(虛)하게 드러나면 제
화(制化)가 쉬워서 재앙이 작다. 마치 병(病)이 드러나면 발산되어 알
아내기 쉬워서 큰 질환에 이르지 않는 것과 같으니 재앙이 작은 것이
다. 병(病)의 근원을 궁구하려면 오행과 음양에 따라서 장(臟)과 부
(腑)를 분류해야 한다. 오장을 논할 때는 천간이 객신이면 허(虛)하다
고 하면 안 되고, 지지가 기신이면 실(實)하다고 하면 안 된다. 반드시
허(虛)한 가운데 실(實)이 있고, 실(實)한 가운데 허(虛)가 있으니 그
이치를 궁구해야만 재(災)와 상(祥)을 구분할 수 있다.

나이스 주

⊙기신(忌神)이 오장 속에 암장되어 있으면 태어날 때부터 선천적으로 그 장
기(臟器)에 문제가 있을 수 있다. 그래서 운에 의해서 그 장간의 기신이 동

(動)할 때 해당 오행의 장기에 문제가 생길 수 있다. 객신은 운에서 오는 기신을 말한다. 운에서 오는 기신은 국(局)의 구성에 따라 다른 결과가 나타난다. 국(局)의 글자들이 운에서 오는 기신을 거부하면 그 화(禍)가 크지 않다. 객신이 천간에 허(虛)하게 드러나 있으면 그 증상을 파악하기 쉬우니 제화(制化)하여 재앙을 줄일 수 있다.

- 子丑합과 子未원진이 있다.
- 丑월에 己土와 庚金이 투하였다.
- 간과 신장에 병이 있었다.
- 辛卯운에 궁권에 이름은 남렸다.
- 乙未운에 허손(虛損)의 병으로 죽었다.
- 월지를 충하는 때였다.

- 亥월에 壬水가 투하여 상관이 강하다.
- 현기증이 있었고 소변을 통제하지 못했다.

●위와 관절에 고통이 심했다.

●己酉운에 학교에 들어가고 자식도 얻었다.

●戊申운에 늠생(廩生)에 임명되었다.

●戊申운 후반에 병세가 더욱 깊어졌다.

●丁未운에 일간이 손상당하여 사망했다.

*늠생(廩生) 관(官)에서 급식을 제공받는 생원(生員), 생원의 첫째 등급

●辰辰형과 午戌 반합이 있다.

●辰월에 甲木과 壬水가 투하였다.

●午戌 반합에 丙火가 투하여 火의 세력도 강하다.

●초년운인 火운에 비위에 병(病)이 없었으나 허약증을 앓았다.

●戊申, 己酉, 庚戌운에 십여만금을 모았다.

●辛亥운에 풍병을 앓아 죽었다.

●戊癸합과 寅午戌 삼합 그리고 丑午원진, 귀문이 있다.

- 戊癸합으로 합화되어 새로운 화기(火氣)가 생긴다.

- 乙卯운에 폐와 신장이 모두 손상당해 목소리가 나오지 않고 기침이 심했다.

- 甲戌년 정월에 죽었다.

- 乙庚합과 子辰 반합이 있다.

- 팔자에 오행이 골고루 들어 있다.

- 한평생 질병이 없었고 명리도 넉넉하였다.

- 비위가 허한(虛寒)하여 설사병이 있었다.

木不受水者血病 土不受火者氣傷
목불수수자혈병   토불수화자기상

木이 水의 생을 받지 못하면 혈(血)에 병(病)이 들고, 土가 火의 생을 받지 못하면 기(氣)에 손상이 있다.

原註

水東流而木逢沖, 或虛脫, 皆不受水也, 必主血病. 蓋肝屬木, 納血不納則病. 土逢沖而虛脫, 則不受火, 必主氣病, 蓋脾屬土而容火, 不容則病矣.

水는 木으로 흐르는데 木이 충을 만나거나 허약하면 水의 생을 받아들일 수 없다. 그렇게 되면 명주(命主)는 혈(血)에 병(病)이 있게 된다. 그 이유는 간(肝)은 木에 속하고 혈(血)을 받아들이는 기관인데, 간(肝)이 손상당하면 혈(血)을 받아들이지 못하기 때문이다. 또 土가 충을 만나거나 허약하면 火를 받아들이지 못하니 명주(命主)는 기(氣)의 병(病)을 갖게 된다. 그 이유는 火를 받아들이는 비(脾)는 土에 속하는데, 土가 부실하면 火를 받아들이지 못하기 때문이다.

任氏曰

春木不受水者, 喜火之溫暖也 ; 冬木不受水者, 喜火之解凍也. 夏木之有根而受水者, 去火之烈, 潤地之燥也 ; 秋木得地而受水者, 泄金之銳, 化殺之頑也. 春冬生旺之木, 要其衰而受水 ; 夏秋休囚之木, 要其旺而受水. 反此則不受, 不受則血不流行, 故致血病矣.

춘목(春木)이 水를 받아들이지 못하는 것은 火의 온난(溫暖)함을 기뻐하기 때문이고, 동목(冬木)이 水를 받아들이지 못하는 것은 火의 해동(解凍)을 기뻐하기 때문이다. 하목(夏木)이 유근(有根)할 때 水를 받아들이는 것은 왕한 火를 제거하고 건조한 땅을 적시기 때문이고, 추목(秋木)이 득지(得地)하였을 때 水를 좋아하는 것은 金의 예리함을 설기하고 살(殺)의 완고함을 화(化)하기 때문이다. 춘동(春冬)의 생왕한 木은 쇠약해야 水를 받아들일 수 있고, 하추(夏秋)의 휴수된 木은 왕해야 水를 받아들일 수 있다. 이와 반대로 되어 水를 받아들이지 못하면 혈(血)이 유행하지 못하므로 혈병(血病)에 이르게 된다.

燥實之土不受火者, 喜水之潤也 ; 虛濕之土不受火者, 忌水之尅
也 ; 冬土有根而受火者, 解天之凍, 去地之濕也 ; 秋土得地而受火
者, 制金之有餘, 補土之泄氣也. 過燥則地不潤, 過濕則天不和, 是
以火不受, 木不容. 過燥必氣虧, 過濕必脾虛, 不受則病矣.

건조하고 실(實)한 土가 火를 받아들이지 못하는 것은 水의 윤(潤)함을 기뻐하기 때문이며, 허(虛)하고 습(濕)한 土가 火를 받아들이지 못하는 것은 水의 극을 꺼리기 때문이다. 동토(冬土)가 유근(有根)할 때 火를 받아들일 수 있는 것은 하늘의 언 것을 녹이고 땅의 습(濕)함을 제거하기 때문이며, 추토(秋土)가 득지했을 때 火를 받아들이는 것은 金의 유여함을 제(制)하고 土의 설기를 보충하기 때문이다. 지나치게 조(燥)하면 땅이 윤(潤)하지 않고, 지나치게 습(濕)하면 하늘이 화(和)하지 않으므로 이 때문에 火를 받아들이지 않고 木을 담지 못하는 것이다. 지나치게 조(燥)하면 반드시 기(氣)가 이지러지고, 지나치게 습(濕)하면 반드시 비(脾)가 허(虛)해지므로 병(病)이 된다.

나이스 주

⊙오행이 꾸준히 생명을 이어 가려면 원신(元神)의 생을 받아야 한다. 생을 받지 못하면 언젠가는 고갈(枯渴)되고 만다. 이 글에서는 木과 土를 예로 들었지만 다른 오행도 마찬가지이다.

時	日	月	年
己	乙	丁	丁
卯	亥	未	亥

- 亥卯未 삼합이 있어 신강하다.

- 신강할 때는 식상으로 흐르면 좋다.

- 월지에 뿌리를 둔 식재(食財)를 잘 쓸 수 있다.

- 甲辰운에 호방(진사시험)에 수석을 하였다.

- 과거에 연달아 합격하였다.

時	日	月	年
丁	乙	乙	丙
亥	巳	未	戌

- 일간 포함 천간의 모든 글자가 월지에 뿌리를 두고 있다.

- 戌未형과 巳亥충이 있다.

- 丙申, 丁酉운에 평순하였다.

- 戊戌운에 명리(名利)를 모두 얻었다.

- 己亥운에 고창병(배가 붓는 병)을 앓다가 죽었다.

- 巳亥충이 동하던 때였다.

時	日	月	年
己	戊	辛	己
未	戌	未	巳

- 戊未형의 연속이다.

- 未월에 己土가 투하여 비겁이 강하다.

- 己巳, 戊辰운에 명리가 유여하였다.

- 丁卯운에 辛金이 손상당한다.

- 폐가 손상당하여 혈기(血氣)에 손상되어 사망하였다.

時	日	月	年
壬	己	己	庚
申	亥	丑	辰

- 丑辰파와 甲亥해가 있다.

- 천간의 글자가 모두 월지에 뿌리를 내렸다.

- 초년 庚寅, 辛卯운에 조부의 음덕(蔭德)이 유여했다.

- 壬辰, 癸巳운에 재업이 증가하였고 궁궐에 이름을 걸었다.

- 癸巳운 후반에 극처하고 파재하였다.

- 甲午운 己巳년에 기혈이 손상당하여 혈증(血症)으로 사망하였다.

- 巳亥충과 巳申형이 일어나던 해였다.

金水傷官 寒則冷嗽 熱則痰火
금수상관　　　한즉냉수　　　열즉담화

火土印綬 熱則風痰 燥卽皮瘍
화토인수　　　열즉풍담　　　조즉피양

論痰多木火 生毒鬱火金
논담다목화　　　　생독울화금

金水枯傷而腎經虛 水木相勝而脾胃洩
금수고상이신경허　　　　수목상승이비위설

금수상관(金水傷官)이 한(寒)하면 냉(冷)으로 해수(咳嗽)가 있을 수 있고,
열(熱)하면 담화(痰火=천식)가 있을 수 있다.

火土인수(火土印綬)는 열(熱)하면 풍(風)으로 인한 담(痰)이 있고, 조(燥)
하면 피부 가려움증이 있다.

담(痰)은 木火가 많을 때 생기고, 독(毒)은 火金이 소통되지 않을 때 발생
한다.

金水가 마르고 상(傷)하면 신경(腎經)이 허(虛)하고, 水木이 상승(相勝)하
면 비위(脾胃)가 설기된다.

原註

凡此皆五行不和之病, 而知其病, 知其人, 則可以斷其吉凶. 如木之
病何如, 又看木是日主之何神. 若木是財而能發土病. 則斷其財之衰
旺, 妻之美惡. 父之興衰. 亦不必顯驗. 然有可應而六親與事體又不相
符者. 殆以病而免其咎者也.

위의 병(病)들은 모두 오행이 조화를 이루지 못할 때 생긴다. 그래서 병(病)을 알고 그 사람을 알면 길흉을 판단할 수 있다. 예를 들면 木의 병(病)을 파악하고, 木이 육친에 어디에 해당하는지 살펴보면 된다. 가령 木이 재(財)일 때 土의 병(病)이 발생했다면 목극토로 인한 현상이니 재(財)에 해당하는 재물의 쇠왕과 처(妻)의 미악(美惡)과 부(父)의 홍쇠(興衰)를 판단할 수 있다. 그러나 이러한 이론이 반드시 맞는 것은 아니고, 혹 맞는 경우라 할지라도 육친 관계나 일의 대체 등으로 부합되지 않는 경우가 있다. 또 위태로운 병(病)을 앓아 다른 재앙을 면하게 되는 물상대체(物象代替) 현상이 일어나는 경우도 있다.

任氏曰

金水傷官, 過於寒者, 其氣辛凉, 眞氣有虧, 必主冷嗽 ; 過於熱者, 水不勝火, 火必剋金 水不勝火者, 心腎不交也 ; 火能剋金者, 肺家受傷也. 冬令虛火上炎, 故主痰火.

금수상관(金水傷官) 사주에서 한(寒)이 지나치면 그 기(氣)가 몹시 서늘하여 진기(眞氣)가 휴손되니 냉(冷)으로 인한 기침 등이 있을 수 있다. 만일 열(熱)이 지나치면 水는 火를 이기지 못하고, 火는 金을 극하게 된다. 水가 火를 이기지 못하면 심장과 신장이 원활하지 못하고, 火가 金을 극하면 폐에 손상이 있게 된다. 겨울철에는 허(虛)한 火가 타올라 담(痰)으로 인한 화병(火病)이 있을 수 있다.

火土印綬, 過於熱者, 木從火旺也. 火旺焚木, 木屬風, 故主風痰;
過於燥者, 火炎土焦也. 土潤則血脈流行, 而營衛調和. 皮屬土, 土喜
暖, 暖卽潤也, 所以過燥則皮癢, 過濕則生瘡. 夏土宜濕, 冬土宜
燥, 在人則無病, 在物則發生. 總之, 火多主痰, 水多主嗽.

화토인수(火土印綬)가 너무 뜨거울 때 木은 火에 종하게 된다. 火가
왕하면 木이 타는데 木은 풍(風)에 속하므로 풍담(風痰)을 일으키게
된다. 조(燥)가 지나치면 **화염토초**(火炎土焦)가 된다. 이때는 土가 윤
택해야만 혈맥(血脈)이 유행하여 기혈작용이 조화를 이루게 된다. 피
부는 土에 속하는데 土는 따뜻하고 촉촉한 것을 좋아한다. 팔자에 조
(燥)가 지나치게 건조하면 피부가 가렵고, 반대로 지나치게 습(濕)하
면 부스럼이 생기므로, 하토(夏土)가 알맞게 습(濕)하고 동토(冬土)가
알맞게 건조하면 피부에 병(病)이 없고 만물은 생발(生發)하게 된다.
결론적으로 팔자에 火가 많아 조열하면 담증(痰症)이 있고, 水가 많
아 습하면 기침이나 해수병(咳嗽病)이 있다.

木火多痰者, 火旺逢木, 木從火勢, 則金不能剋木, 水不能勝火, 火
必剋金而傷肺, 不能下生腎水, 木又泄水氣, 腎水必燥, 陰虛火炎,
痰則生矣.

木火가 많을 때는 담(痰)이 생기기 쉽다. 火가 왕할 때 木이 있어 木이
火의 세력을 따르게 되면 金이 木을 극하지 못하고, 水가 火를 이기
지 못하니 火는 반드시 金을 극하여 폐를 손상한다. 그래서 金은 신

수(腎水)를 생할 수 없게 되고 木은 수기(水氣)를 설(洩)하니 신수(腎水)가 마르게 된다. 이렇게 되면 음(陰)이 허(虛)하고 火가 염(炎)하여 담(痰)이 생기는 것이다.

生毒鬱火金者, 火烈而水涸, 火必焚木；木被火焚, 土必焦燥；燥土能脆金, 金鬱於内, 脆金逢火, 肺氣上逆；肺氣逆財肝腎兩虧, 肝腎虧則血脈不行, 加以七情憂鬱而生毒矣.

독(毒)이 발생하는 것은 火金이 답답할 경우이다. 火가 맹렬하고 水가 마르면 火가 반드시 木을 태우게 되고, 木이 火에 의해서 타면 土는 메마르게 된다. 그렇게 되면 조토(燥土)는 金을 약하게 하므로 金은 답답하게 된다. 취약한 金이 火를 만나면 폐기(肺氣)가 위로 역(逆)하여 간(肝)과 신(腎)이 함께 손상된다. 간(肝)과 신(腎)이 손상되면 혈맥이 유행하시 못하니 칠정(七情)이 우울(憂鬱)해져서 독(毒)이 발생한다.

土燥不能生金, 火烈自能枯水, 腎經必虛；土虛不能制水, 木旺自能剋土, 脾胃必傷. 凡此五行不和之病, 細究之必驗也. 然與人事可相通也, 不可專執而論, 如病不相符, 可究其六親之吉凶, 事體之否泰, 必有應驗者.

토조(土燥)하면 金을 생할 수 없고, 화열(火熱)하면 水가 마르므로 신경(腎經)이 허(虛)하게 된다. 土가 허(虛)하면 水를 제(制)할 수 없고, 木이 왕하면 土를 극하므로 비위(脾胃)가 손상된다. 이렇게 오행이 조화를 이루지 못해서 병(病)이 생기는 것을 자세히 연구해 보면 반드시 증험(證驗)이 있다. 그러나 인사(人事)와 서로 맞물려 다른 결과를 가져올 수도 있으니 한 가지만 고집하면 안 된다. 만일 팔자와 병(病)이 서로 부합하지 않을 경우에는 육친의 길흉과 일의 비태(否泰)를 궁구하면 응험(應驗)이 있을 것이다.

如日主是金, 木是財星, 局中火旺, 日主不能任其財, 必生火而助殺, 反爲日主之忌神, 旣或有水, 水仍生木, 則金氣愈虛；金爲大腸肺, 肺傷大腸不暢, 不能下生腎水, 木泄水而生火, 必主腎肺兩傷之病.

일간이 金이고 木이 재성일 경우에 팔자에 火가 왕하면 일간이 그 재(財)를 쓸 수 없게 된다. 木은 일간의 살(殺)인 火를 돕게 되니 일간의 기신(忌神)이 되기 때문이다. 혹시 식상인 水가 있다면 일간인 金을 더욱 허(虛)하게 하니 폐가 손상되고 대장(大腸)이 약해진다. 金은 대장과 폐이므로 폐가 손상되고 대장이 좋지 못하면 신수(腎水)도 생하지 못하게 된다. 또 木이 水를 설기시키고 火를 생하므로 반드시 신(腎)과 폐(肺)가 둘 다 상(傷)하는 질병이 있게 된다.

然亦有無病者, 必財多破耗, 衣食不敷, 是其咎也. 然亦有無病而財源旺者, 其妻必陋惡, 子必不肖也. 斷斷必有一驗, 其中亦有妻賢子肖而無病, 且財源旺者, 歲運一路土金之妙也. 然亦有局中金水, 與木火停勻, 而得肺腎之病者, 或財多破耗, 或妻陋子劣者, 亦因歲運一路木火, 而金水受傷之故也. 宜仔細推詳, 不可執一而論也.

그러나 이러한 팔자인데도 병(病)이 없다면 병(病) 대신에 반드시 재(財)의 파모(破耗)가 많고 의식(衣食)이 넉넉하지 못한 재앙이 있을 수 있다. 또 병(病)도 없고 재원(財源)도 왕하다면 그 처(妻)가 누악(陋惡)하거나 자식이 불초(不肖)하게 된다. 반대로 처가 현숙하고 자식이 어질며 병(病)이 없고 재(財)도 왕한 경우가 있는데, 이런 경우는 세운이 일관되게 土金으로 가는 경우이다. 또 팔자에 金水와 木火가 균정(均停)함에도 불구하고 폐(肺)와 신(腎)의 병(病)을 얻은 경우도 있고, 또는 재물에 파모(破耗)가 심하고 처(妻)가 누추하고 자식이 못난 경우도 있다. 이런 경우는 세운이 木火로 가서 金水가 손상을 받기 때문이다. 그래서 한 가지만 고집하면 안 되고 자세히 살펴야 한다.

나이스 주

◎팔자를 보는 기준은 자연의 법칙에서 찾아야 한다. 金水가 많으면 추우니 움츠리고, 火土가 많으면 더우니 열이 많게 된다. 해수(咳嗽)는 水가 많을 때 생기고, 염증(炎症)은 火가 많을 때 생긴다. 질병은 오행이 조화를 이루지 못하여 생기니 그 병(病)을 알고 사람을 알면 어느 정도 길흉을 판단할 수 있다. 의학이 발달하지 않았을 때는 팔자로 병(病)을 예측하려고 했겠지만, 현대 사회에서 질병은 명리학보다는 의학에 의존하는 것이 현명하다. 그러나 팔자를 보면 선천적으로 강하고 약한 장기를 대충 알 수 있고, 또 운의 흐름

에 따라 생길 수 있는 질환들을 예측할 수 있으니 참고하면 좋을 것이다.

⊙金水가 마르고 상(傷)하면 신장이 허(虛)하고, 水가 木을 도와 木이 강해지면 비위(脾胃)에 병(病)이 생기고, 金水가 모두 허(虛)하면 신장에 이상이 생긴다. 또 수생목이 되면 木이 강해져 土를 극하니 비위(脾胃)에 이상이 생기고, 土가 건조하면 金을 생할 수 없고, 火가 맹렬하면 水를 마르게 하니 신장이 허(虛)하게 된다. 병(病)이란 이렇게 오행이 조화를 이루지 못하여 생기기도 하지만 운동이나 음식 등 외부 환경도 영향을 미치니 한 가지만을 고집해서는 안 된다.

⊙木火보다 火土가 더 양(陽)의 기운이 강하다. 그래서 火土로만 되어 있는 사주가 열(熱)이 있으면 풍담(風痰)에 걸리기 쉽고, 건조하면 피부가 헐거나 종기(腫氣)가 생길 수 있다. 풍(風)은 木, 담(痰)은 火, 피부(皮膚)는 土와 관련이 있다.

⊙木火가 많을 때 담(痰)이 생기는 이유는, 火가 왕하면 金을 극하여 水를 생하지 못하게 하니 폐를 손상시켜 담(痰)이 생긴다. 또 木이 많으면 水가 설기당하여 물이 마르고 화염(火焰)해지므로 담(痰)이 생긴다.

⊙火가 맹렬하여 水가 마르면 木은 시들게 되고 土는 마르니 간(肝)과 비위(脾胃)에 문제가 생기고, 또 조토(燥土)는 金을 생할 수 없으니 폐가 약해진다.

⊙금수상관(金水傷官)이 되면 차가우니 추위를 잘 느끼고 기침을 하게 된다. 팔자에 火가 많으면 담(痰)으로 인한 화병(火病)이 있다. 화토인수(火土印綬)는 열(熱)하면 풍(風)으로 인한 담(痰)이 있고, 조(燥)하면 피부의 가려움증이 있다.

- 子辰 반합과 子酉파 그리고 酉丑 반합이 있다.
- 子월에 壬水가 투하여 상관이 강하다.
- 격국이 순수하고 맑으니 글을 읽으면 외웠다.
- 어린 시절에 국학에 들어갔다.
- 甲寅, 乙卯운에 가업이 크게 불어났다.
- 丙辰운에 병(病)을 얻었다.
- 丙辰운 丙寅년에 허약증으로 사망하였다.

時	日	月	年
壬	辛	丙	己
辰	酉	子	丑

- 子丑합과 子酉파 그리고 辰酉합이 있다.
- 子월에 壬水가 투하여 상관이 강하다.

●壬申운에 교습을 거쳐 지현(知縣)이 되었다.

●辛未운 丁丑년에 병을 얻어 사망하였다.

●戊寅, 己卯운에 담으로 인한 화병(火病)을 앓았다.

●庚辰운에 약을 쓰지 않고 나아 재물을 바치고 벼슬을 얻었다.

●辛巳운에 명리(名利)가 온전하였다.

●합이 되면 해당 글자가 제 역할을 못한다.

●운이 동남(東南)으로 가니 풍병(風病)을 앓았다.

●유설증(遺泄症)을 앓아서 요양을 잘하여 병세가 약화되었다.

●乙丑운에 북방운으로 가니 병(病)이 모두 나았다.

●甲子, 癸亥운에 늙었어도 건강하였다.

●첩을 얻어 자식을 낳았고 수만금의 재물을 일으켰다.

時	日	月	年
丁	戊	戊	辛
巳	戌	戌	未

● 戌未형과 巳戌원진, 巳戌귀문이 있다.

● 초년에 담증(痰症)을 앓아 폐가 손상을 당했다.

● 丙申, 丁酉운에 金운이 오니 큰 피해를 입지 않았다.

● 乙未, 甲午운에 피부병을 앓았다.

● 癸巳운에 질병으로 몸을 잃었다.

時	日	月	年
乙	己	丁	己
丑	亥	丑	丑

● 시시가 모두 水 기운이다.

● 유년기에 부스럼이 많았다.

● 癸酉, 壬申운에 재물은 왕성했으나 창독(瘡毒)이 생겼다.

● 비위(脾胃)가 약해졌다.

　*창독(瘡毒) 부스럼, 종기(腫氣)의 독

時	日	月	年
庚	甲	己	丙
午	戌	亥	戌

●甲己합과 戌亥천문과 午戌 반합이 있다.

●甲辰운에 폐종양이 생겨서 사망하였다.

時	日	月	年
甲	甲	癸	庚
戌	午	未	寅

●寅未귀문과 午未합 그리고 午戌 반합이 있다.

●어려서부터 허약증을 일으켰다.

●폐(肺)와 신(腎)이 모두 상했다.

●丙戌운에 요절하였다.

時	日	月	年
戊	庚	乙	癸
寅	戌	卯	酉

●卯酉충과 卯戌합이 있다.

●원국에서는 합이 충을 풀어 戌卯酉의 글자는 온전하다.

●한평생 질병이 없었다.

●처가 음란했다.

●두 아들을 낳았으나 모두 불초하여 도둑의 무리가 되었다.

●병(病)도 없었고 재물도 왕성했다.

26 출신 出身

巍巍科第邁等倫 一個元機暗裏在
외외과제매등륜　　　일개원기암리재

과거 급제자 중에서도 뛰어난 팔자에는 하나의 원기(元機)가 내면에 은밀히 존재한다.

原註

凡看命看人之出身最難, 如狀元出身, 格局淸奇逈異, 若隱若露, 奇而難決者, 必有元機, 須搜尋之.

명(命)을 볼 때 사람의 출신(出身)을 보는 것이 가장 어렵다. 가령 장원(狀元) 출신의 팔자를 보면 격국이 청기(淸奇)하면서도 특이하고 기묘한 특성이 보일 듯 말 듯하여 결정을 내리기가 어렵다. 그러나 이런 팔자에는 반드시 원기(元機)가 있으니 그것을 찾아내야 한다.

任氏曰

命論人之出身最難. 故有元機存焉. 元機者. 不特格局淸奇逈異. 用神眞假之分. 須究支中藏神司命. 包羅用神喜神. 使閑神忌神不能爭戰. 反有生拱之情.

명(命)에서 사람의 출신을 논하는 것이 가장 어렵지만 원기(元機)가 존재하니 그것으로 구분한다. 원기(元機)란 격국이 특이하게 청기(清奇)한 경우를 말하는데, 용신의 진가(眞假)를 구분하고 장간의 글자가 사령하는지 살펴야 한다. 또 용신과 희신이 한신이나 기신에게 손상당하지 않고 서로 생하고 돕는 정(情)이 있어야 한다.

又有格局本無出色處. 而名冠羣英者. 必先究其世德之美惡. 次論山川之靈秀. 所以種靈毓秀. 從世德而來. 不論命也.

격국이 특이하지 않은데도 명성을 얻고 뛰어난 사람이 있는데 이는 조상의 공덕(功德)이나 산천의 빼어남 때문일 수도 있다. 이처럼 뛰어난 인재 중에는 명(命)과는 상관없이 조상의 은덕으로 그렇게 되는 경우도 많으니 이때는 명(命)을 논하지 않는다.

故世德心田居一, 山川居二, 命格居三. 然看命之要, 非殺印相生爲貴, 官印雙清爲美也. 如顯然殺印財官. 動人心目者. 必非佳造. 若用神輕微. 喜神暗伏. 秀氣深藏者. 初看挂無好處, 越看越有精神, 其中必有元機. 宜仔細搜尋.

그러므로 특출한 명(命)은 조상의 공덕(功德)이 첫 번째이고, 산천의 형세가 두 번째이며, 명(命)의 격국이 세 번째이다. 그러니 **살인상생**(殺印相生)만이 귀하고, **관인쌍청**(官印雙清)만이 아름다운 것은 아니고, 또 살인(殺印)이나 재관(財官)이 뚜렷하다고 하여 명(命)이 아름다운 것도 아니다. 용신이 경미(輕微)하고 희신이 암복(暗伏)되어 있으며 수기(秀氣)도 심장(深藏)된 경우에는 보기에는 좋지 않은 명(命)처럼 보이지만 볼수록 정(精)과 신(神)이 있고, 그 가운데에 원기(元機)가 있으니 자세히 살펴야 한다.

나이스 주

⊙과거에 급제한 사람 중에서도 특히 뛰어난 사람은 팔자에도 뭔가 다른 점이 있을 것이다. 과거에 급제한 사람들은 격국이 맑고 기이한 사람이 대부분이겠지만 그중에서도 뛰어난 장원 출신이라면 반드시 원기(元機)가 있다. 또 뛰어난 인물은 반드시 팔자 때문만은 아니고 조상의 덕이나 주변 풍수나 가정환경 등에서도 영향을 받으니 함께 고려해야 한다.

- 寅未귀문이 있다.
- 丙午운 丙辰년에 천하의 인물이 되었다.
- 寅午 반합과 辰辰형이 되던 때였다.

時	日	月	年
丙	甲	甲	壬
寅	戌	辰	戌

● 辰戌충이 연속된다.

● 戊申운에 진사과에 두 번이나 수석을 차지하였다.

● 그러나 벼슬은 좋지 않았다.

時	日	月	年
庚	丁	丁	甲
戌	卯	丑	寅

● 卯戌합이 있다.

● 왕이 주관한 과거 시험에서 3등인 탐화(探花)를 차지하였다.

時	日	月	年
辛	庚	壬	丁
巳	子	子	亥

● 戊申운 丙辰년에 왕이 주관한 과거에 급제하였다.

清得盡時黃榜客 雖雜濁氣亦中式
청득진시황방객　　　수잡탁기역중식

청기(淸氣)가 완전하면 황방(黃榜=과거 시험)에 합격하고 비록 탁기(濁氣)가 섞여 있다 하더라도 중간 정도는 할 수 있다.

原註

天下之命, 未有不淸而發科甲者, 淸得盡者, 非必一一成象, 雖五行盡出, 而能安放得所, 生化有情, 不混閑神忌客, 決發科甲. 卽有一二濁氣, 而淸氣或成一個體段, 亦可發達.

천하의 명(命) 중에 청기(淸氣)없이 과거에 급제하는 경우는 없다. 청기가 극진(極盡)하면 뛰어난 명(命)인데, 청기라는 것은 꼭 특정한 오행 하나로 상(象)을 이루어져야만 되는 것은 아니다. 비록 오행이 골고루 있다 하더라도 알맞게 놓여 서로 생화(生化)하고 유정(有情)하며 한신, 기신, 객신 등과 혼잡되지 않으면 과거에 급제할 수 있다. 또 한두 개의 탁기가 있다 하더라도 청기가 팔자 전체의 틀을 이루고 있다면 역시 발달할 수 있다.

任氏曰

淸得盡者, 非一行成象, 兩氣雙淸也, 雖五行盡出, 而淸氣獨逢生旺, 或眞神得用, 或淸氣深藏者, 黃榜標名也. 若淸氣當權, 閑神忌客, 不司令, 不深藏, 得歲運制化者, 亦發科甲也.

청득진(淸得盡)이란 일행(一行)으로 상(象)을 이루는 것이 아니라 양기쌍청(兩氣雙淸)한 것을 말한다. 비록 오행이 모두 섞여 있다 하더라도 청기가 홀로 생왕하거나, 진신(眞神)을 득용(得用)하거나, 청기가 깊이 암장된 경우에도 황방(黃榜=과거 급제자 명단)에 이름을 올릴 수 있다. 또 청기가 당권(當權)을 했을 때 한신이나 기신, 객신이 사령하지 않고 심장(深臟)되지도 않아서 세운에서 제화(制化)된다면 역시 과거에 급제한다.

淸氣當權, 雖有濁氣, 安放得所, 不犯喜用, 雖不能發甲亦發科也. 淸氣雖不當令, 得閑神忌客不黨濁氣, 匡扶淸氣, 或歲運安頓者, 亦可中式也.

또 청기가 당권(當權)했을 때 비록 탁기가 득소(得所)하고 있다 하더라도 희신과 용신을 침범하지 않으면 비록 뛰어나지는 않지만 과거에 급제하고, 또 청기가 비록 당령하지 않아도 한신이나 기신, 객신이 탁기와 무리를 이루지 않고 오히려 청기를 돕거나 또는 세운에 의해서 안돈(安頓)하게 되면 역시 과거에 합격할 수 있다.

時	日	月	年
甲	庚	己	癸
申	子	未	未

● 초년 戊午, 丁巳, 丙辰운에 공명에 차질이 있고 가업이 파모(破耗)하였다.
● 丙辰운 후반에 향시(鄕試)로 뽑혔다.

- 乙卯운에 황갑(黃甲)에 올라 사림(한림원)에 들어갔다.

- 문관으로 벼슬길이 밝았다.

時	日	月	年
丁	甲	癸	癸
卯	午	亥	未

- 己未운에 丙辰년에 예부(禮部)에 올랐다.

- 한림(翰林)에 들어가서 중요한 지위를 차지하였다.

時	日	月	年
乙	癸	己	壬
卯	卯	酉	辰

- 일찍 벼슬에 올라 한원(翰苑)에 명성을 높였다

- 벼슬길이 현저하지는 못했다.

時	日	月	年
丙	庚	甲	己
子	子	戌	亥

- 甲己합과 戌亥천문이 있다.

- 己巳년에 안탑(雁塔)에 이름을 올렸다.

  *안탑(雁塔) 과거 급제자 명단을 적어 놓은 곳

時	日	月	年
辛	庚	丙	己
巳	子	子	亥

● 己巳년에 한원(翰苑)에서 명성을 높였다.

● 벼슬은 지현(知縣)을 하였다.

時	日	月	年
壬	丙	壬	丙
辰	子	辰	申

● 丁卯년에 향방(鄕榜)에 합격하였다.

● 辛未년에 춘위(春闈)에도 급제하였다.

● 주색(酒色)을 일삼고 반열에서 뒤떨어졌다.

時	日	月	年
乙	壬	壬	戊
巳	子	戌	午

● 쌍둥이로 태어나서 모두 진사(進士)에 합격하였다.

時	日	月	年
戊	乙	辛	庚
寅	卯	巳	戌

●쌍둥이로 태어나서 庚辰년에 향방(鄕榜)에 합격하였으나 갑과에는 오르지 못했다.

●아우는 卯시에 태어나서 뒤늦게 己亥년에 향방(鄕榜)에 합격하였다.

●壬子운 庚子년에 향방(鄕榜)에 합격하였다.

●庚申년에 북위(北闈)에 합격하였다

●木火운에 재물의 파모(破耗)가 많았다.

●丁卯년에 과거에 급제하였다.

秀才不是塵凡子 淸氣還嫌官不起
수재부시진범자   청기환혐관불기

수재(秀才)도 평범하지는 않지만 팔자에 청기(淸氣)는 있는데도 관(官)이
불기(不起)한 경우이다.

秀才之命, 與異路人·貧人·富人之命, 無甚大別, 然終有一種淸氣
處, 但官星不起, 故無爵祿.

수재(秀才)의 명(命)은 이로(異路)로 출세하는 명(命)을 말하는데, 빈인
(貧人)이나 부인(富人)의 명(命)을 보는 법과 차이가 없다. 팔자에 청기
(淸氣)는 있지만 관성과 인연이 없어 작록(爵祿)을 얻지 못하는 경우
에 수재의 명(命)이 된다.

秀才之命. 與異路貧富人, 無甚分別. 細究之, 必有淸氣存焉. 官星不
起者. 非官星不透之謂也. 如官星太旺. 日主不能用其官. 如官星太弱.
官星不能剋日主. 如官旺用印, 見財者. 如官衰用財, 遇劫者. 如印多
洩官星之氣者. 如官多無印者. 如官透無根. 地支不載. 如官坐傷位. 傷
坐官位. 如忌官逢財. 喜官遇傷者. 皆謂之官星不起也. 縱有淸氣. 不過
一衿終身.

수재(秀才)의 명(命)은 이로인(異路人)이나 빈인(貧人) 또는 부인(富
人)을 보는 법과 차이가 없지만, 자세히 살펴보면 수재의 명(命)에는

청기(淸氣)가 존재한다. **관성불기**(官星不起)라는 말은 관성이 투출하지 못했다는 것이 아니고, 관성이 태왕하여 일간이 관성을 용(用)하지 못하거나, 관성이 왕하여 인수를 쓸 때 재가 있는 경우 등을 말한다. 또 인수가 많아서 관성의 기(氣)를 설기하거나, 관성은 많은데 인수가 없거나, 관성이 투출했으나 뿌리가 없어 힘이 없는 경우도 관성불기에 해당한다. 또 관성을 쓸 때 상관이 있거나, 관성을 꺼릴 때 재를 만나는 경우 등도 관성불기에 해당하는데, 관성불기가 되면 비록 청기가 있다 하더라도 크게 발전하지 못하고 일금(一衿)으로 생을 마치는 경우가 많다.

有富而秀者. 身旺財旺, 與官星不通也. 或傷官顧財不顧官也. 有貧而秀者. 身旺官輕. 財星受劫也. 或財官太旺. 印星不現. 或傷官用印. 見財不見官也. 有學問過人, 竟不能得一衿, 老於儒童者 此亦有淸氣存焉.

부유하면서 수재(秀才)인 경우가 있는데 신왕재왕(身旺財旺)하면서 관성과 불통(不通)이 되거나, 재가 상관과 인연을 맺고 있으면서 관을 돌보지 않는 경우 등이다. 또 가난하면서 수재인 경우도 있는데 신왕관경(身旺官輕)할 때 재가 비겁에게 위협을 당하거나, 재와 관이 태왕할 때 인수가 없거나, 상관격에 인수를 쓰는데 재는 있고 관이 없는 경우 등이다. 또 학문이 남보다 뛰어난데도 일금(一衿)도 얻지 못하고 유생(儒生)으로 늙어가는 경우에도 청기는 있을 수 있다. 그러므로 팔자에 청기가 있다고 해서 반드시 과거에 급제하는 것은 아니다.

格局原可發秀. 只因運途不齋. 破其淸氣. 以致終身不能稍舒眉曲也. 亦有格局本可登科發甲者. 亦因運途不齋. 屢困場屋. 終身不能得一衿 於淸雲也. 有格局本無出色. 竟能科甲連登. 此因一路運途合宜. 助其 淸氣官星. 去其濁氣忌客之故也.

팔자 원국은 빼어난데도 운에서 팔자의 청기를 파(破)하면 평생 뜻을 펼치지 못하고, 또 격국은 장원급제(壯元及第)할만 할지라도 운이 좋지 못하면 장원급제를 못하여 청운의 뜻을 펼치지 못하고 일금(一衿)으로 만족하기도 한다. 반대로 격국은 뛰어나지 않은데도 운의 흐름이 좋아 청기인 관성을 돕고 탁기인 기신과 객신을 제거하는 경우에는 과거에 연달아 합격하기도 한다.

● 巳戌원진과 卯戌합이 있다.

● 戌월에 戊土가 투하여 재격이다.

● 명망이 좋았고 품행이 방정하였다.

● 중년 火운 丙子년에 국자감에서 관직에 임명되었다.

● 높은 지위에는 오르지 못했다.

時	日	月	年
乙	甲	庚	癸
亥	申	申	未

- 월주가 庚申으로 관의 세력이 강하다.

- 늠공(廩貢)으로 일생을 마쳤다.

  *늠공(廩貢) 시험에 합격하여 식량을 지원 받는 보름(補廩) 중에서 가장 우수 학생

時	日	月	年
己	丁	甲	壬
酉	巳	辰	午

- 巳酉 반합이 있다.

- 천간의 모든 글자들이 월지에 통근하고 있다.

- 중년 土金운에 공명은 일금(一衿)에 불과했으나 가업은 수 십만 금을
  모았다.

時	日	月	年
丁	丙	乙	癸
酉	午	卯	未

- 卯未 반합과 午卯파 그리고 午酉파가 있다.

- 卯월에 乙木이 투하여 인수격이다.

- 壬子운에 극처했다.

● 辛亥운에 자식을 극해하였다.

● 辛亥운 후반에 사망하였다.

● 申월에 庚金이 투하여 편인격이다.

● 운이 金水운으로 갈 때 60년간 일금(一衿)도 얻지 못했다.

● 자기가 가르친 자는 과거에 오르고 장원급제했다.

● 자기는 일금(一衿)도 얻지 못했다.

● 편인이 강할 때의 폐해(弊害)이다.

● 酉월에 壬水일간은 인수격이다.

● 운이 火土로 가니 좋았다.

● 辛未운에 반수(泮水)에서 놀고 庚午운에 과거에 급제하였다.

● 己巳, 戊辰운에 벼슬이 빛났고 형통했다.

異路功名莫說輕 日干得氣遇財星
이로공명막설경　　일간득기우재성

이로공명(異路功名)을 가볍게 여기면 안 된다. 일간이 기(氣)를 득(得)하고 재성을 만날 경우에 해당한다.

原註

刀筆得成名者. 與不成名者自異. 必是財星得個門户. 通得官星. 中有一種清皦之氣. 所以得出身. 其老于刀筆而不能出身者. 終是財星與官不相通也.

도필(刀筆)로 명성을 이루는 자와 그렇지 못하는 자는 본래 다르다. 이름을 날리려면 반드시 재성이 별개의 문호(門戶)를 이루고 관성과 통해야 한다. 그리고 팔자에 청옥(靑玉)과 같은 기(氣)가 있을 때 높은 지위에 오를 수 있는 것이다. 도필(刀筆)에만 머물고 늙도록 높은 지위에 오르지 못하는 까닭은 재성과 관성이 서로 통하지 않기 때문이다.

任氏曰

異路功名, 有刀筆成名者, 有捐納出身者, 雖有分別, 總不外日干有氣, 財官相通也. 或財星得用, 暗成官局, 或官伏財鄕, 兩意情通, 或官衰逢財, 兩神和協, 或印旺官衰, 財星破印, 或身旺無官, 食傷生財, 或身衰官旺, 食神制官, 必有一種清純之氣, 方可出身. 其仕路之高卑, 須究格局之氣勢, 運途之損益可知矣.

이로공명(異路功名)에는 도필(刀筆)로 성공하는 경우와 재물을 바치고 벼슬하는 경우가 있다. 비록 팔자마다 차이는 있으나 모두 일간이 유기(有氣)해야 하고 재관이 상통(相通)해야 한다는 것은 똑같다. 이 로공명의 경우는 다음과 같다. 재성을 용(用)할 때 암암리에 관국(官局)을 이루거나, 관이 재의 장간에 있으면서 서로 정(情)을 통(通)하거나, 관이 쇠할 때 재를 만나 서로 화협(和協)하거나, 인수가 왕하고 관이 쇠할 때 재성이 인수를 파괴하거나, 일간이 왕하고 관이 없을 때 식상이 재를 생하거나, 일간이 쇠하고 관이 왕할 때 식신이 관을 제압하는 경우 등이다. 이런 식으로 반드시 청순한 기(氣)가 있어야 관직에 등용되는데, 관직의 높고 낮음은 격국의 기세와 운의 손익을 살펴 판단해야 한다.

不能出身者, 日干太旺, 財輕無食傷, 喜官而官星不通, 或無官也.如 日干太弱, 財星官星竝旺者, 有財官雖通, 傷官劫占者, 有財星得 用, 暗成劫局者, 有喜印逢財, 忌印逢官者, 皆不能出身也.

관(官)에서 출세하지 못하는 팔자는 일간이 태왕할 때 재가 경(輕)하고 식상이 없거나, 관을 좋아하는데 관성이 불통(不通)되거나 또는 관이 아예 없는 경우 등이다. 또 일간이 태약(太弱)하고 재관이 함께 왕하거나, 재관이 상통(相通)되더라도 상관이 위협하거나, 재성을 용(用)하는데 암암리에 비겁이 국(局)을 형성하거나, 인성을 좋아할 때 재를 만나거나, 인성을 꺼릴 때 관을 만나는 경우 등은 모두 관직과는 거리가 멀다.

●寅申巳 삼형이 있다.

●일간도 뿌리가 튼튼하고 타간의 글자들도 월지에 뿌리를 두고 있다.

●조업이 이루어지지 않았고 학문이 계속되지 못했다.

●문서 담당을 거쳐 관직에 등용되었다.

●丁卯, 丙寅운에 벼슬이 관찰에 이르렀다.

●午戌 반합과 卯戌합이 있다.

●乙卯일주로 일간도 강하고 나머지 천간도 월지에 뿌리를 두고 있다.

●성품이 효우하고 행실과 의리가 매우 돈독했다.

●부서를 거쳐 등용되어 벼슬이 주목(州牧)에 이르렀다.

時	日	月	年
癸	戊	庚	己
亥	申	午	丑

●丑午원진과 申亥해가 있다.

- 午월의 戊土로 양인격이다.

- 재산을 헌납하고 등용되어 丁卯, 丙寅운에 벼슬이 황당(黃堂)에 이르렀다.

- 사람됨이 중후하고 화평하였다.

- 乙丑운에 직위를 잃었다.

時	日	月	年
丙	戊	甲	壬
辰	戌	辰	子

- 子辰 반합과 辰戌충이 있다.

- 재관의 뿌리가 든든하다.

- 초운 火운에 재산을 바치고 등용되었다.

- 이름난 지역에 출사(出仕)하였다.

- 검소하지 못하고 사치를 좋아하였다.

時	日	月	年
庚	丙	甲	癸
寅	戌	寅	巳

- 寅巳형이 있다.

- 월주가 갑인으로 편인격이다.

- 일간 丙火는 지지 모두에 통근하고 있다.

●학문을 계속하지 못하고 군막에서 노닐다가 재물을 바치고 벼슬을 샀다.

●庚戌운 丁丑년에 火土가 당권하니 병(病)을 얻어 사망하였다.

●辰辰형과 酉酉형이 있다.

●편관인 丁火는 뿌리를 내리지 못했다.

●식재는 월지에 뿌리를 내리고 있다.

●재물을 바치고 관직을 얻으려 했으나 실패했다.

●유업(遺業)이 수십만금이었으니 가업이 퇴보했다.

●기시도 없었다.

臺閣勳勞百世傳 天然淸氣顯機權
대각훈로백세전   천연청기현기권

대각(臺閣)의 공로(功勞)가 백세(百世)를 전해 내려오는 팔자에는 천연
(天然)의 청기가 드러나 있다.

原註

能如人之出身, 至於地位之大小, 亦不易推. 若夫爲公爲卿, 淸中又
有一種權勢出入矣, 不專在一端而論.

사람의 출신과 마찬가지로 지위 또한 추리하기가 쉽지 않다. 공(公)이
나 경(卿)에 이르는 사주는 청하면서도 일종의 권세(權勢)가 있으니
한 가지에만 집착해서는 안 된다.

任氏曰

臺閣宰輔以及封疆之任, 淸氣發乎天然, 秀氣出乎純粹, 四柱之內,
皆與喜神有情, 格局之中竝無可嫌之物. 所用者皆眞神, 所喜者皆眞
氣, 此謂 淸氣顯機權也. 度量寬宏能容物, 施爲純正不貪私, 有潤澤
生民之德, 懷任重致遠之才也.

대각(臺閣)의 재상(宰相)으로부터 지방 장관까지 임용되는 팔자에는

청기가 천연(天然)에서 발생하고 수기(秀氣)가 순수한 경우이다. 사주 안의 모든 글자가 희신과 유정(有情)하고, 격국을 거역하는 기신이 없으며, 진신(眞神)을 용(用)하고, 진기(眞氣)를 기뻐하는 것을 **청기현기권(清氣顯機權)**이라고 말한다. 이러한 팔자는 도량이 넓고, 행하는 바가 순수하고 공정하며, 사사로움을 탐하지 않아 백성을 윤택하게 하는 덕(德)이 있으니, 중책을 맡아 원대함에 이르는 재능이 있다.

- 辰辰형이 있다.
- 辰월에 戊土가 투하여 비겁이 강하다.
- 비겁의 강한 기운은 식신으로 흐르고 있다.
- 辰월의 戊土는 甲木과 丙火 그리고 癸水가 있으면 좋다.
- 동중당(董中堂)의 사주이다.

時	日	月	年
甲	己	丙	甲
子	丑	寅	子

- 子丑합이 있다.
- 천간의 모든 글자가 월지에 통근하고 있다.

●寅월의 己土는 丙火와 癸水가 격을 높인다.

●丙火는 투하고 癸水는 장간에 있다.

●유중당(劉中堂)의 사주이다.

時	日	月	年
乙	丙	壬	壬
未	子	寅	申

●寅申충과 子未원진이 있다.

●寅월에 乙木이 투하여 인수격이다.

●寅월의 丙火는 壬水와 庚金이 있으면 좋다.

●壬水는 투하고 庚金은 장간에 있다.

●상서(尙書)의 사주이다.

時	日	月	年
庚	庚	丁	己
辰	申	卯	亥

●亥卯 반합과 卯申원진이 있다.

●卯월의 庚金일간으로 재격이다.

●卯월의 庚金은 丁火와 甲木으로 벽갑인정(劈甲引丁)을 이룬다.

●진시랑(陳侍郎)의 사주이다.

兵權獬豸弁冠客　刃殺神清氣勢特
병권해치변관객　인살신청기세특

병권(兵權)을 손에 쥐고 치관(豸冠＝해태 모양의 관)을 쓴 사람은 양인과 칠살이 청기를 띠고 그 세력이 특별하다.

原註

掌生殺之權, 其風紀氣勢, 必然超特, 清中精神自異, 又或刃殺兩顯也.

생살지권(生殺之權)을 가진 사주는 풍기(風紀)와 기세가 뛰어나고 청하며 정(精)과 신(神)도 남다르다. 또한 생살지권의 사주는 팔자에 양인과 칠살이 함께 드러난다.

任氏曰

掌生殺大權, 兵刑重任者, 其精神清氣, 自然超特, 必以刃旺敵殺, 氣勢出入也. 局中殺旺無財, 印殺用刃者, 或無印而有羊刃者, 此謂殺刃神清也. 氣勢轉者, 刃旺當權也, 必文官而掌生殺之任. 刃旺者, 如春之甲用卯刃, 乙用寅刃；夏之丙用午刃, 丁用巳刃, 秋之庚用酉刃, 辛用申刃, 冬之壬用子刃, 癸用亥刃是也.

병권(兵權)과 형권(刑權)의 생살지권(生殺之權)을 가진 사주는 정신(精神)과 청기(清氣)가 뛰어나거나, 왕한 양인이 칠살과 대적하며 서로 기세를 주고받아야 한다. 팔자에 살(殺)이 왕하고 재는 없고 인수가 있을 때 양인을 쓰는 경우나 혹은 살(殺)이 왕할 때 인수는 없고 양인이 왕한 경우를 살인(殺刃)이 청하다고 말한다. 기세가 특이하다는 것은 양인이 왕하고 당권하는 것을 말하는데 이렇게 되면 반드시 문관(文官)의 직으로 생살지권을 맡게 된다. 양인이 왕하다는 의미는 봄철의 甲木이 卯를 쓰거나, 乙木이 寅을 쓰며, 여름의 丙火가 午를 쓰거나, 丁火가 巳를 쓰는 경우를 말한다. 또 가을의 庚金이 酉를 쓰거나, 辛金이 申을 쓰며, 겨울의 壬水가 子를 쓰거나, 癸水가 亥를 쓰는 경우도 양인이 왕한 경우이다.

若刃旺敵殺, 局中無食神印綬, 而有財官者, 氣勢雖特, 神氣不清, 乃武將之命也. 如刃不當權, 雖能敵殺, 不但不能掌兵權, 亦不能貴顯也. 其人疾惡太嚴, 如刃旺殺弱亦然, 必傲物而驕慢也.

양인(陽刃)이 왕하여 살(殺)을 대적할 수 있다 하더라도 국(局) 중에 식신이나 인수는 없고 재관이 있는 경우에는 기세가 비록 특이하더라도 신기(神氣)가 맑지 않으니 곧 무장(武將)의 명(命)이 된다. 양인이 당권(當權)하지 못하면 살(殺)을 대적하더라도 병권을 장악하지 못할 뿐만 아니라 현귀하지도 못하게 되는데, 그런 사람은 증오심이 있고 지나치게 엄격한 성질을 갖는다. 양인이 왕하고 살(殺)이 약한 경우에도 역시 남을 업신여기고 교만한 성정을 드러낸다.

時	日	月	年
丙	庚	己	壬
戌	午	酉	寅

●寅酉원진과 午酉파 그리고 午戌 반합이 있다.

●酉월의 庚金으로 양인격이다.

●酉월의 庚金도 丁火와 甲木으로 벽갑인정을 이룬다.

●일찍 과거에 합격하여 병형(兵刑) 생살(生殺)의 직무를 맡았다.

●형부상서(刑部尙書)의 벼슬을 하였다.

時	日	月	年
壬	丙	壬	庚
辰	子	午	戌

●午戌 반합과 子午충 그리고 丁辰 반합이 있다.

●午월의 丙火일간은 양인격이다.

●午월의 丙火는 壬水와 庚金으로 격이 높아진다.

●壬水와 庚金이 투하였다.

●향시(鄕試)를 통하여 등용되었다.

●丙戌, 丁亥운에 벼슬이 안찰에 이르렀다.

時	日	月	年
戊	壬	戊	乙
申	辰	子	卯

- 子卯형과 申子辰 삼합이 있다.

- 양인(陽刃)의 힘이 강하다.

- 강한 수기(水氣)를 억누르는 편관 戊土가 돋보인다.

- 乙酉운에 과거에 연달아 합격하였다.

- 甲申, 癸未운에 벼슬길이 빛나 안찰사(按察使)에 이르렀다.

- 癸未운 후반에 사망하였다.

時	日	月	年
庚	甲	辛	丙
午	申	卯	辰

- 丙辛합과 卯辰해 그리고 卯申원진이 있다.

- 卯월의 甲木일간으로 양인격이다.

- 卯월의 甲木은 강하니 칠살 庚金이 필요하다.

- 火운에 과거를 통해 벼슬이 얼헌(臬憲)에 이르렀다.

***얼헌**(臬憲) 법관의 일종인 관직, 안찰사(按察使)

分藩司牧財官和 清氣純粹局全多
분번사목재관화   청기순수국전다

분번사목(分藩司牧=지방 관리)의 팔자는 재관이 조화를 이루고, 청기의
순수함이 팔자 전체에 넘친다.

原註

方面之官, 財官爲重, 必淸奇純粹, 格正局全, 又有一段精神.

한 지방을 맡아 다스리는 관리는 재관을 중요하게 여긴다. 또 팔자가
청기를 띠고 순수하며 격국이 바르고 온전해야 한다. 그리고 일단(一
段)의 정(精)과 신(神)을 갖추어야 한다.

任氏曰

方面之任以及州縣之官, 雖以財官爲重, 必須格局淸純, 更須日元生
旺, 神貫氣足, 然俊則官情協, 則精氣神二者足矣. 又加官旺有印, 官
衰有財, 印旺有財, 左右相通, 上下不悖, 根通年月, 氣貫日時, 身
殺兩停, 殺重逢印, 殺輕遇財者, 皆是也, 必有利民濟物之心 ; 反此
者, 非所宜也.

주(州)나 현(縣) 등 한 지방을 다스리는 사람의 팔자는 재관을 중요하
게 여기고, 격국이 청순해야 하며, 또 일원(日元)이 생왕하고 신기(神
氣)가 충족되어야 한다. 그리고 난 후 재관이 서로 정협(情協)하면 정
(精)·기(氣)·신(神) 세 가지가 충족된다. 또 관이 왕할 때 인수가 있거
나, 관이 쇠할 때 재가 있거나, 인수가 왕할 때 재가 있거나, 좌우가

상통(相通)하고 상하가 어그러지지 않거나, 근(根)이 년월에 통하고 기(氣)가 일시에 관통하거나, **신살양정**(身殺兩停)이 되거나, 살(殺)이 중(重)할 때 인수를 만나거나, 살(殺)이 경(輕)할 때 재를 만나는 경우가 **분번사목**(分藩司牧)의 팔자가 된다. 이러한 팔자는 반드시 백성을 이롭게 하고 남을 구제하게 된다. 그러나 이와 반대가 되면 지방의 관리도 되기 힘들다.

●巳酉丑 삼합과 子酉파가 있다.

●巳월에 丁火가 투하여 재격이다.

●巳월의 癸水는 庚辛金과 壬水가 격을 높여준다.

●중년 水운에 이도로 관직으로 나아가서 벼슬이 군수에 이르렀다.

●명리(名利)가 모두 온전하였고 일곱 아들을 낳았다.

●아들도 모두 벼슬을 하였다.

●巳酉 반합이 있다.

●戌월에 戊土가 투하여 상관격이다.

●戌월 丁火는 庚金과 甲木이 있으면 좋다.

●부서(部書)를 거쳐 벼슬이 현령(縣令)에 이르렀다.

●처첩이 열 아들을 낳았으나 모두 극해하였다.

時	日	月	年
戊	辛	庚	丙
子	巳	寅	子

●寅巳형이 있다.

●寅월에 丙火가 투하여 정관격이다.

●시간의 戊土도 힘이 있으니 후반에 인수도 쓴다.

●중년 火운에 관직에 나아가 황당(태수)에 이르렀다.

時	日	月	年
甲	戊	丙	丁
寅	寅	午	亥

●寅午 반합이 있다.

●午월에 丙丁이 투하여 인수가 강하다.

●午월의 戊土에겐 壬水와 甲木과 丙火가 격을 높인다.

●甲丙은 투하였고 壬水는 장간에 있다.

●癸卯운에 연달아 과거에 급제하여 이름난 고을의 관리가 되었다.

- 辛丑운에 벼슬길이 순탄하였다.

- 辛丑운 후반에 관직에서 물러났다.

- 子辰 반합과 子未원진이 있다.

- 戊己土가 뿌리가 튼튼하니 재격이다.

- 辰월에 甲木은 庚金과 壬水가 좋은데 장간에 있다.

- 水木운에 진사(進士)에 급제하여 공명을 이루었다.

- 子未원진으로 인해 벼슬길에 막힘이 있었다.

- 원진은 충처럼 통변한다.

- 교직에서 늙었다.

便是諸司幷首領 也從淸濁分形影
변시제사병수령 　　　야종청탁분형영

관리(官吏)와 수령(首領)의 팔자도 청탁을 분류해가면서 형영(形影)을 살펴야 한다.

原註

至貴者莫如天也, 得一以淸, 而位乎上, 故膺一命之榮, 莫不得淸氣.

所以雜職或佐貳首領等官, 豈無一段清氣? 而與濁氣者自別. 然清濁之 形影難解, 不專是財官印綬內有清濁, 凡格局‧氣象‧用神‧合神, 日 主化氣‧從氣‧神氣‧精氣, 以序收藏, 發生意向, 節度性情, 理勢源 流, 主從之間皆有之. 生於皮面對其形影, 得其形而遂可以尋其精 髓, 乃論大小尊卑.

지극히 귀한 것은 하늘과 같으니 하나의 청기(淸氣)가 위[천간]에 자리 잡아야 한다. 명(命)의 영화를 위해서는 청기를 얻어야 하는 것이다. 잡직(雜職)이나 좌이(佐貳=보좌관), 수령(首領) 등의 관직도 어찌 일단(一段)의 청기가 없겠는가? 청탁의 형영(形影)을 구분하는 것은 쉽지 않다. 오로지 재(財)‧관(官)‧인(印)에만 청탁이 있는 것이 아니라 모든 격국에도 기상(氣象)에도 용신에도 합신(合身)에도 청탁이 있고, 또 화기(化氣)나 종기(從氣) 그리고 신기(神氣)와 정기(精氣)에도 청탁이 수장(收藏)되어 있다. 또 의향(意向)이니 절도(節度) 성정(性情)‧이세(理勢)‧원류(源流) 등에도 모두 청탁이 있으니, 먼저 보이는 곳에서 형영(形影)을 찾은 후 다시 보이지 않는 곳에서 그 정수(精髓)를 찾아야 비로소 관직의 대소(大小)와 존비(尊卑)를 분별할 수 있다.

命者, 天地陰陽五行之所鍾也, 清者貴也, 濁者賤也. 所以雜職佐貳等官, 亦膺一命之榮, 雖非格正局清, 眞神得用, 而氣象格局之中, 沖合理氣之內, 必有一點清氣, 雖清氣濁氣之形影難辨, 總不外乎天清地濁之理.

명(命)은 천지의 음양오행이 모인 것인데, 청하면 귀(貴)하고 탁하면 천(賤)하다. 이 때문에 잡직(雜織)이나 좌이(佐貳) 등의 팔자도 귀(貴)에 속하니 명(命)에 영화의 글자들이 있어야 한다. 비록 격(格)이 바르지 않거나, 국(局)이 청하지 않거나 또는 진신(眞神)을 용(用)하지 않더라도 기상(氣象)이나 격국 속에 청기가 있거나, 충합(沖合)이나 이기(理氣) 속에 일점의 청기가 있다면 영화를 얻게 된다. 이러한 명(命)들에서 청탁을 분별하는 것이 쉬운 일은 아니지만 모두 **천청지탁**(天清地濁)의 이치를 크게 벗어나지는 않는다.

天干象天, 地支象地. 地支上升於天干者, 輕淸之氣也；天干下降於地支者, 重濁之氣也. 天干之氣本淸, 不忌濁也；地支之氣本濁, 必要淸也, 此命理之貴乎變通也. 天干濁, 地支淸者貴；地支濁, 天干淸者賤也. 地支之氣上升者影也, 天干之氣下降者形也, 於升降形影, 沖合制化中, 分其淸濁, 究其輕重, 論其尊卑可也.

천간은 하늘의 상(象)이고 지지는 땅의 상(象)이다. 지지에서 천간으로 상승하는 기(氣)는 가볍고 청하지만, 천간에서 지지로 하강하는 기(氣)는 무겁고 탁하다. 천간의 기(氣)는 본래 청하므로 탁을 꺼리지 않고, 지지의 기(氣)는 본래 탁하므로 청을 필요로 한다. 이 때문에 천간이 탁하고 지지가 청하면 귀(貴)하고, 지지가 탁하고 천간이 청하면 천(賤)한 것이다. 지지의 기(氣)가 상승하는 것이 영(影)이고, 천간의 기(氣)가 하강하는 것이 형(形)이다. 형(形)과 영(影)이 오르내리며 충합(沖合)이나 제화(制化)되는 것을 보면서 청탁을 분별하고 경중(輕重)을 연구하여 직책의 존비(尊卑)를 논(論)하는 것이다.

●辰戌충이 있다.

●寅월에 丙火가 투하여 편인격이다.

●午운이 오면 寅午戌로 인수가 강해진다.

●寅월의 戊土에게는 丙火와 甲木과 癸水가 필요하다.

●丙火는 투하였고 甲癸는 장간에 있다.

●이두(異途)로 관직에 나아가서 丙午운에 현령을 하였다.

●丑午원진이 있다.

●辰운이 오면 寅卯辰 방합을 이루어 일간이 무척 강해진다.

●丑월에 甲木은 아직은 추우니 火가 필요하다.

●이도로 관직에 나아가서 戊午운에 지현(知縣)에 올랐다.

●子丑합이 있다.

●巳월에 己土가 투하여 상관격이다.

●巳월 丙火에게는 壬水와 庚金이 필요하다.

●壬水는 투하였고 庚金은 암장되었다.

●이로로 관직에 나아가 도둑을 잡아 공을 세웠지만 승진은 하지 못했다.

●巳酉 반합이 있다.

●申운에 申酉戌 방합을 이루어 인수가 강해진다.

●丙丁火가 뿌리를 내려 재가 강하다.

●이로로 관직으로 나갔다.

●辛巳운에 부모가 상(喪)을 당하고 고향으로 내려갔다.

- 申子辰 삼합과 子午충이 있다.

- 편관 甲木도 월지에 뿌리를 내렸다.

- 辰월 戊土에게는 甲木과 丙火와 癸水가 격을 높인다.

- 甲木은 투하였고 丙癸는 암장되었다.

- 재물을 바치고 좌이(보좌관)가 되었다.

- 벼슬길은 순조로웠다.

時	日	月	年
庚	壬	甲	癸
戌	子	子	巳

- 子월에 壬水일간으로 양인격이다.

- 子월에 壬水는 얼었으니 戊土와 丙火가 필요하다.

- 장간에 있는 戊丙이 강한 水 기운에 갇혀 있다.

- 재물을 바치고 관직으로 나가려고 했다.

- 재물만 소모하고 소득이 없었다.

- 辛酉, 庚申대운으로 흘러 비겁과 양인 때문에 뜻을 펴기 어려웠다.

28 세운歲運

休咎係乎運 尤係乎歲 戰沖視其孰降 和好視其孰切
휴구계호운   우계호세   전충시기숙항   화호시기숙절

휴구(休咎=길흉)는 대운과도 관련이 있지만 세운과 관계가 더 많다. 충전(衝戰)의 경우에는 어느 쪽이 제압당하는지 봐야 하고, 화호(和好)의 경우에는 어느 쪽이 더 우호적인지 살펴야 한다.

原註

日主譬如吾身, 局中之神, 譬之舟馬引從之人, 大運譬所蒞之地, 故重地支, 未嘗無天干. 太歲譬所遇之人, 故重天干, 未償無地支. 必先明一日主, 配合七字, 權其輕重, 看喜行何運, 忌行何運.

일간은 내 몸과 같고, 국(局) 중의 글자는 배(舟)와 말(馬)을 끌고 가는 사람과 같다. 대운은 살아가는 땅[환경]과 같으니 대운의 지지를 중(重)하게 여기지만 천간을 무시하면 안 되고, 태세(太歲)는 살아가면서 만나는 사람과 같으니 천간을 중(重)하게 여기지만 지지를 무시하면 안 된다. 반드시 팔자를 볼 때는 일간을 중심으로 나머지 일곱 글자와 배합하여 경중(輕重)을 가린 후, 어느 운으로 가면 좋고 어느 운으로 가면 나쁜지 살펴야 한다.

如甲日以氣機看春, 以人心看仁, 以物理看木, 大率看氣機而餘在其中. 遇庚辛申酉字面, 如春而行之於秋, 斲伐其生生這機, 又看喜與不喜, 而行運生甲伐甲之地, 何斷其休咎也. 太歲一至, 休咎卽顯, 於是詳論戰沖和好之勢, 而得勝負適從之機, 則休咎了然在目.

가령 일간이 甲木일 때 기(氣)는 봄으로 간주하고, 인심(人心)은 인(仁)으로 간주하며, 물상(物象)으로는 나무로 간주한다. 대체로 기(氣)의 틀은 글자에 나타나는데, 만일 甲木이 庚申이나 辛酉운으로 간다면 봄이 가을을 만난 것과 같게 된다. 그래서 봄의 생생(生生)한 기운이 가을 金 기운에게 벌목을 당하게 되는데 벌목을 당하는 것이 좋은지 좋지 않은지는 팔자에 따라 다르다. 또 행운이 甲木을 생하는지 벌(伐)하는지를 보면서 휴구(休咎=禍福)를 판단해야 한다. 태세(太歲)에서는 휴구가 곧바로 나타나므로 세운이 전충(戰沖)을 하는지 아니면 화호(和好)를 하는지를 자세히 논한 후에 세운의 작용에 대한 승부(勝負)를 파악하면 휴구(休咎)가 명확하게 눈앞에 드러날 것이다.

任氏曰

富貴雖定乎格局, 窮通實係乎運途, 所謂命好不如運好也. 日主如我之身, 局中喜神用神是我所用之人, 運途乃我所臨之地, 故以地支爲重. 要天干不背, 相生相扶爲美, 故一運看十年切勿上下截看, 不可使蓋頭截脚. 如上下截看, 不論蓋頭截脚, 則吉凶不驗矣.

부귀와 빈천은 격국에서 정해지지만, 궁통(窮通)은 운과 관계가 있다. 명호불여운호(命好不如運好)는 명(命) 좋은 것이 운이 좋은 것만 못하다는 뜻이다. 일간은 내 몸과 같고 국(局) 중의 희신과 용신은 내가 사용하는 사람과 같으며, 운도(運途)는 일하는 근무처와 같다. 그래서 대운은 지지를 중(重)하게 여기지만 반드시 천간과 상생상부(相生相扶)해야 아름답다. 그러므로 하나의 운을 10년으로 간주하되 절대로 상하를 끊어서 추론하면 안 되는데, 만일 상하를 나눈다면 개두(蓋頭)와 절각(截脚)이란 말도 없을 것이다. 만일 상하를 끊어서 보거나 개두(蓋頭)와 절각(截脚)을 논(論)하지 않는다면 길흉이 증명되지 않는다.

如喜行木運, 必要甲寅乙卯, 次則甲辰·乙亥·壬寅·癸卯：喜行火運, 必要丙午丁未, 次則丙寅·丁卯·丙戌·丁巳；喜行土運, 必要戊午·己未戊戌·己巳, 次則戊辰己丑；喜行金運, 必要庚申辛酉, 次則戊申·己酉·庚辰·辛巳；喜行水運, 必要壬子癸亥, 次則壬申·癸酉·辛亥·庚子. 寧使天干生地支, 弗使地支生天干；天干生地支而蔭厚, 地支生天干而氣泄.

운(運)을 볼 때 木운을 좋아한다면 甲寅·乙卯운으로 가는 것이 좋고, 다음으로는 甲辰·乙亥·壬寅·癸卯운이 좋다. 火운을 좋아한다면 丙午·丁未운으로 가는 것이 좋고, 다음으로 丙寅·丁卯·丙戌·丁巳운이 좋다. 土운을 좋아한다면 戊午·己未·戊戌·己巳운으로 가는 것이 좋고, 다음으로는 戊辰·己丑운이 좋다. 金운으로 가는 것이 좋다면

庚申·辛酉운으로 가야 하고 다음으로는 戊申·己酉·庚辰·辛巳운이 좋다. 水운으로 가는 것이 좋다면 壬子·癸亥운으로 가는 것이 좋고, 그 다음으로는 壬申·癸酉·辛亥·庚子운이 좋다. 천간이 지지를 생해야지 지지가 천간을 생하면 안 된다. 천간이 지지를 생하면 음덕(蔭德)이 두텁지만 지지가 천간을 생하면 기(氣)를 빼앗겨 좋지 않다.

何謂蓋頭? 如喜木運而遇庚寅辛卯, 喜火運而遇壬午癸巳, 喜土運而遇甲戌甲辰乙丑乙未, 喜金運而遇丙申丁酉, 喜水運而遇戊子己亥. 何謂截脚? 如喜木運而遇甲申乙酉乙丑乙巳, 喜火運而遇丙子丁丑丙申丁酉丁亥, 喜土運而遇戊寅己卯戊子己酉戊申, 喜金運而遇庚午辛亥庚寅辛卯庚子, 喜水運而遇壬寅癸卯壬午癸未壬戌癸巳是也.

무엇을 **개두**(蓋頭)라고 하는가? 예를 들어 木운을 좋아하는 경우에 庚寅·辛卯를 만나거나, 火운을 좋아하는 경우에 壬午·癸巳를 만나거나, 土운을 좋아하는 경우에 甲戌·甲辰·乙丑·乙未를 만나거나, 金운을 좋아하는 경우에 丙申·丁酉를 만나거나, 水운을 좋아하는 경우에 戊子·己亥를 만나는 것을 말한다. 그러면 무엇을 **절각**(截脚)이라 하는가? 예를 들어 木운을 좋아하는 경우에 甲申·乙酉·乙丑·乙巳를 만나거나, 火운을 좋아하는 경우에 丙子·丁丑·丙申·丙辰·丁亥를 만나는 경우를 말한다. 또 土운을 좋아하는 경우에 戊寅·己卯·戊子·己酉·戊申을 만나거나, 金운을 좋아하는 경우에 庚午·辛亥·庚寅·辛卯·庚子를 만나거나, 水운을 좋아하는 경우에 壬寅·癸卯·壬

午·癸未·壬戌·癸巳를 만나는 것을 말한다.

蓋干頭喜支, 運以重支, 則吉凶減半；截脚喜干, 支不載干, 則十年
皆否. 假如喜行木運, 而遇庚寅辛卯, 庚辛本爲凶運, 而金絶寅卯, 謂
之無根, 雖有十分之凶, 而減其半. 如原局天干有丙丁透露, 得回制之
能, 又減其半, 或再遇太歲逢丙丁, 制其庚辛, 則無凶矣. 寅卯本爲吉
運, 因蓋頭有庚辛之剋, 雖有十分之吉, 亦減其半. 如原局地支有申酉
之沖, 不但無吉, 而反凶矣.

천간이 지지 희신을 개두(蓋頭)하는 경우 운에서는 지지를 중(重)하
게 여기니 길(吉)이 반으로 줄어든다. 그러나 천간이 희신일 경우에
절각(截脚)이 되면 지지가 천간을 받쳐주지 못하므로 절각(截脚)된
운은 10년 동안 모두 막힌다. 木운이 좋은 경우에 庚寅·辛卯운을 만
나면 천간 庚辛金은 본래 흉운(凶運)이지만, 金은 寅卯에서 절태가
되고 무근(無根)하여 힘이 없으므로 흉(凶)이 절반으로 줄어든다. 만
일 원국의 천간에 丙丁火가 투하여 金을 제압하면 흉은 다시 절반으
로 줄고, 또다시 세운에서 丙丁火를 만난다면 庚辛金의 흉은 거의 사
라진다. 木운이 좋은 경우에 지지로 오는 寅卯는 본래 길운(吉運)이
지만 개두(蓋頭)가 되어 천간에서 庚辛金의 극이 있으면 비록 길(吉)
하더라도 절반으로 줄어들며, 만일 원국의 지지에 申酉가 있어 寅卯
를 충하면 길(吉)은 사라지고 도리어 흉(凶)하게 된다.

又如喜木運, 遇甲申乙酉, 木絶於申酉, 謂之不載, 故甲乙之運不吉.
如原局天干又透庚辛, 或太歲干頭遇庚辛, 必凶無疑所以十年皆凶.
如原局天干透壬癸, 或太歲干頭逢壬癸, 能泄金生木, 則和平無凶矣.
故運逢吉不見其吉, 運逢凶不見其凶者, 緣蓋頭截脚之故也.

또 木운이 좋을 때 甲申·乙酉운이 오면 木은 申酉에서 절이 되어 천
간을 지지가 받쳐주지 못하므로 甲乙의 운은 불길(不吉)하다. 이때
만일 원국의 천간에 또 庚辛金이 투출하고 세운에서도 庚辛金을 만
나면 반드시 10년 동안 흉(凶)하게 된다. 그러나 만일 원국의 천간에
壬癸水가 투출하거나 세운에서 壬癸水가 오면 金을 설기하고 木을
생하게 되니 화평하게 되어 흉(凶)은 사라진다. 그러므로 길운(吉運)
을 만나도 길(吉)하지 않고, 흉운(凶運)을 만나도 흉(凶)하지 않는 것
은 이러한 개두(蓋頭)와 절각(截脚)의 현상 때문이다.

太歲管一年否泰, 如所遇之人, 故以天干爲重, 然地支不可不究, 雖
有與神之生剋, 不可與日主運途之沖戰. 最凶者天剋地沖, 歲運沖
剋, 日主旺相雖凶無礙, 日主休囚必罹凶咎. 日犯歲君, 日主旺相無
咎, 日主休囚必凶；歲君犯日, 亦同此論, 故太歲宜和, 不可與大運
一端論也. 如運逢木吉, 負逢木反凶者皆戰沖不和之故也. 依此而推,
則吉凶無有不驗矣.

세운은 일년의 비태(否泰)를 주관하는 것으로 살면서 만나는 사람과
같다. 세운에서는 천간이 중요하지만 지지도 가볍게 여겨서는 안 된

다. 일간과 운의 글자가 충전(沖戰)하는 것은 팔자의 다른 글자와 운의 글자가 생극(生剋)하는 것보다 훨씬 좋지 않다. 가장 흉(凶)한 것은 팔자와 대운이 천극지충(天剋地沖)이 되어 있을 때 다시 세운의 글자가 충극하는 것이다. 일간이 왕상할 때는 흉(凶)하더라도 큰 지장이 없지만, 만일 일간이 휴수된 경우라면 그 흉(凶)은 말로 할 수가 없다. 세운이 일간을 침범할 때에도 대운과 같은 방법으로 논한다. 세운의 글자와 일간이 화합하면 더 아름답게 여긴다. 대운에서 木을 만나면 길(吉)하지만 세운에서는 木을 만나면 오히려 흉(凶)한 경우가 생기는데 이것은 일간과 세운의 글자가 전충(戰沖)으로 불화(不和)하기 때문이다. 이러한 논리로 추리하면 길흉이 증명되지 않음이 없을 것이다.

나이스 주

⊙천간은 하고자 하는 생각이나 마음을 나타내고 지지는 살아가는 환경을 나타낸다. 대운은 10년 주기로 움직이는데 밤과 낮의 변화처럼 현재의 운이 끝나 가는 즈음에 다음 운이 시작된다. 대운을 상하를 나누어 보면 안 되고, 개두(蓋頭)와 절각(截脚)이 되지 않아야 좋다. 개두란 지지 용신 글자를 천간이 극을 하고 있을 때를 말하고, 절각이란 천간 용신 글자를 지지가 극하고 있을 때를 말한다.

⊙일간이 나라면 팔자의 글자들은 내 주변의 사람이나 물건과 같고, 대운은 계절의 변화와 같다. 예를 들어 일간이 나무라면 팔자의 나머지 일곱 글자

는 나무 주변 환경과 같고, 대운은 그 나무가 맞게 되는 계절과 같은 것이다. 세운은 계절이라는 대운 속에서 변하는 날씨와 같다. 원주에 대운은 지지를 중(重)하게 여기고 세운은 천간을 중(重)하게 여긴다고 쓰여 있지만 천간과 지지를 함께 중(重)하게 여겨야 한다. 몸의 상체와 하체를 따로 떼어낼 수 없듯이 어느 것이 더 중요하다고 말할 수 없다. 세운은 대운보다 일상의 삶에 더 직접적인 영향을 미치는데 사람들이 계절보다는 날씨에 더 민감한 것과 같은 것이다. 그래서 세운의 글자가 원국 글자를 충전(沖戰)하는지 아니면 화호(和好)하는지 살펴 팔자와 운을 논해야 한다.

時	日	月	年
丁	庚	丁	庚
丑	辰	亥	辰

● 辰亥귀문과 丑辰파가 있다

● 亥월에 태어난 庚金일간으로 식신격이다.

● 亥월 庚金은 얼어 있으니 丁火와 丙火가 우선이다.

● 초운 戊子, 己丑운에 丁火가 설기되어 원하는 바를 이루지 못했다.

● 庚寅운 丙午년에 火가 힘을 얻어 과거에 급제하였다.

● 庚寅운 丁未년에 또 급제하여 지현(知縣)에 임명되었다.

● 庚寅운 후반에 순탄하였다.

● 辛卯운에는 벼슬이 군수에 이르렀다.

● 壬辰운 壬申년에 죽었다.

時	日	月	年
丁	庚	戊	乙
丑	辰	子	未

- 子未원진, 子辰 반합, 그리고 丑辰파가 있다.

- 子월에 庚金일간으로 상관격이다.

- 子월 庚金에게는 丙丁火와 甲木이 필요하다.

- 丙戌운에 학교에 들어갔다.

- 丙戌운이 끝날 때인 癸酉년에 급제할 것으로 여겼지만 안 되었다.

- 乙酉대운 癸酉년에 성(省)에서 죽었다,

時	日	月	年
丁	丙	乙	戊
酉	寅	卯	子

- 子卯형과 寅酉원진이 있다.

- 卯월에 乙木이 투하여 인수격이다.

- 丙辰, 丁巳년에 물려받은 재산이 사라졌다.

- 戊午, 己未운에 만금을 잃고 외지로 도망갔다.

- 庚申, 辛酉운에 십여만금을 모았다.

時	日	月	年
甲	丙	癸	丙
午	午	巳	申

● 巳申형과 午午형이 있다.

● 巳월에 丙火가 투하여 비겁이 강하다.

● 초운인 甲午운에 부모가 일찍 사망하였다.

● 乙未운에 가업이 무너졌다.

● 丙申, 丁酉운에 가난을 견디기 어려웠다.

● 戊戌운에 조금 나아졌다.

何爲戰?
하위전

무엇을 전(戰)이라고 하는가?

대운과 세운의 천간이 서로 극의 관계일 때를 말한다.

原註

如丙運庚年, 謂之運伐歲. 若日主喜庚, 要丙降, 得戊洩丙者吉; 日主喜丙, 則歲不降運, 得戊己以和爲妙. 如庚坐寅午, 丙之力量大, 則歲運亦不得不降, 降之亦保無禍, 庚運丙年, 謂之歲伐運, 日主喜庚, 得戊己以和丙者吉; 日主喜丙, 則運不降歲, 又不可用戊己泄助庚. 若庚坐寅午, 丙之力量大, 則運自降歲, 亦保無患.

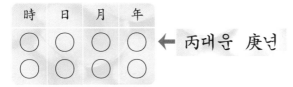

丙대운의 庚년이 되면 화극금이 되어 대운이 세운을 벌(伐)하게 되니 전(戰)이 된다. 만일 일간이 庚金을 좋아할 때에는 丙火를 굴복시키는 것이 중요하니 戊土를 만나 丙火를 설기하면 길(吉)하다. 만일 일간이 丙火를 좋아할 때에는 세운이 대운을 항복시키지 못하니 戊己土를 얻어서 화해(和解)시키면 좋다. 만일 庚金이 寅이나 午에 앉아 丙火가 강하면 세운이 굴복해야 한다. 약자(弱者)가 강자(强者)에게 대들면 안 되니 굴복하는 것이 재앙을 없애는 길이다.

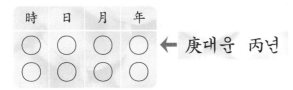

庚대운 丙火년일 경우에는 세운이 대운을 벌(伐)하여 전(戰)이 된다. 이때 일간이 庚金을 좋아하면 戊己土를 만나서 통관시켜 丙火와 화해(和解)하면 길(吉)하다. 만일 일간이 丙火를 좋아할 때에는 대운이 세운을 항복시키지 못한다. 이때는 戊己土가 일간이 좋아하는 丙火의 힘을 빼서 庚金을 돕기 때문에 戊己土를 쓰면 안 된다. 만일 庚金이 寅이나 午에 앉아 丙火가 강해지면 대운이 저절로 세운에게 항복하게 되니 재앙이 없을 것이다.

戰者剋也. 如丙運庚年, 謂之運剋歲, 日主喜庚, 要丙坐子辰, 庚坐申辰, 又局中得戊己泄丙, 得壬癸剋丙則吉；如丙坐午寅, 局中又無水土制化, 必凶. 如庚運丙年, 調之歲剋運, 日主喜庚則凶, 喜丙則吉, 喜庚者要庚坐申辰, 丙坐子辰, 又局中逢水土制化者吉, 反此必凶, 喜丙者依此而推.

전(戰)은 극하는 것이다. 가령 丙대운의 庚년일 경우에 대운이 세(歲)를 극하게 된다. 일간이 庚金을 좋아한다면 반드시 丙火가 子辰에 앉거나 庚金이 申辰에 앉으면 좋고, 또 국(局) 중에서 戊己土가 丙火를 설기하거나 壬癸水가 丙火를 극하면 길(吉)하다. 丙火가 寅午에 앉고 또 국(局) 중에 水나 土의 극제(剋制)나 인화(引化)가 없으면 반드시 흉(凶)하다. 가령 庚대운의 丙년이면 세(歲)가 대운을 극하게 된다. 일간이 庚을 좋아하면 흉(凶)하고 丙을 좋아하면 길(吉)하다. 庚을 좋아하면 庚이 申辰에 앉고 丙이 子辰에 앉거나, 또는 국(局) 중에서 水나 土의 제화(制化)를 만나면 길(吉)하고 이와 반대가 되면 흉(凶)하다. 丙火를 좋아하는 경우에도 이와 같이 추리한다.

⊙결론적으로 일간이 좋아하는 글자는 대운이든 세운이든 힘이 있어야 한다. 일간이 좋아하는 글자를 극설(剋洩)하는 운은 좋지 않다.

時	日	月	年
庚	丙	甲	辛
寅	辰	午	卯

● 午월에 태어난 丙火 일간으로 양인격이다.

● 卯운이 오면 寅卯辰 방합으로 인수가 강해진다.

● 초운인 癸巳, 壬辰운에 가업이 넉넉하여 즐거움이 있었다.

● 辛卯운에 형상(刑傷)과 파모(破耗)로 가업이 무너졌다.

● 庚寅운 丙寅년에 처(妻)를 극해하였다.

● 庚寅운 丙寅년 甲午월에 사망하였다.

時	日	月	年
乙	乙	甲	辛
酉	卯	午	卯

● 午卯파와 卯酉충이 있다.

● 초운인 壬辰, 癸巳운에 평탄하였다.

● 辛卯운 辛酉년에 형상(刑傷)과 파모(破耗)가 있었다.

● 庚寅대운 丙寅년에 국학에 들어가 편안해졌다.

何爲沖?
하위충

무엇을 충이라고 하는가?

대운과 세운의 지지가 충이 될 경우를 말한다.

原註

如子運午年，謂之運沖歲，日主喜子，則要助子，又得年之干頭，遇
制午之神，或午之黨多，干頭遇戊甲字者必凶. 如午運子年，謂之歲
沖運，日主喜午，而子之黨多，干頭助子者必凶；日主喜子，而午之
黨少，干頭助子者必吉，若午重子輕，則歲不降，亦無咎.

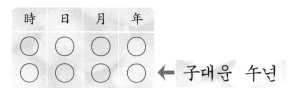

子대운의 午년이 되면 대운이 세운을 충한다. 만일 일간이 대운인 子
를 좋아하면 子를 도와야 하니, 년의 천간에 午를 제압하는 글자가
와야 한다. 午를 돕는 글자가 많거나 천간에 子를 약하게 하는 戊나
甲을 만나면 흉(凶)하다.

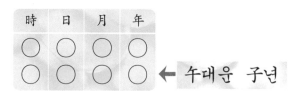

午대운의 子년일 경우에는 세운이 대운을 충한다. 만일 일간이 午를 좋아하면 子를 돕는 무리가 많거나 천간이 子를 도우면 흉(凶)하다. 반대로 일간이 子를 좋아할 때는 午의 무리가 적고 천간이 子를 도우면 길(吉)하다. 만일 午가 중(重)하고 子가 경(輕)하면 굴복시키지 못해도 역시 허물이 없다.

任氏曰

沖者破也. 如子運午年, 謂之運沖歲. 日主喜子, 要干頭逢庚壬, 午之干頭逢甲丙, 亦無咎 ; 如子之干頭遇丙戊, 午之干頭遇庚壬, 亦有咎. 日主喜午, 子之干頭逢甲戊, 午之干頭遇甲丙, 則吉 ; 如子之干頭遇庚壬, 午之干頭遇甲丙, 則凶. 如午運子年, 謂之歲沖運, 日主喜午, 要午之干頭逢丙戊, 子之干頭遇甲丙, 則吉 ; 如午之干頭遇丙戊, 子之干頭遇庚辛, 必凶. 餘可類推.

충(沖)은 깨지는 것이다. 子대운의 午년이 되면 대운이 세운을 충한다. 일간이 대운인 子를 좋아할 때는 천간에 庚이나 壬을 만나고 午의 천간에 甲이나 丙을 만나면 해(害)가 없지만, 子의 천간에 丙이나 戊를 만나고 午의 천간에 庚이나 壬을 만나면 해(害)가 있다. 일간이 午를 좋아할 때는 子의 천간에 甲이나 戊를 만나고 午의 천간에 甲이나 丙을 만나면 길(吉)하지만, 子의 천간에 庚이나 壬을 만나고 午의 천간에 甲이 丙을 만나면 흉(凶)하다. 만일 午대운의 子년일 경우에는 세운이 대운을 충하게 된다. 일간이 午를 좋아할 때에는 반드시

午의 천간에 丙이나 戊를 만나거나, 子의 천간에 甲이나 丙을 만나면 길(吉)하다. 그러나 午의 천간에 丙이나 戊를 만나더라도 子의 천간에 庚이나 壬을 만나면 반드시 흉(凶)하다. 나머지도 비슷하니 미루어 짐작할 수 있다.

何爲和?
하위화

무엇을 화(和)라고 하는가?

대운과 세운이 합이 되는 경우를 말한다.

原註

如乙運庚年, 庚運乙年則和, 日主喜金則吉, 日主喜木則不吉, 子運丑年, 丑運子年, 日主喜土則吉, 喜水則不吉.

乙대운의 庚년이거나 庚대운의 乙년이면 천간합이 되니 화(和)가 된다. 일간이 金을 좋아할 경우에는 길(吉)하고, 일간이 木을 좋아할 경우에는 불길(不吉)하다.

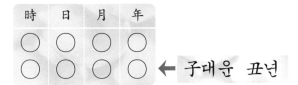

時	日	月	年
○	○	○	○
○	○	○	○

← 子대운 丑년

子대운의 丑년이거나 丑대운의 子년이면 일간이 土를 좋아하는 경우에는 길(吉)하고, 水를 좋아할 경우에는 불길(不吉)하다.

任氏曰

和者合也. 如乙運庚年, 庚運乙年, 合而能化, 喜金則吉, 合而不化, 反爲羈絆, 不顧日主之喜我, 則不吉矣. 喜庚亦然, 所以喜庚者必要木金得地, 乙木無根, 則合化爲美矣, 若子丑之合, 不化亦是剋水, 喜水者必不吉也.

화(和)는 합하는 것이다. 가령 乙대운의 庚년이거나 庚대운의 乙년이면 합으로 화(化)가 된다. 일간이 金을 좋아할 경우에는 길(吉)하지만 합이불화(合而不化)가 되어 기반(羈絆)되면 불길(不吉)하다. 일간이 庚을 좋아할 경우도 마찬가지이다. 이 때문에 庚을 좋아하는 경우에는 반드시 木과 金이 득지(得地)해야 하며, 만일 乙이 무근(無根)하다면 합화(合化)가 되어야 아름답다. 만일 子丑합이 되면 水를 극하게 되니 水가 희신이라면 반드시 불길(不吉)하다.

何爲好?
하위호

무엇을 호(好)라고 하는가?

대운과 세운에서 같은 오행의 글자가 오는 경우를 말한다.

原註

如庚運辛年, 辛運庚年, 申運酉年, 酉運申年, 則好. 日主喜陽, 則庚與申爲好, 喜陰, 則辛與酉爲好, 凡此皆宜類推.

가령 庚대운의 辛년이나 辛대운의 庚년이거나, 또는 申대운의 酉년이거나 酉대운의 申년이면 호(好)라고 한다. 일간이 양(陽)을 좋아할 경우에는 庚金과 申金을 좋아하고, 일간이 음(陰)을 좋아할 경우에는 辛金과 酉金을 좋아한다. 다른 것들도 같은 방법으로 추리하면 된다.

任氏曰

好者, 類相同也. 如庚運申年, 辛運酉年, 是爲眞好, 乃支之祿旺, 自我本氣歸垣, 如家室之可住, 如庚運辛年, 辛運庚年, 乃天干之助, 如朋友之幫扶, 究竟不甚關切, 必先要旺運通根, 自然依附爲好. 如運無根氣, 其見勢衰而無依附之情, 非爲好也.

호(好)는 무리가 같은 것을 말한다. 가령 庚대운에 申년이거나 辛대운에 酉년인 경우에 이것을 진호(眞好)라고 한다. 이때는 지지가 록왕이 되므로 자신의 본기(本氣)로 귀원(歸垣)하는 것이니 집안으로 돌아오는 것과 같다. 庚대운의 辛년이거나 辛대운의 庚년인 경우에는 붕우(朋友)의 도움과 같지만 그다지 정(情)이 두터운 것은 아니다. 왕한 운의 글자에 통근해서 의지할 수 있을 때 호(好)라고 한다. 만일 대운에서 근기(根氣)가 없으면 의지할 곳이 없어 세력이 쇠해지므로 호(好)라고 하지 않는다.

29 정원 貞元

造化生生不息機 貞元往復運誰知
조화생생불식기　　　정원왕복운수지

有人識得其中數 貞下元開是處宜
유인식득기중수　　　정하원개시처의

자연의 조화(造化)는 생생불식(生生不息)에서 나오는데, 정(貞)과 원(元)을
왕복하는 운의 흐름을 누구나 알 것이다. 그 흐름을 아는 사람은 정(貞)이
끝나면 다시 원(元)으로 순환한다는 것을 인식하고 바른 처신을 해야 한다.

原註

二元皆有貞元. 如以八字看. 以年爲元. 月爲亨. 日爲利. 時爲貞. 年月
吉者. 前半世吉. 日時吉者. 後半世吉. 以大運看. 以初十五年爲元. 次
十五年爲亨. 中十五年爲利. 後十五年爲貞. 元亨運吉者. 前半世吉. 利
貞運吉者 後半世吉. 皆貞元之道. 然有貞元之妙存焉. 非特絶處逢生.
北盡東來之意也. 至於人之壽終矣. 而旣終之後. 運之所行. 果所喜者
與. 則其家必興. 果所忌者歟. 則其家必替. 蓋以父爲貞. 子爲元也. 貞
下起元之妙. 生生不息之機. 予著此論. 非欲人知考之年. 而示天下萬
世. 實所以驗奕世之兆. 而知數之不可逃也. 學者勉之.

천지인(天地人) 삼원(三元)에는 어디에나 원형이정(元亨利貞)이 있다.

팔자에도 원형이정(元亨利貞)이 있으니 년이 원(元)이고, 월이 형(亨)이고, 일(日)은 이(利)이고, 시(時)는 정(貞)이다. 그래서 년월이 길(吉)하면 삶의 전반부가 길(吉)하고, 일시가 길(吉)하면 삶의 후반부가 길(吉)하다. 대운으로 본다면 대충 처음 15년 정도가 원(元)이고, 다음 15년은 형(亨)이고, 그 다음 15년은 이(利)이고, 마지막 15년은 정(貞)으로 본다. 그래서 원형(元亨)의 운이 길(吉)하면 앞의 반평생이 길(吉)하고, 이정(利貞)의 운이 길(吉)하면 뒤의 반평생이 길(吉)하다고 보면 된다. 이러한 것이 모두 생생불식(生生不息) 순환하는 정원(貞元)의 도(道)이다. 정원(貞元)의 묘(妙)는 절처봉생(絕處逢生)에 대한 이치뿐만 아니라 북방이 극(極)에 이르면 동방이 온다는 북진동래(北盡東來)의 의미와도 통한다. 사람의 수명이 끝난다고 해도 죽은 후의 운이 좋은 곳으로 간다면 그 집안은 다시 일어나지만, 반대로 운이 좋지 않은 곳으로 간다면 그 집안은 반드시 쇠퇴하게 된다. 대체로 부(父)를 정(貞)으로 삼고 자(子)를 원(元)으로 삼으니, 정(貞)의 아래에서 다시 원(元)을 일으키는 생생불식(生生不息)의 기틀이 이루어지는 것이다. 이러한 내용을 기록하는 이유는 부(父)의 수명이 얼마나 되는지를 알게 하고자 하는 것이 아니고, 죽은 후에도 천하만세(天下萬世)를 이어 운수(運數)는 피할 수 없다는 것을 알게 하려는 것이니 학자들은 모두 명심해야 할 것이다.

貞元之理. 河洛圖書之旨也. 河洛圖書之旨. 卽先後天卦位之易也. 先
天之卦. 乾南坤北. 故西北多山. 崑崙爲山之祖. 東南多水. 大海爲水之
歸. 是以水從山出. 山見水止. 夫九河瀉地. 極汪洋澎湃之勢. 溯其源.
皆星宿也. 夫五岳插天. 極崇隆峻險之形. 窮其本. 皆崑崙也. 惟人有祖
父亦然. 雖支分派衍. 莫不皆出于一脈.

정원(貞元)의 이치는 하도(河圖)와 낙서(洛書)에서 나온다. 하도와 낙
서에 의하면 선천괘와 후천괘의 위치가 바뀌게 된다. 선천괘에서는
건(乾)이 남쪽이고 곤(坤)은 북쪽이 된다. 따라서 서북에는 산이 많으
므로 곤륜이 산의 조종이 되고, 동남은 水가 많으므로 대해가 水의
귀착지가 된다. 水는 산(山)으로부터 나오고, 산(山)은 水를 만나면 멈
춘다. 구하(九河)가 흘러내려 개펄에 다다르면 왕양(汪洋)하게 되는
네, 그 근원(根源)을 거슬러 올라가 보면 모두 성숙(星宿)에 이른다.
오악(五岳)은 하늘을 찌르며 높이 솟아 험준한 형상을 이루는데 그
근본(根本)은 모두 곤륜산(崑崙山)이다. 사람도 마찬가지로 비록 가
지가 나뉘고 줄기가 퍼져 나갔다 하더라도 모두 한줄기 조부(祖父)에
서 나오지 않음이 없다.

故一陰生于坤之初 一陽生于乾之始. 所以離爲日體 坎爲月體. 而貞元
之理 原于納甲 納甲之象 出于八卦. 故父乾而母坤, 震爲長男, 繼乾
父之體 因坤母之兆, 故太陰自每月廿八至初二 盡魄純黑而爲坤象

坤者 猶貞之意也. 初三光明三分 一陽初生 震之象也. 震者 元之兆也. 初八上弦 光明六分 兌之象也. 兌者 猶亨之理也. 十八日 月盈而虧缺 三分 巽之象也, 猶利之義也. 是以貞元之道 循環之理, 盛極而衰 否 極而泰, 亦此意也.

일음(一陰)은 곤(坤)에서 생기고, 일양(一陽)은 건(乾)에서 생긴다. 이 때문에 이(離)는 태양의 체(體)가 되고, 감(坎)은 달의 체(體)가 된다. 정원(貞元)의 이치는 납갑(納甲)에 근원을 두고 있는데, 납갑(納甲)의 상(象)은 팔괘(八卦)에서 나왔다. 건(乾)은 부(父)가 되고 곤(坤)은 모(母)가 된다. 진(震)은 장남(長男)으로 건부(乾父)를 계승하고 곤모(坤母)를 이어 받는다. 태음(太陰)은 매월 28일부터 초이틀까지로 백(白)이 다하고 순흑(純黑)이 되어 곤(坤)의 상(象)을 이루는데, 곤(坤)은 정(貞)의 의미와 같다. 초사흘은 광명(光明)의 삼분(三分)으로 일양(一陽)이 처음 생기는 진(震)의 상(象)이 되고, 진(震)은 원(元)의 조짐이 된다. 초파일은 상현(上弦)이니 광명(光明)의 육분(六分)으로 태(兌)의 상(象)이 되는데, 태(兌)는 형(亨)의 이치와 같다. 18일은 달이 찼다가 삼분(三分)이 떨어져 나가는 손(巽)의 상(象)이니 이(利)의 뜻과 같다. 이처럼 정원(貞元)의 도(道)는 순환의 이치를 말함이니 성(盛)이 극(極)이 이르면 쇠하고 비(否)가 극(極)에 이르면 태(泰)하게 된다.

觀此章之旨 不特人生在世 運吉者昌 運凶者敗. 至於壽終之後 而行運 仍在, 觀其運之吉凶, 而可知其子孫之興替. 故其人旣終之後 而其

家興旺者, 身後運必吉也, 其家衰敗者 身後運必凶也. 此論雖造化
有定, 而數之不可逃 爲人子者不可不知考之年而善繼述之. 若考之
身後運吉 自可承先啓後, 如考之身後運凶 亦可安分經營 挽回造化.
若祖宗富貴 自詩書中來, 子孫享富貴 即棄詩書者. 若祖宗家業 自勤
儉中來, 子孫享家業 即忘勤儉者, 是割扶桑之幹 而接于文梓 未有
不槁者. 決渭河之水 而入于涇川 鮮有不濁者 何也 其本源各自不相附
耳 學者當深思之.

이 장(章)의 뜻을 살펴보면 살아 있는 동안에 운이 길(吉)하면 번창하
고 운이 흉(凶)하면 패망한다는 것이다. 그러나 수(壽)가 끝난 뒤에도
행운은 여전히 존재하므로 그 운의 길흉을 보면 자손의 흥쇠(興衰)를
알 수 있다. 그러므로 사람이 죽고 난 뒤에 그 집안이 흥왕(興旺)하면
죽은 뒤의 운이 길(吉)한 것이고, 그 집안이 쇠패(衰敗)하면 죽은 뒤의
운이 흉(凶)한 것이다. 이러한 논리는 자연의 조화(造化)가 이미 정해
져 있어서 운수(運數)는 피할 수 없을지라도 자식들이 돌아가신 부친
의 나이를 몰라서는 안 되고, 그의 뜻을 잘 계승해 나가야 한다는 것
이다. 만일 선친(先親)의 운이 사후(死後)에 길(吉)하다면 선친(先親)
이 시작한 일을 잘 계승해야 할 것이고, 선친(先親)의 운이 사후(死後)
에 흉(凶)하다면 성실하게 노력하며 조화(造化)를 회복해야 할 것이
다. 만일 선친(先親)의 부귀가 시서(詩書)에 기반을 두었을 때 자손이
부귀만 누리고 시서(詩書)를 소홀히 한다거나, 만일 선친(先親)의 가
업(家業)이 근검(勤儉)으로부터 이루어졌을 때 자손이 가업(家業)만을

누리고 근검(勤儉)을 실천하지 않으면 그것은 뽕나무 줄기를 가래나무에 접목한 것과 같아서 결국 말라 죽게 될 것이다. 위하수(渭河水)의 물이 경천(涇川)으로 가면 탁해지는 것도 그 본원(本源)이 서로 부합되지 않기 때문이니 학자들은 이것을 깊이 생각해야 한다.

나이스 주

⊙원형이정(元亨利貞)은 『주역(周易)』에서 말하는 천도(天道)의 네 가지 덕(德)으로 근묘화실(根苗花實)과 비슷한 개념이다. 원(元)은 봄에 속하여 만물의 시초로 인(仁)이 되고, 형(亨)은 여름에 속하는데 만물이 자라나는 시기로 예(禮)가 된다. 이(利)는 가을에 속하고 만물이 이루어지는 시기로 의(義)가 되고, 정(貞)은 겨울에 해당하는데 만물이 거두어지는 때로 지(智)가 된다. 하나의 생이 끝나면 또 다른 생이 시작되고, 새로 생긴 하나의 생이 끝나면 또 다른 생이 시작되는 것이다. 그래서 부(父)를 정(貞)으로 삼고 자(子)를 원(元)으로 삼아, 정(貞) 다음에 다시 원(元)이 반복되는 생생불식(生生不息)의 묘함이 있다.

⊙이처럼 정원(貞元)의 도(道)에는 순환의 이치가 있으니 사람이 세상에 살아있을 때뿐만 아니라 수명(壽命)이 끝난 뒤에도 운의 흐름은 여전히 계속된다. 그래서 운의 흐름을 통해서 자손의 흥망성쇠(興亡盛衰)도 대략 짐작할 수 있는 것이다. 그러므로 죽고 난 뒤에 그 집안이 흥왕(興旺)하면 죽은

뒤의 운이 길(吉)한 것이고, 그 집안이 쇠패(衰敗)하면 죽은 뒤의 운이 흉
(凶)하다고 보면 된다.

◎이러한 논리가 있으니 만일 부(父)의 사후(死後)의 운이 길(吉)하면 자식은
선친(先親)이 시작한 일들을 잘 계승해야 하고, 부(父)의 사후(死後)의 운이
흉(凶)하면 욕심을 버리고 분수를 지키며 안정되게 살도록 노력해야 할 것
이다.

◎원형이정(元亨利貞)은 사계절의 순환처럼 반복된다. 너무나도 당연한 이
러한 이치를 대부분의 사람들은 잊고 산다.

시주(時柱)	일주(日柱)	월주(月柱)	년주(年柱)
자식에게 생극(生剋)을 하는 기간		부모에게 생극(生剋)을 받는 기간	
지구의 자전과 관계가 있다		지구의 공전과 관계가 있다	
정(貞)	이(利)	형(亨)	원(元)
실(實)	화(花)	묘(苗)	근(根)
밤	저녁	낮	아침
겨울	가을	여름	봄
자식	배우자	부모, 형제	조상, 부모
노년 시절	중년 시절	청년 시절	어린 시절
미래	현재	과거	대과거

부록

ㄱ

가미(佳美) 좋다. 아름다운 것

가부(歌賦) 시가(詩歌), 운문(韻文)

가분언지(可分言之) 나누어서 말하다

가사(假使) 가령

가성(家聲) 가문의 명성

가순불가역(可順不可逆) 순(順)은 가(可)하지만 역은 불가(不可)하다

가신난진(假神亂眞) 가신(假神)이 진신(眞神)을 어지럽힘

가실(家室) 가족, 식구, 가정, 아내

가애(可愛) 사랑스러움

가어(駕馭) 제어

가여(假如) 만약, 가령

가연(加捐) 돈을 내고 벼슬함

가외(可畏) 두려워할 만함, 가히 두렵다

가우(佳偶) 좋은 짝

가위(可謂) 그야말로, ~라고 말할 수 있다

가이(加以) 게다가, 할 수 있다

가지(可知) 가히 알 수 있다, 알만함

가춘가추(可春可秋) 봄, 여름만이 아닌 일년 내내

가혼(可混) 섞여도 괜찮다. 혼잡해도 괜찮다

각(角) 모서리, 구석

각(却) 오히려, 예상과 달리, 도리어, 뜻밖에

각고(刻苦) 몹시 애쓰다

각무(却無) 오히려 없다

각박(刻薄) 모나고 인색함

각진(角軫) 모퉁이

간난(艱難) 힘들고 고생, 어려움

간난험조(艱難險阻) 세상살이가 몹시 힘들고 험난함

간두(干頭) 천간

간절(懇切) 지성스럽고 절실함

간탐(奸貪) 간사하고 탐욕스러움

감반(減半) 절반으로 줄다

감소(感召) 감동, 감응

감질(疳疾) 비위의 장애로 몸이 여위는 병(病)

감폐온(甘敝縕) 누더기 옷 한 벌도 달게 여기다

갑방(甲榜) 과거 급제

갑제(甲第) 장원급제, 가장 높은 과거(科擧)

강개(慷慨) 낭낭한 기개(氣槪), 의롭지 못한 것을 보고 분개

강개호시(慷慨好施) 기개가 있고 베풀기를 좋아함

강과(强寡) 강한 것이 적다

강약지성(强弱之性) 강하고 약한 성질

강요(强拗) 강하고 비뚤어지다

강유(剛柔) 굳셈과 부드러움

강유상제(剛柔相濟) 강(剛)과 유(柔)가 서로 조화를 이룸

강의(剛毅) 굳건하고 굴하지 않음

강정(剛正) 강직하고 방정함

강종(强宗) 호족, 돈과 세력이 있는 가문

강중(强衆) 강한 무리

강중적과(强衆敵寡) 강한 무리가 적은 것을 대적함

강중지덕(剛中之德) 강(剛)함 속에 덕(德)이 있다

강직(降職) 직위가 낮아짐

강포(强暴) 난폭하다

개(蓋) 대개, 아마도, 뚜껑, 덮개

개고 지지의 형이나 충 등으로 지장간이 열리는 것, 속마음이 드러난 것

개두(蓋頭) 천간이 지지를 극함, 천간이 지지를 덮는다

개벽(開闢) 새로운 시대가 열림, 세상이 어지럽게 뒤집힘, 새로 시작

개시(皆是) 모두 이것이다

개위(皆謂) 모두 일컬어

개이(皆以) 모두

개정(概定) 대략 정하다.

개충(介蟲) 비늘이 없고 살이 드러난 벌레나 짐승, 나충(裸蟲)

객신(客神) 운에서 오는 간지(干支)

갱묘(更妙) 더욱 묘하게도

갱수(更須) 반드시

갱심(更甚) 더욱 심한 근심

갱유(更有) 다시

갱혐(更嫌) 더욱 싫은 것은

거기(居奇) 기이한 재화를 쌓아두고 값이 오를 때 파는 것

거기지리(居奇之利) 장사, 투기, 매점(買占), 매석(賣惜)으로 이익을 봄

거다(居多) 다수를 차지하다

거류서배(去留舒配) 없애거나 남기거나 하는 것을 잘 배합(配合)

거만(鉅萬) 큰 부자

거수(居首) 과거에 1등 = 거갑(居甲)

거심(居心) 마음 씀씀이

거어향(擧於鄕) 향시(鄕試)에 통과함, 고향에서 천거 받음

거인(擧人) 향시(鄕試)에 합격한 사람

거진(去盡) 완전히 제거하다.

거탁유청(去濁有淸) 탁한 것은 가고 청한 것은 머무르다

건록(建祿) 월에 있는 록

건순(健順) 강건하고 유순하다

건유(建柔) 튼튼하고 부드러움

걸개(乞丐) 거지

검극(劍戟) 칼과 창

겁(刼) 겁탈하다.

겁(劫) 빼앗다. 위협하다

격(隔) 가로막다

격(激) 충격

격신(擊神) 상극(相剋)하는 천간

격절(隔絶) 중간에 막히고 끊김, 사이가 떨어져서 차단됨

견화(見火) 巳午未월 출생

결(缺) 공석인 벼슬자리

결일(缺一) 하나가 없어도

겸공(謙恭) 겸손하고 공손하다

겸자(兼資) 겸하여 갖추다

겸지(兼之) 게다가

경(境) 지경, 형편

경가(傾家) 가산(家産)을 모두 탕진함. 가세(家勢)가 기울다

경개(耿介) 바르고 곧다

경경척영(榮榮隻影) 외롭고 외로운 그림자

경관(京官) 중앙관청의 관리

경년(經年) 해가 지나서

경단(輕斷) 경솔하게 판단

경림(瓊林) 진사(進士) 급제자를 위해 잔치를
베풀던 곳

경림연(瓊林宴) 왕이 베푸는 진사 합격자 연회
(宴會)

경성경운(景星慶雲) 빛나는 별, 상서로운 구름

경수(競秀) 빼어남을 겨루다

경연(竟然) 의외로

경우(境遇) 사리나 도리, 상황

경조(輕佻) 말이나 행동이 가볍다. 경박함

계기(繼起) 계속 일어남, 연달아 일어남

계동(季冬) 늦겨울, 丑월

계설(界說) 어떤 사물의 본질이나 특성을 명백
하게 밝힘

계이(繼而) 뒤이어

계적(桂籍) 진사(과거) 급제자 명부

계추(季秋) 늦가을, 戌월

계춘(季春) 늦봄, 辰월

계하(季夏) 늦여름, 未월

계화향(桂花香) 과거에 급제하면 계수나무를
꽂아줌

고(故) 그러므로

고(考) 돌아가신 부친

고(枯) 마르다. 야위다. 팔자에 水가 없거나 매
우 적을 때

고고(枯槁) 메말라 시들다. 신세 따위가 형편없
게 됨

고고(孤苦) 외롭고 고달픔, 외로움과 가난

고고무의(孤苦無依) 외로움과 고달픔에 의지할
곳이 없다

고괴(古怪) 괴이함

고도(古道) 옛 가르침, 옛 도리

고력용공(苦力傭工) 고된 노동자 생활

고반월계(高攀月桂) 월계수를 잡고 높이 올랐
다. 장원급제

고봉(誥封) 황제가 벼슬아치 부인에게 내린 작
호를 부여하는 것

고부(枯浮) 시들고 떠 있다

고빈일신(孤貧一身) 외로움과 가난이 한몸

고사(枯槎) 마른 나무, 말라죽은 나무 그루터기

고산북두(高山北斗) 높은 산과 북두칠성

고수(苦守) 애써 지키다

고식(姑息) 당장에는 탈이 없고 편안함. 제멋대
로 둠

고식(古式) 임시변통에 능함, 옛날의 방식

고약(枯弱) 고(枯)는 뿌리가 없거나 썩은 것, 약
(弱)은 뿌리가 있으나 약한 것

고유(故有) 원래부터

고이(故以) ~이기 때문이다

고지(故知) 그러므로 알아야 할 것은

고지(庫地) 辰戌丑未, 묘지(墓地)

고창(鼓脹) 배가 붓는 병

고학(枯涸) 마르고 증발함

곡(曲) 변화

곤간(坤艮) 未土와 丑土

곤륜(崑崙) 서쪽에 있는 산으로 황하(黃河)의
발원지

곤륜산(崑崙山) 옥(玉)이 나오는 중국의 전설

속의 높은 산

곤방(坤方) 동남(東南) 방향

곤원(坤元) 지구, 땅

공과(功過) 공로와 과실

공생(貢生) 제후가 중앙에 천거한 재능 있는 선비

공인(恭人) 사품 문무관의 모친이나 부인의 봉호(封號)

공자(孔子) 귀공자

공합(拱合) 삼합에서 가운데 글자가 없는 합

공합지정(拱合之情) 합이 되는 정(情)

과(果) 결과, 나무의 열매

과(過) 우월하다

과(寡) 적은 것

과갑(科甲) 과거 급제

과갑연등(科甲聯登) 전시에 잇달아 합격함

과거 삼원(三元) 향시(鄕試), 회시(會試), 전시(殿試)

과결(果決) 과감한 결단

과능(果能) 만약 ~하기만 한다면

과목불망(過目不忘) 한 번 본 것은 잊지 않음

과목성송(過目成誦) 눈으로 지나가면서 외우다. 한 번 보면 외우다

과인(過人) 보통사람보다 뛰어남

과제(科第) 과거 급제

과조(跨灶) 자식이 아버지를 능가

과질(瓜瓞) 큰 오이와 작은 오이, 주렁주렁 열린다는 의미

과질무강(瓜瓞無疆) 자손이 끊임없이 이어지다

과질연경(瓜瓞衍慶) 자손이 끝없이 이어지는 경사

관(寬) 너그럽다. 관대함

관가(官家) 벼슬하는 집안, 관리의 집안

관고(管庫) 나라의 서고(書庫)

관고(筦庫) 창고 관리직

관굉(寬宏) 크다

관국지광(觀國之光) 나라의 빛남을 봄, 벼슬길로 나감

관도(官途) 벼슬길

관두(關頭) 어떤 일의 결정적인 작용을 하는 시기나 전환점, 중요한 기로

관불기(官不起) 관성이 일어나지 못함

관살(關煞) 재앙

관성불기(官星不起) 관(官)이 투출했는데 무근(無根)하다

관쇄(關鎖) 자물쇠

관어(關於) 관계하여

관인쌍청(官印雙淸) 관성과 인성이 함께 맑다

관절(關切) 정이 두텁다

관천(觀天) 하늘의 이치를 살펴 봄

관취(管取) 반드시

관해(官海) 관리들의 사회

관회(關會) 서로 얽히고 연결됨

관후(寬厚) 너그럽고 후하다

광맹(狂猛) 미쳐서 사납다

광부(匡扶) 도와주다

광전유후(光前裕後) 조상을 빛내고 후손을 유복하게 하다

광창강건(光昌剛健) 광명 창대하고 강건함

광하(廣廈) 크고 넓은 집

광형(光亨) 빛나고 형통(亨通)

광형지상(光亨之象) 빛나고 형통한 상(象)

광휘(光輝) 빛나다

괘오(詿誤) 잘못에 연루됨, 관리가 징계를 당함

괘오낙직(詿誤落職) 잘못에 연루되어 파직당함

괴려(乖戾) 사리에 어긋남

괴역(乖逆) 배반함, 반역함, 어긋나고 거스름. 괴팍

괴위(乖違) 어긋남

괴인(壞印) 인성을 깨다

괴장(乖張) 사리에 어긋남, 성질이 비뚤어지다

교가(交加) 겹치다.

교구(交媾) 음양이 교합(交合)함. 성교(性交), 중혼(重婚)

교긍(驕矜) 교만하고 자신감이 넘침

교습(敎習) 관학의 교원

교야(嬌冶) 아름답게 치장하다

교오(驕傲) 교만하고 오만함

교유(交遊) 교제하다, 사귀어 놀고 왕래하다

교전(交戰) 음양이 서로 부딪쳐 싸움

교성(郊埠) 성 외곽의 성사

교정(矯情) 억눌려 드러나지 않은 감정, 억지 부리다

교정입이(矯情立異) 진정한 뜻은 숨기고 다른 것을 보이게 하다. 처세를 잘하다

교차재배(巧借栽培) 교묘하게 끌어와 재배 관계를 이룸, 공교롭게 기대어 북돋운다

교첨(驕諂) 교만하고 아첨함

구(構) 세우다. 짓다

구(苟) 진실로, 적어도, 만일

구가(舊家) 그 지방에서 오래 살아 명망이 있는 집안. 세가(世家)

구거(溝渠) 도랑

구걸도일(求乞度日) 구걸하며 살아가다

구경(究竟) 궁극적으로, 결국은, 마침내

구니(拘泥) 필요 이상으로 얽매임

구문려(構門閭) : 대문을 세우다. 원국의 오행이 강하다

구사(毆死) 때려죽이다

구사일생(九死一生) 아홉은 죽고 하나는 살아난다

구속(究屬) 결국

구시심비(口是心非) 말로는 옳다 하고 속으로는 비난함

구전(俱全) 모두 갖추다.

구족(俱足) 모두 다 함께 갖추다

구하(九夏) 여름철(90일)

구하(九河) 중국에서 가장 큰 아홉 개의 강(江)

구합(苟合) 남의 비위를 맞추다. 간통하다

군뢰신생(君賴臣生) 임금이 신하에게 의존함, 군신(君臣)은 관살과 재성

군불가항(君不可抗) 임금에게 대들어서는 안 된다. 관살에 대드는 비겁을 말함

군비쟁재(群比爭財) 비겁의 무리가 재(財)를 놓고 쟁탈

군상(君象) 임금의 상(象)

군성신쇠(君盛臣衰) 임금은 왕성하고 신하는 쇠약하다

군신(君臣) 관살과 재성

군신양성(君臣兩盛) 임금과 신하가 모두 성(盛)하다

군영(群英) 뛰어난 많은 인물들

군채(裙釵) 일간과 합하는 월간의 음간, 치마와 비녀, 아녀자

굴기(崛起) 우뚝 세우다

굴지운창(屈志芸窗) 학문을 이루지 못함

궁극(窮極) 지극한

궁달(窮達) 곤궁와 영달

궁장(宮牆) 궁궐의 담장, 궁궐, 사문(師門), 국자감

궁통(窮通) 빈곤과 현달, 길흉

권모(權謀) 남을 속일 목적으로 쓰는 술책

권변(權變) 일의 형편에 따라 처리하는 능력

권봉(拳棒) 무술

권상(權相) 탐관오리

권재일인(權在一人) 권력이 일인에게 있다. 일행득기격(一行得氣格)

권형(權衡) 병권(兵權), 사법권, 저울의 균형

궤휼(詭譎) 교묘한 속임수

귀고(歸庫) 묘고(墓庫)

귀록(歸祿) 시에 있는 록

귀반진사(歸班進士) 벼슬에 나가지 못한 진사(進士)

귀원(歸元) 자기 집으로 돌아감, 죽음

귀원(歸垣) 제자리로 돌아감, 같은 오행으로 돌아감

귀전(歸田) 고향으로 돌아감

귀현(貴顯) 벼슬이나 명성이 높아 유명함

규(刲) 찌르다.

규구(規矩) 이치, 법칙, 법도, 규구준승(規矩準繩)

규문(閨門) 부인의 방, 규중(閨中)

규양해우(刲羊解牛) 지지에 있는 丑土와 未土를 제(制)할 수 있음

규위(閨幃) 규방의 장막

규유(閨帷) 규방(閨房)

규훈(閨訓) 규방의 가르침, 가정교육

균정(均停) 균형을 이룸

극기이인(克己利人) 나를 누르고 타인을 이롭게 하다

극설교가(剋洩交加) 극하고 설기하는 것이 겹쳐 있다

극설병현(剋洩竝見) 극(剋)과 설(洩)이 동시에 나타남

극성지물(極盛之物) 성함이 극에 달한 물(物)

극위(棘闈) 과거 합격, 과거 시험장의 가시담장

극위주첩(棘闈奏捷) 무과(武科)에 합격하다. (가시나무 울타리가 쳐짐)

극지(剋地) 관살(官殺)

극진(剋盡) 극(剋)하여 다 없어짐, 상진(傷盡), 극해서 없앰

극품(極品) 최고의 관직

극해(克諧) 조화를 이루다

극회추봉(極會趨逢) 따라다니고 만나는 것에 극히 능숙하다

근반(芹泮) 학교의 선생, 반궁(泮宮), 태학(太學)

근발(根拔) 뿌리가 뽑힘

근재묘선(根在苗先) 뿌리가 싹보다 우선함. 원국(原局)이 행운(行運)보다 우선함

근지(根枝) 자녀

근칙(謹飭) 삼가고 조심하다.

근향조채(芹香早採) 일찍 입학, 조채근향(朝採芹香)

금곡(金谷) 황금의 골짜기, 호화스런 생활

금다금광(金多金光) 金이 많을 때는 金이 빛난다

금다수약(金多水弱) 金이 많아 水가 약해지다

금당(琴堂) 현감(縣監), 현령(縣令), 거문고 타

는 마루

금련(金蓮) 금련화거(金蓮華炬)의 준말, 천자가 신하를 예우함

금마(金馬) 금빛 말, 훌륭한 인재

금쇄(金鎖) 월의 지지를 충(沖)하는 것으로 흉살이다

금왕수탁(金旺水濁) 金이 많아 水가 탁함 = 금다수탁(金多水濁)

금우자기(琴遇子期) 백아의 거문고 소리가 종자기를 만나다

금천지기(黔天之氣) 황색 하늘 기운

금회광달(襟懷曠達) 마음속에 포부가 있고 마음이 활달하다

급류용퇴(急流勇退) 관직에서 결단성 있게 물러남

급제화(及第花) 살구꽃, 급제한 사람이 모이는 곳에 살구꽃이 있었다. 행원(杏苑)

급조(急燥) 조급하다.

기(氣) 세설

기(機) 기능

기(忌) 두려움

기(幾) 몇 가지, 주로 열 개 이하의 수(數)

기(豈) 어찌

기(欺) 업신여기다.

기(旣) 이미, 처음부터

기가(豈可) 어찌

기가홀제(其可忽諸) 어찌 소홀히 할 수 있겠는가?

기가홀호(豈可忽乎) 어찌 소홀히 할 수 있겠는가?

기각(氣却) 기세가 막히다

기거(寄居) : 얹혀살다

기격이국(奇格異局) 기이한 격(格)과 이상한 국(局)

기괄(機括) 이루고 있는 작용, 가장 중요한 작용

기구(崎嶇) 순조롭지 못하고 어려움, 가파르고 험난함

기권(機權) 권세의 기미, 기략(機略)과 권도(權道)

기극지세(旣極之勢) 이미 극(極)에 달한 세력

기도(起倒) 일어서고 쓰러짐, 기복(起伏)이 심함

기도만상(起倒萬狀) 일어나고 엎어짐이 가지가지

기등(幾等) 몇 등급

기마(騎馬) 말을 타다

기명종살(棄命從殺) 신약하여 명(命)을 버리고 살(殺)에 종한다

기반(羈絆) 합으로 묶여 제 역할을 못함

기벽(氣闢) 기(氣)가 열려 있다

기불통재(豈不痛哉) 어찌 분통이 터지지 않겠는까?

기비(豈非) 어찌

기생(旣生) 낳은 후에

기세유장(氣勢悠長) 기세가 길다

기수(氣數) 운명(運命), 운수

기습(氣習) 풍속과 습관

기시(幾時) 언제　**기**(幾) : 10 이하의 확실치 않은 숫자

기실(其實) 실제로는

기여방차(其餘倣此) 나머지도 이와 같다

기요(其要) 그 중요한 것

기우(奇遇) 기이한 인연으로 만남

기이(奇異) 기이하고 이상한

기인취재(棄印取財) 인성을 버리고 재(財)를 취한다

기저공포(機杼空抛) 문장을 짓는 궁리가 헛되다. 시문에 재능이 있으나 포기하다

기전(氣專) 기(氣)가 오롯함

기제(旣濟) 만사(萬事)가 잘되어 감

기탁신고(氣濁神枯) 기(氣)는 탁하고 정신은 메말랐다

기파(奇葩) 기이한 꽃, 기이한 화초(花草)

기한(飢寒) 배고픔과 추위

기함(機緘) 천지자연의 조화(造化), 사물을 생성하고 변화시키는 대자연의 힘

긴극(緊剋) 옆에 붙어서 극하다

긴첩(緊貼) 바짝 붙어 있음

ㄴ

낙두저(落頭疽) 악성 종기

낙락난합(落落難合) 뜻이 높고 커서 다른 사람과 어울리지 못함

낙백(落魄) 실의에 빠지다. 넋을 잃다

낙직(落職) 면직(免職), 직무에서 물러남

난계(蘭桂) 난초와 계수나무, 자손

난명(難明) 명확히 할 수 없다

난변(難辨) 구분하기 어렵다

난사(亂辭) 표현하기 힘들다

난초혹불초(難招或不肖) 어려움을 초래하거나 불초한다

남궁(南宮) 예조(禮曹), 예부(禮部)

납(納) 설기(洩氣)

납갑(納甲) 64괘에 천간과 지지를 붙여 해석하는 것

납속(納粟) 곡식을 바치고 벼슬을 사거나 신분을 상승시킴

납수(納水) 물을 거두어 들임

납연(納捐) 기부 채납, 돈을 내고 벼슬하다

낭묘(廊廟) 조정(朝廷)

낭서(郎署) 관직명

내간(內間) 간첩

내능(乃能) 능히

내방외원(內方外圓) 안으로 반듯하고 밖으로 원만하다. 내부는 사각형 밖은 원형

냉수(冷嗽) 냉기침, 찬기침

노록(勞碌) 고생하다

노이익장(老而益壯) 노익장(老益壯)

녹록(碌碌) 보잘 것 없음, 평범

녹록인(碌碌人) 평생 고초가 많은 사람

녹록종신(碌碌終身) 하잘 것 없이 평생을 보내다

녹록풍상(碌碌風霜) 고생하며 겪었던 고생, 풍상을 많이 겪음

녹명연(鹿鳴宴) 주현의 장관이 향시 합격자에게 베푸는 잔치

녹위(祿位) 봉록과 관직

논부작(論不作) 논하지 않는다

농외(聾聵) 귀머거리, 어리석고 무지한 사람

누악(陋惡) 누추하고 악하다

누차(屢次) 여러 차례, 여러 번

눈목(嫩木) 어린 나무. 寅月(인월)의 甲木

늠공(廩貢) 시험에 합격하여 식량을 지원 받는 보름(補廩) 중에서 가장 우수 학생

늠름(凜凜) 의젓하고 당당함

늠생(廩生) 관(官)에서 급식을 제공받는 생원(生員), 생원의 첫째 등급

능무(能無) ~이 아닐 수 있겠는가?

능운(凌雲) 세속을 떠나 고상하게 살려는 것

능지(能知) 능히 알다. 알면

닐(昵) 친하다. 친숙하다

다단(多端) 많다. 가지각색

다의(多疑) 의심이 많다

단(但) 다만, 부질없이, 그러나

단문(端門) 궁궐의 남문, 午를 지칭하는 말

단방(端方) 단정(端正), 단정하다. 얌전하고 바르다

단사(彖辭) 각 괘의 총론

단사(端邪) 단정함과 사악함

단수(但須) 다만 ~만 하면

단예(端倪) 일의 처음과 끝, 사물의 처음과 끝을 추측함

단응(端凝) 장중하다.

단장(端壯) 단정하고 가지런함

단지(丹墀) 궁궐, 궁정(宮廷), 궁중의 섬돌이 붉은색

단천지기(丹天之氣) 붉은 하늘 기운

단표(簞瓢) 청빈하고 가난한 삶, 단표누항(簞瓢陋巷)

담수(痰嗽) 가래, 기침

담화(痰火) 담이나 가래가 나오는 병, 천식(喘息)

당(當) 마땅히

당(倘) 만약

당관(攩官) 관(官)에 맞섬

당권(當權) 승권(乘權), 당령(當令), 득시(得時), 득령(得令), 병령(秉令)

당두(當頭) 가까이 있음, 머리(천간)에 있다. 천간, 맨 앞에 나섬, 회극(回剋)

당사(倘使) 만약

당체(棠棣) 형제의 정(情)

당파연루(撞破煙樓) 경쟁자를 물리치고, 아비보다 훌륭한 자식

대각(臺閣) 중앙 관청, 조정(朝廷), 지위가 높은 관리

대괴(大魁) 장원급제(壯元及第)

대괴천하(大魁天下) 전시(殿試)에서의 장원급제

대금지수(帶金之水) 金을 대동한 水

대도(大都) 대체로

대도(大挑) 향시에 합격하고 회시에 합격한 자 중 상위를 골라 지현(知縣)에 임명

대례(大禮) 대의

대률(大率) 대체로

대방(大邦) 큰 나라, 대국(大國)

대범(大凡) 무릇, 대체로, 대개

대성(臺省) 당대의 주서성, 문하성, 상서성의 총칭, 사헌부와 사간원

대세(大勢) 큰 상황

대수지금(帶水之金) 水를 동반한 金

대수지토(帶水之土) 水를 동반한 土

대순지풍(大順之風) 강한 일간이 식상으로 설기되는 것, 순조로운 바람

대용(大用) 큰 벼슬에 등용됨, 크게 쓰임

대지(大志) 마음에 품은 큰 뜻

대천리지(戴天履地) : 하늘을 이고 땅을 밟고, 세상사(世上事), 하늘과 땅 사이

대토지금(帶土之金) 土를 대동한 火

대피(大被) 큰 이불

대화지토(帶火之土) 火를 대동한 土

대화토(帶火土) 火를 대동한 土

대환(大患) 큰 근심

덕(德) 만물을 화육(化育)하는 작용

도(叨) 탐내다, 함부로, 은혜를 받다

도노(到老) 늙어 죽을 때까지

도로(徒勞) 헛수고

도리(桃李) 복숭아와 자두, 뛰어난 수재, 문하생, 어진 선비

도사(都司) 한 고을의 군정을 담당하는 관직

도일(度日) 어렵게 세월을 보내다

도저(到底) 결국, 마침내, 철저하다

도주(陶朱) 전국시대의 전설적인 부자

도출(逃出) 달아나다

도판(圖版) 한 나라의 영토, 책에 실린 그림

도필(刀筆) 문서 작성하는 낮은 벼슬

독살승권(獨殺乘權) 하나의 살(殺)이 제강(提綱)에 있을 때

독서미수(讀書未售) 책은 읽었으나 과거에는 급제하지 못함

독성지세(獨成之勢) 홀로 이루어진 세(勢). 홀로 이루고자 하는 기세(氣勢)

독신(瀆神) 맹신

독울(毒鬱) 종기

독자주지(獨自主持) 각자 제 갈 길을 가다

독종(獨鍾) 독특한 특성

독행(篤行) 성실하고 친절한 행위

동계(桐桂) 오동나무와 계수나무

동량지기(棟樑之器) 나라의 그릇이 될 그릇

동류(東流) 동쪽으로 흐르는 강물, 사라져 가서 다시는 돌아올 수 없음을 비유

동면(同眠) 같이 자다

동묘(獞苗) 광서성의 소수민족

동방(洞房) 침실, 신방(新房), 동방화촉(洞房華燭)의 준말

동벽(動闢) 동하여 열림

동아(凍餓) 춥고 배고픔

동아이사(凍餓而死) 굶어서 배고파 죽었다

동일가애(冬日可愛) 겨울의 해가 사랑스럽다

동진춘래(冬盡春來) 겨울이 다 가고 봄이 오다

동포(同胞) 형제자매, 동기

동포쌍생(同胞雙生) 쌍둥이

두속척포(斗粟尺布) 형제간의 불화

두현(頭眩) 머리가 어지럽다, 현기증

둔전(遯邅) 좌절

득(得) 마음대로

득기의(得其宜) 그 마땅함을 얻어야 한다

득기중(得其中) 그 중화를 득함

득룡이운(得龍而運) 辰을 얻으면 그 작용이 강해질 때를 말함

득소(得所) 알맞은 자리를 얻음

득수이청(得水而淸) 庚金이 壬水를 볼 경우

득시(得時) 때를 얻음, 절기를 얻음, 계절에 사령

득용(得用) 용신으로 삼다.

득의(得意) 일이 뜻대로 되다. 적절하다. 마음대로 되다

득진(得眞) 진신(眞神)을 얻음, 참된 경지에 이름

득화이예(得火而銳) 庚金이 丁火를 볼 경우

등과(登科) 향시(鄕試) 또는 회시(會試)에 합격

등라계갑(藤蘿繫甲) 천간에 甲木과 乙木이 있을 때를 말함, 등라(藤蘿)는 乙木

등라송백(藤蘿松柏) 소나무와 잣나무의 덩굴
등륜(等倫) 신분이 같은 무리
등신(騰身) 훌쩍 뛰다

ㄹ

락득(樂得) 기꺼이 즐기다.
란(亂) 희신과 기신이 섞여 있을 때를 말한다
려(戾) 어그러지다. 비뚤어지다
련(煉) 달구다. 굽다
령(寧) 오히려, 편안
로병(癆病) 폐결핵
뢰락(磊落) 공명정대하다. 작은 일에 구애받지
  않는다
뢰불가파(牢不可破) 견고하여 깰 수가 없다
류론(謬論) 잘못된 이론
류망(謬妄) 헛되고 틀린 말
류서(謬書) 잘못된 책, 속서(俗書)
류언(謬言) 잘못된 말
린충(鱗蟲) 비늘이나 등따지를 가진 벌레, 짐승

ㅁ

막불(莫不) 예외없이, 모두, 하지 않는 것이 없다
막불유(莫不由) 의지하지 않고서는
막비(莫非) 아닌게 아니라, 설마 ~란 말인가?
막설(莫說) 말하지 마라. 하던 일을 그만 둠
막여(莫如) ~하는 것만 못하다.
막작(莫作) 짓지 않는다
만경(晩景) 해질 무렵, 만년의 형편, 노년
만물지영(萬物之靈) 만물의 영장
만반(滿盤) 가득 참, 팔자에 많음, 가득 넘침
만법(萬法) 우주의 온갖 법도(法度)

만법종(萬法宗) 모든 법도의 근본
만심만정(瞞心慢情) 마음을 속이고 거만함
만유(萬有) 우주에 존재하는 모든 것, 삼라만상
  (森羅萬象)
만회(挽回) 바로잡아 회복함
말기(末技) 변변치 못한 기술이나 재주
망(亡) 낙직하여 벼슬없이 죽다
망담(妄談) 터무니없이 황당한 말
망무관절(茫無關切) 아득하게 멀어 도와주지
  못함
망생천착(妄生穿鑿) 함부로 억지로 끌어 붙이다
매(每) 매, 늘, 항상
매(邁) 초월하다, 능가하다, 멀리가다
매거(枚擧) 일일이 말함, 일일이 열거함
매등륜(邁等倫) 열심히 공부하다
  등륜(等倫) 많은 책
맹동(孟冬) 초겨울, 亥월
맹렬(猛烈) 매우 강하다. 활활 타다
맹아(萌芽) 어린 싹
맹추(孟秋) 초가을, 申월
맹춘(孟春) 초봄, 寅월
맹하(孟夏) 초여름, 巳월
면강(勉强) 억지로, 강제로
면강지의(勉强之意) 강압적인 의향
면구(免咎) 허물을 면하다
멸자(滅子) 자식을 망치는 것
명격(命格) 명(命)의 격국
명관(名官) 이름과 벼슬
명리(名利) 명예와 이익
명리쌍휘(名利雙輝) 명리(名利)가 쌍으로 빛나
  다. 명리쌍전(名利雙全)

명리양전(名利兩全) 명리가 모두 온전, 명리쌍전(名利雙全)

명변(明辨) 명확하게 구별하다

명산사업(名山事業) 오래도록 전해질 저작(著作)

명월(明月) 辛酉월

명의(明矣) 분명하다.

명지(明支) 지지에 나타난 지장간 정기

명현(明顯) 뚜렷하게 드러나다

명호불여운호(命好不如運好) 명(命)이 좋아도 운(運)이 좋은 것만 못하다

명훈(明訓) 올바른 가르침

모(侮) 업신여기다

모고(母姑) 어머니

모능(模稜) 결단력이 없다. 가부가 없다

모다자병(母多子病) 어머니가 많아 자식이 병(病)이 든다

모미(貌美) 미모(美貌)

모산(耗散) 소모하고 흩어짐

모왕자고(母旺子孤) 모는 왕하고 자식은 외롭다

모자멸자(母慈滅子) 어머니의 자애로움이 지나쳐서 자식을 멸한다

모중자고(母衆子孤) 어머니는 많아도 자식은 외롭다

모질(耄耋) 나이가 들어 늙음, 70~80세

모충(毛蟲) 털이 있는 벌레나 짐승

목견금결(木堅金缺) 木이 견고하여 金이 일그러짐

목눈(木嫩) 木은 어리다

목눈금견(木嫩金堅) 木은 여리고 金은 단단함

목눈기허(木嫩氣虛) 木은 어리고 기(氣)는 허하다

목다금결(木多金缺) 木이 많아서 오히려 金이 일그러짐. 목견금결(木堅金缺)

목다화식(木多火熄) 木이 많아 火가 꺼진다는 뜻 = 목다화색(木多火塞)

목분(木焚) 나무가 타다

목왕금결(木旺金缺) 木이 왕하면 金이 이지러진다

목왕화치(木旺火熾) 木이 왕(旺)하여 火도 치열해진다는 뜻

목우(牧牛) 소치는 일

목조금예(木凋金銳) 나무는 시들고 금은 날카롭다

목화통휘(木火通輝) 木火가 통하여 빛을 발함

몰(歿) 죽다. 끝내다

묘고(墓庫) 辰戌丑未, 묘지

무가(無暇) 틈이나 여유가 없다

무갑(武甲) 무과(武科) 합격, 무과(武科) 과거

무구(無苟) 구차하지 않다

무구(無咎) 허물이 없다

무내하(無奈何) 어쩔 수 없이

무례(無禮) 예의가 없다

무뢰(無賴) 무뢰한, 성품이 불량함

무료(無聊) 심심함, 어울리지 못함, 의지할 곳 없음

무빙(無憑) 증명할 근거가 없음

무상(無常) 일정하게 정해져 있지 않다

무소(無所) 없다

무소귀(無所歸) 의탁할 곳이 없다

무소불위(無所不爲) 못할 것이 없다. 아무 일이나 한다

무애(無礙) 거리낌이 없다. 막힘이 없다. 방해가 되지 않는다

무여(無如) 그렇지만, 아쉽게도
무염(無焰) 불꽃이 없다
무염지화(無焰之火) 불꽃이 없는 火
무왕불시(無往不是) 가는 곳마다 ~이 아닌 것
　이 없다
무우(撫宇) 나라 사랑하는 마음
무유(無有) 없다
무의(無疑) 의심할 여지가 없다
무재(無災) 재앙이 없다
무존(無存) 없다
무출기우(無出其右) 뛰어나서 따를 사람이 없음
무항(無恒) 유지되지 못함, 항심이 없음
문려(門閭) 원국에 있는 오행, 마을 어귀에 있
　는 문(門)
문망(文望) 학문으로 알려진 신망(信望)
문묵(文墨) 시문(詩文), 서화(書畵), 문필(文筆)
문미(門楣) 집안, 창문 위에 댄 나무
문병(文柄) 문관(文官)의 권세
문사(文思) 글에 넘긴 사상, 글의 깊이
문호(門戶) 천문(天門)과 지호(地戶), 월령(月令)
물약이유(勿藥而愈) 약을 쓰지 않고 나음
물위(勿謂) 말하지 말라
물이(勿以) 꺼리는 것은 아니다
미가(微歌) 노래하다
미가(未可) 없었다. 할 수 없다
미경(美景) 좋은 환경
미급(未及) 미치지 못하는
미능(未能) 하지 못했다
미동(未動) 아직 움직이지 않다
미득(未得) 얻지 못했다
미면(未免) 면하지 못하다

미목수려(眉目秀麗) 얼굴이 매우 아름다움
미상(未嘗) ~이라고 말할 수 없다. 일찍이 ~한
　적 없다
미상불(未嘗不) 과연, 아닌 게 아니라
미생(未生) 아직 태어나지 않음
미수(未遂) 이루지 못하다
미위(未爲) 아직 ~은 아니다
미유(未有) 아직 없다
미재(未載) 기재하지 않다. 적지 않다
미족(未足) 넉넉하지 못함
미체(未逮) 미치지 못하다
미혐(微嫌) 조금 싫은 것
민족(閩族) 중국 복건성의 소수 민족

ㅂ

박잡(駁雜) 뒤섞여서 혼잡함
반국(半局) 팔자의 절반
반궁(泮宮) 성균관(成均館), 국학(國學), 국립학
　교, 근궁(芹宮)
반근(盤根) 얽힌 나무뿌리, 튼튼함, 꼬임, 얽힘,
　곤란함
반배(反背) 배반
반복(反覆) 엎치락뒤치락, 목국(木局)에 金, 화국
　(火局)에 水가 있을 때
반생(半生) 반평생, 반생애
반수(泮水) 좋은 학교 입학, 주나라 때 제후의
　학교인 반궁(泮宮) 앞에 파놓은 못
반여(反輿) 오히려
반위(反爲) 도리어
반유(反有) 오히려
반이(反以) 오히려

반주(絆住) 짝과 함께 머무르다

반주류(絆住留) 짝과 함께 머무르다

반차(反此) 이에 반하다. 이와 반대로

반패(反悖) 거스르고 어긋남

발(拔) 지지의 작용이 뽑혀 없어지는 것

발갑(發甲) 전시(殿試)합격, 장원급제, 벼슬을 함

발공(拔貢) 청나라 때 과거에서 지방의 인재를
　　뽑음

발과(發科) 향시(鄕試)와 회시(會試)에 합격. 전
　　시(殿試)에 합격하면 발갑(發甲)

발로(發露) 천간에 투출하다

발방(發榜) 급제자의 방을 붙이다

발영(發榮) 무성함

발월(發越) 발휘

발인궁장(發軔宮牆) 어떤 일을 시작함. 수레가
　　움직이기 시작함

방(方) 비로소, 바야흐로

방가(方可) 그래야 비로소

방국(方局) 방합과 삼합

방능(方能) 비로소 ~하다

방면지임(方面之任) 관찰사(觀察使)

방목(榜目) 과거에 급제한 사람들의 명단을 적
　　은 책

방백(方伯) 관찰사

방부흥가(幇父興家) 아버지를 도와 집안을 일
　　으킴

방신(旁神) 곁에 있는 글자

방신(幇身) 비겁이 일주를 도움

방신호용(幇身護用) 일주(日主)를 방조(幇助)하
　　고 용신을 보호

방안(榜眼) 전시의 갑과에 이등으로 급제한 사람

방위(方爲) 바야흐로

방육(方育) 바르게 기르다

방자(幇子) 비견, 겁재, 양인을 말함

방장지기(方長之氣) 바야흐로 자라나는 기운

방조(幇助) 거들어 도와주다

방퇴지기(方退之氣) 이미 물러나는 기운

방하(榜下) 시험 결과 발표

방화기완(方化其頑) 예리함을 부드럽게 만들다

배록(背祿) 년에 있는 록

배수거신(杯水車薪) 한 잔의 물로 수레의 불을
　　끄다

배수여신(杯水輿薪) 한 잔의 물로 수레의 장작
　　불을 끔

배시(陪侍) 어른이나 지위가 높은 사람을 곁에
　　서 모시다

배식(培植) 재배, 양육하다

배태(胚胎) 잉태(孕胎), 일어날 원인이 잠재됨

백강(白鏹) 돈 꾸러미, 은자

백락(伯樂) 말(馬)을 알아보는 눈이 탁월함, 천
　　마(天馬)를 주관하는 별자리

백랑(白狼) 흰 이리, 상서로운 동물

백설(白雪) 명월(明月), 미인의 유혹

백운(白雲) 癸巳월

번민(煩悶) 마음이 답답하여 괴로움

번얼(藩臬) 제후의 반열, 지방 안찰사, 관직

번연(蕃衍) 번성(繁盛)

번욕(繁縟) 번문욕례(繁文縟禮)의 약어, 규칙이
　　나 예절이 형식적이고 번거로움

범기(犯忌) 금기(禁忌)를 범함

범물(凡物) 하늘과 땅 사이의 모든 물건

범사(犯事) 죄를 짓다

범상(犯上) 윗사람을 범함

범인(範人) 사람의 법도를 헤아리는 것

범탁(泛濁) 범람하여 탁한

벽(闢) 열다, 열리다, 피하다

벽역연(亦然) 또한 그러함

변시(便是) 다를 바 없이, 다른 것이 아니라

변통(變通) 형편에 따라 융통성 있게

병령(秉令) 득령, 월령을 잡다. 당권(當權)

병부(秉賦) 하늘이 부여한 선천적 자질

병서(並逝) 함께 죽다

병성(秉性) 천성

병익(並益) 함께 늘어남

병지(秉持) 계율을 지키다

병진(騈臻) 나란히 들어옴, 함께 모임

병탈정광(丙奪丁光) 丙火가 丁火의 광채를 빼앗아간다

보(輔) 돕다, 보조(輔助)하다

보름(補廩) 주, 현의 학교에서 시험에 합격하여 식량을 지급받던 생원(生員)

보리(步履) 보행

보불(黼黻) 문장의 훌륭함

보편구폐(補偏救弊) 한쪽으로 치우친 것을 바로잡고 병폐를 구제함

보필(輔弼) 윗 사람을 도움, 좌보우필(左輔右弼)

복(卜) 점치다, 선택하다

복수(福壽) 복이 많고 오래 삶

복울(伏鬱) 잠복되어 답답하다. 숨어 있어 우울하다

복이봉생(伏而逢生) 숨어 있으나 생(生)을 만나다

복장(伏藏) 암장(暗藏)

복제(服制) 상복(喪服)을 입다

복제중중(服制重重) 상복을 거듭 입었다

복주(輻輳) 모여들다

본원(本源) 주장이 되는 근원(根源), 가장 근본적인 실체, 강 따위의 근원

봉강(封疆) 성(省)의 민정 병사, 형옥, 군정 등을 담당하는 관직, 제후(諸侯)

봉영(逢迎) 남의 뜻을 맞추어 줌, 아첨

봉친(奉親) 식상이 강한 일간을 설기하는 것, 어버이를 받듦

봉침(鋒砧) 칼날

봉황지(鳳凰池) 재상의 집무실, 대궐의 연못, 중서성(中書省)

부(夫) 무릇, 대저

부건파처(夫健怕妻) 남편이 건왕(健旺)하나 처를 두려워한다는 뜻

부고(府庫) 가장 중요한 것이 갈무리되어 있는 곳집

부단(不但) A 이차(而且) B A뿐만 아니라 B도 ~니나

부단(不端) 단정하지 않다

부단(不但) 뿐만 아니라

부대(不待) ~할 필요가 없다

부대언(不待言) 말할 필요가 없다

부도(覆幬) 은혜를 베풀고 보호함의 비유, 황제가 다스리는 땅, 부도환중(覆幬寰中)

부도(婦道) 아내의 도리

부득불(不得不) 할 수 없이, 부득이(不得已)

부로(浮露) 떠서 드러나다

부배(父輩) 부친대

부범(浮泛) 물에 뜸

부부제미(夫婦齊眉) 부부가 서로 공경하며 해

로함

부상(扶桑) 해가 뜨는 바다에 있다는 신성(神
聖)스러운 상상의 나무, 해뜨는 동쪽

부서(部書) 문서 담당 관직

부속(部屬) 육부(六部)의 관료

부수(赴水) 물에 뛰어들다

부신억살(扶身抑殺) 일주를 돕고 살(殺)을 억제함

부영(敷榮) 초목이 무성함, 꽃이 활짝 핌

부영처귀(夫榮妻貴) 남편은 명예롭고 아내는
귀하다

부옥빈인(富屋貧人) 부잣집의 가난한 사람, 종

부용(芙蓉) 훌륭한 인물

부운(浮雲) 뜬 구름

부위제곤(扶危濟困) 위기에서 구하고 빈곤을
구제하다

부인지인(婦人之仁) 부인네의 하찮은 인정에
이끌림

부작(不作) 하지 않는다

부재(不齋) 가지런하지 않다. 같지 않다

부재(不載) 싣지 않다

부쟁불투(不爭不鬪) 싸우지 않고 질투하지 않
다. 다툼도 시기도 없음

부접(不接) 붙어 있지 않다

부제(不齊) 가지런하지 못함

부제(不第) 급제(及第)는 못함

부좌(不佐) 돕지 않는다

부주(夫主) 남편

부즉(否則) 만약 그렇지 않으면

부지(不知) 알지 못하다

부진(敷陳) 진술하여 아뢰다

부진(不眞) 희신이 손상을 받은 것, 참되지 않다

부처(夫妻) 관살과 재성

부형(腐刑) 생식기를 제거하여 썩게 만드는 형벌

부회(附會) 억지로 가져다 붙이다

북위주첩(北衛奏捷) 향시(鄕試)에 합격

분(奔) 내달리다

분(分) 일각을 10등분한 것. **1각**(刻) 15분 정도

분멸(焚滅) 불타서 없어짐

분명(分明) 틀림없이, 명확히 구분

분발(分發) 파견

분발지기(奮發之機) 양(陽)

분번사목(分藩司牧) 영토를 부여받고 권한을
위임받아 다스림, 제후

분열염상(焚烈炎上) 맹렬히 타오르는 불꽃

분열지세(焚烈之勢) 불타는 맹렬한 기세

분치(奔馳) 분주히 돌아다님, 빨리 달림

분치미우(奔馳未遇) 분주히 돌아다녀도 기회를
잡지 못함

분탈(分奪) 탈취당해 빈명(貧命)이 된다

분형파부(分荊破斧) 이산가족, 형제가 떨어져
서 삶, 가족과 헤어짐

불가(不可) 옳지 않다

불감쟁선(不敢爭先) 감히 앞을 다투지 않는다

불개(不改) 바꾸지 않다

불고(不顧) 돌아보지 않음, 마음에 새기지 않음

불관(不管) 간섭하지 않다. 막론하고, 관계없이

불구(不苟) 소홀하지 않다

불구(不拘) 얽매이지 않음, 거리끼지 않음

불극(不克) 할 수 없다

불급(不及) 미치지 못하다

불능득수(不能得遂) 이룰 수가 없다

불능반근(不能盤根) 뿌리를 내릴 수 없다

불능불(不能不) 하지 않을 수 없다

불능하야(不凌下也) 아랫사람을 깔보지 않다

불려(不戾) 어긋나지 않다. 결점이 없다

불록(不祿) 벼슬아치의 죽음. 관리(官吏)의 죽음

불론(不論) 막론, 상관없이

불리(不離) 벗어날 수 없다. 떨어질 수 없다

불리(不利) 성공하지 못함, 낙방

불면(不免) 면하지 못함

불명불암(不明不暗) 분명치 못함

불미(不美) 좋지 않다

불배(不背) 배신하지 않다

불부(不赴) 나아가지 않다

불부(不敷) 부족하다

불분(不分) 구분되지 않다. 분명하지 않다

불비(不比) 비교가 되지 않는다

불사(不事) 애쓰지 않다. 힘쓰지 않다

불상(不常) 항상함이 없다

불수(不愁) 걱정하지 않음

불수(不受) 받지 않다

불수(不售) 합격하지 못함

불시(不是) 아니다

불식(不息) 제어하지 못함

불실(不失) 잃지 않다

불심(不甚) 그다지 ~ 않다. 심하게 ~않다

불심반패(不甚反悖) 심하게 거스르지 않다

불애(不碍) 장애가 되지 않다

불약(不若) ~만 못하다

불여(不與) 더불어 다투다

불역(不易) 바꾸어 고칠 수 없다

불외(不外) 벗어나지 못함

불외수광(不畏水狂) 水가 날뛰는 것을 두려워

하지 않음

불용(不用) 사용하지 않다

불우(不遇) 때를 만나지 못해 불행

불원상야(不援上也) 윗사람에게 매달리지 않다

불월(不越) 벗어나지 못함, 넘지 못함

불의(不宜) 마땅하지 않다

불이(不以) ~하지 않다

불일(不一) 일치하지 않다

불일이족(不一而足) 하나뿐이 아니다

불임(不任) 감당할 수 없다

불천(不淺) 적지 않다

불초(不肖) 어버이의 자질이나 유업을 이을 만
한 능력이 없음, 어버이만 못함, 불효

불측(不測) 예측하기 어려움

불측지재(不測之災) 예측하기 어려운 재앙(災殃)

불치(不致) ~하게 되지 않다. 불러오지 않다

불치(不治) 고치지 못하다. 다스리지 못하다

불특(不特) 뿐만 아니라, 비단

불파(不怕) 부러워하지 않는다

불패(不悖) 거스름이 없다. 어그러짐이 없다

불편의(不偏倚) 치우침이 없다

불현(不見) 나타나지 않음

불현(不顯) 높은 벼슬이 되지 못함

붕우(朋友) 친구

비경(匪輕) 가볍지 않다

비관(非關) 무관하다

비극이태(否極而泰) 막힘이 극(極)에 달하면 편
안해진다

비단(非但) 다만, 뿐만 아니라

비독(非獨) 다만

비류(匪類) 불량잡배 = 비도(匪徒)

비리불행(非理不行) 도리가 아니면 행하지 않다

비박(卑薄) 낮고 얕음

비비(非比) 비할 수 없다

비세(非細) 작거나 적지 않다

비소(匪小) 작지 않다

비소의(非所宜) 마땅한 바가 아니다

비승(飛昇) 날아오르다

비여(譬如) 마치, 예를 들면

비위(非爲) 아니다

비음(庇蔭) 조상의 음덕

비의(比擬) 견주어 비교함, 빗대어

비의불취(非義不取) 의리가 아니면 취하지 않다

비인(鄙吝) 매우 인색하다

비제(悲啼) 슬피 울다

비지(譬之) 비유하자면

비태(否泰) 막힌 운과 터진 운, 불운과 행운, 길
흉, 화복(禍福)

비호(庇護) 감싸 보호함

빈역천(貧亦賤) 가난하거나 천하다

빈핍(貧乏) 아무것도 없음, 가난함

빙(憑) 의거하다. 기대다

ㅅ

사(瀉) 설기하다. 쏟아 붓다. 흐르게 하다

사과반(思過半) 반 이상을 깨닫다

사권(司權) 사령 당권

사기(邪氣) 요사스럽고 나쁜 기운으로 정기(正
氣)의 반대

사도(仕途) 벼슬길

사령(肆逞) 방자하게 제멋대로 날뜀, 미쳐 날뜀

사로(仕路) 벼슬길

사로지광(仕路之光) 벼슬길의 광영(光榮)

사림(詞林) 시인이나 문인들의 단체, 한림원,
문서 담당 관직

사마(司馬) 한나라의 문장가 이름, 병부상서의
직책

사마지우(司馬之憂) 형제에 대한 근심, 가난하
여 부형(腐刑)을 받음

사법(死法) 실제로 행해지지 않는 법

사벽(邪僻) 인체가 정상적이지 못함

사불회(死不灰) 죽어도 재가 되지 않는다

사사(事事) 일마다, 모든 일

사속(嗣續) 대(代)를 이음, 대(代)를 잇는 자손

사순(四旬) 마흔 살

사시(四時) 사계절

사식(嗣息) 자식, 후손(後孫)

사십재(四十載) 사십년

사연(使然) 그렇게 되게 한다

사오(斯奧) 심오하다

사위(斯爲) 이것이

사위순전(四位純全) 寅申巳亥 또는 子午卯酉
또는 辰戌丑未가 지지에 있는 것

사은(私恩) 사사로운 은혜

사음(邪淫) 요사스럽고 음탕함

사적(仕籍) 벼슬아치 명부(名簿)

사정(邪正) 그릇됨과 올바름

사정(私情) 사사로운 정(情), 편애(偏愛)

사정(四正) 자오묘유(子午卯酉)

사정견합(私情牽合) 정으로 끌어 서로 합하다

사지(仕至) 벼슬

사직(社稷) 식상(食傷), 국가나 공물

사체(事體) 일의 큰 본체

사판(仕版) 벼슬아치 명부(名簿)

사판연등(仕版連登) 관리의 명부에 이름이 계속 오름

사학(肆虐) 사납게 날뜀

사해유동(四海攸同) 온 나라가 함께 하다

사호(似乎) 마치 , ~ 한 듯

사화(奢華) 사치하고 화려함

산(散) 나누어 주다. 풀어 놓다

산천(山川) 풍수

살중용인(殺重用印) 살이 중하여 인수를 용신으로 한다

삼기(三奇) 甲戊庚

삼기(蔘芪) 인삼과 황기

삼복생한(三伏生寒) 삼복더위 속에서도 더위가 꺾여 찬 기운이 생성된 것

삼분(三分) 셋으로 나눔, 3/10

삼순(三旬) 삼십

삼식(三式) 세 가지 법식

삼양개태(三陽開泰) 만물이 열리는 시절내

삼원(三元) 천지인으로 우주를 말함, 일등, 이등, 삼등을 말함

삼원급제(三元及第) 향시, 회시, 전시에 연달아 급제

삼원지리(三元之理) 삼원(三元)의 이치(理致)

삼자(三者) 비견, 겁재, 양인

삼재(三才) 하늘과 땅과 사람

삽천(挿天) 하늘을 찌르다

상(尚) 오히려, 더하여

상겁(傷劫) 상관과 겁재

상경지풍(相敬之風) 서로 공경하는 기풍

상도(上叨) 위로부터 은혜를 받다

상리(常理) 일반적인 법칙

상보천구(翔步天衢) 사통팔달의 큰 거리를 활보하다

상부(喪父) 부친상을 당하다

상부(相符) 서로 들어맞음

상사(相似) 서로 비슷하다

상생상부(相生相扶) 서로 생하여 주고 도와주다

상생지미(相生之美) 서로 생하는 아름다움

상서(尚書) 육부의 으뜸 벼슬, 상서성(尚書省)의 장관

상승(相勝) 상생으로 오행이 치우침

상신(喪身) 죽었다

상안하전(上安下全) 위가 편안하니 아래도 안전하다

상업(相業) 재상(宰相)의 업무

상연(相沿) 받아서 계승하다

상연(相連) 서로 있다

상위(相位) 왕상휴수(旺相休囚)에서 상(相)

상유(尚有) 여전히, 아직

상자(喪資) 자질을 상하다

상잔(傷殘) 손상을 입히다

상장(相將) 머지않아

상제(相濟) 서로 돕는 것, 서로 조화를 이루다

상지(相持) 서로 받쳐 줌, 서로 도움, 서로 맞서 버팀

상지자(相持者) 서로 맞서 버티는 것

상지지공(相持之功) 서로 버티어준 공

상천(相穿) 육해(六害)의 다른 말

상태(上台) 요직에 나아감

상하(上下) 극하는 쪽과 극을 당하는 쪽, 천간과 지지

상회지처(相會之處) 서로 모이는 곳

색(塞) 막히다

생공(生拱) 생하고 합하다

생공지정(生拱之情) 생하고 합하는 정(情)

생기(生機) 살아날 계기(契機)

생령(生靈) 백성의 뜻, 인성(印星)

생리(生理) 생장의 원리, 생하는 이치

생물지심(生物之心) 하늘의 마음

생방(生方) 寅申巳亥 생지

생색(生色) 빛을 더하다, 자신을 치켜세우다

생생불패(生生不悖) 생하고 생하여 이지러지지 않음

생생지의(生生之誼) 생생하는 정(情)

생의(生意) 생기(生氣)

생평(生平) 평생

생평지성(生平之性) 평생의 성품

생화불식(生化不息) 생(生)하고 화(化)하는 것이 멈추지 않음

생화불패(生化不悖) 생하고 화하고 어그러지지 않음

생화지정(生化之情) 생(生)하고 화(火)하는 정 (情)

서득(庶得) 거의 ~ 할 수 있다

서랑(署郞) 관청 서기

서미(舒眉) 이맛살을 펴다. 근심이 없어지다

서운(書云) 서(書)에 이르기를

서창(舒暢) 마음이 편안함

서향(書香) 공부, 학문

석지(潟地) 바닷물이 드나드는 갯벌

석호(惜乎) 아쉽게도, 애석하게도

선건전곤(旋乾轉坤) 건곤(乾坤)을 회전시킴. 천 지를 뒤바꾼다는 뜻

선계술지(善繼術之) 잘 이어가다

선유(鮮有) 드물다

선인(先人) 선조(先祖)

선장(先將) 먼저

선종(善終) 큰 죄가 없는 상태에서 죽는 일, 천 수(天壽)를 다하다

선취(鮮聚) 적게 모이다. 드물게 보이다

설사(設使) 설령, 만약, 혹시라도

설상(雪霜) 동월과 추월의 癸水

설화생금(洩火生金) 火를 설기하여 金을 생한다

섬궁(蟾宮) 달, 월(月)

섭세(涉世) 처세

성(誠) 참으로, 정성으로

성가(成家) 가정을 만듬, 집안을 일으킴

성극이쇠(盛極而衰) 성(盛)함이 극(極)에 다다르 면 쇠(衰)해진다

성기(成氣) 월령을 얻다

성기(成器) 인재, 쓸모 있는 그릇

성명(聲名) 명성(名聲)

성명(成名) 유명해지다

성물지심(成物之心) 인간의 마음

성아(聲啞) 목이 쉬고 말문이 막힘

성정(性定) 희신이 합이나 충으로 손상되지 않 는 것

성정정화(性正情和) 성정은 바르고 심정은 화 평하다

성제(聖帝) 어질고 덕이 뛰어난 황제

세가(世家) 뼈대 있는 집안, 세족(世族)

세구지(細究之) 자세히 살피면

세군(歲君) 유년(流年)의 천간

세덕(世德) 조상 대대로 쌓아온 공덕(功德)

세덕이래(世德而來) 세덕(世德)에서 온 것

세소필연(勢所必然) 자연의 이치

세수(歲首) 새해 첫날

소(溯) 거슬러 올라가다

소강(小康) 겨우 먹고 살만하다. 병이 나아짐, 혼란이 줄어듦, 소강상태

소결(少決) 결정이 부족하다

소과(小科) 생원과 진사를 뽑던 과거

소마(消磨) 소모되다

소망(消亡) 소멸, 망했다

소식(消息) 시운(時運)의 변화

소아관살(小兒關煞) 어린이에게 닥치는 재앙

소염(所嫌) 꺼리는 바는

소운(所云) 말한 중에

소원(所願) 원하는 바, 바라고 원함

소위(所謂) 이른바, 이런 까닭으로

소유(所由) 이유

소융(昭融) 매우 밝다. 문명시상(文明之象)

소이(所以) 그런 까닭으로, 그래서, 그런 연유로

소인(小人) 지위가 낮고 도량이 좁은 사람

소임(所任) 맡은 바 임무, 책무(責務)

소임(所臨) 왕림(枉臨), 남이 자기가 있는 곳으로 옴

소제(掃除) 제거, 깨끗이 없앰

소조(蕭條) 스산하다. 불경기

소종(所鍾) 모이는 곳

소중(所重) 중요한 것

소지(素志) 품은 뜻

소천지(小天地) 소우주

소천지기(素天之氣) 하얀 하늘 기운

소학(所學) 배운 바

소혐자(所嫌者) 꺼리는 것은, 꺼리다

소희(所喜) 반겨하는, 기뻐하는

속론(俗論) 흔히 말하다

속현(續絃) 아내와 사별 후 새 아내를 맞음, 거문고와 비파의 끊긴 줄을 다시 이음

손괴(損壞) 손상시키다

손상(損上) 위를 덜어낸다. 설기(洩氣)하는 것을 말함

손상익하(損上益下) 윗사람을 해롭게 하여 아랫사람을 도움

손익(損益) 덜어주거나 더해주는, 손해와 이익

손익적중(損益適中) 덜거나 더하거나 하여 중간이 적당함

손지(孫枝) 손자(孫子)

송백경동(松柏經冬) 소나무와 잣나무는 겨울을 견뎌낸다

쇄약지권(鎖鑰之權) 모든 출납을 담당하는 권한

수(收) 거두어들임

수(嗽) 기침

수(遂) 마음같이 되다. 순조롭다

수(雖) 비록, 아무리 ~하여도, 그러나

수기(數奇) 팔자가 기구하다

수기유행(秀氣流行) 정기(精氣)를 흐르게 하다

수능어지(誰能禦之) 누가 능히 막으랴?

수다목범(水多木泛) 水가 많아 木이 뜨다

수덕획보(修德獲報) 덕을 닦으면 보답을 얻는다

수발(秀發) 재지와 풍채가 뛰어남

수범목부(水泛木浮) 水가 범람하여 木이 물에 뜸
= 수다목부(水多木浮)

수부지(殊不知) 전혀 모른다

수성양화(水性楊花) 바람기 있는 여자

수심(遂心) 뜻대로 됨

수심(搜尋) 자세히 찾다

수연(雖然) 비록

수요(須要) 반드시 요구된다

수요(壽夭) 장수와 요절

수원(壽元) 목숨, 수명

수이(數已) 이미

수작(酬酌) 술잔이나 말을 서로 주고받다

수재(秀才) 국학(國學)에 입학한 사람, 공부만 하고 벼슬은 못하는 사람

수전조묘(修殿造廟) 전각을 수리하고 사당을 짓다

수주대토(守株待兎) 변통성이 없음, 되지도 않을 일을 고집함

수창(水猖) 壬水가 너무 강함

수책귀신(受責鬼神) 귀신의 탓으로 돌리다

수탕기호(水蕩騎虎) 水가 많을 때 寅木을 만나다

수합(收闔) 거두어들여 닫음

숙(孰) 어느 것, 어느 쪽

숙능(孰能) 누가 감히 ~하겠는가?

숙살(肅殺) 살벌, 살기

숙세(宿世) 전생(前生)

순경(順境) 순조로움

순기기서(循其氣序) 기(氣)의 순서를 좇다, 상생유정(相生有情)

순무(巡撫) 성(省)의 민정, 병무, 형옥 담당 장관, 지방정부의 으뜸 벼슬

순생(順生) 좋은 관계의 천간이 상생

순생지기(順生之機) 순생(順生)의 기틀

순선(旬宣) 왕명을 선포하는 직명

순수(順遂) 순조롭다

순자(純疵) 오행이 순수하고 손상됨

순패(順悖) 순(順)하거나 어그러짐, 순수하고 불순

순패지기(順悖之氣) 순패(順悖)의 기틀

숭융(崇隆) 지극히 오르다

습체지환(濕滯之患) 습하여 막히는 근심

승(勝) 낫다. 뛰어나다

승권(乘權) 월령을 차지하다, 사령(司令)을 얻다. 권세를 잡다

승권당령(乘權當令) 월령(月令)을 장악

승두지수(升斗之水) 한 바가지의 물

승인취재(乘印取財) 인성을 타고 재(財)를 취한다

승임(勝任) 능히 감당하다

승천(昇遷) 승진(昇進)

시(始) 비로소

시고(是故) 이런 까닭으로, 그러므로

시랑(侍郎) 정승, 장관급, 상서 다음 가는 직책

시래(時來) 때가 되어

시비(是非) 옳고 그름, 시비심

시사(示唆) 생각하다

시서(詩書) 시경(詩經), 서경(書經), 글공부

시위(是謂) 이를 일러서

시위(施爲) 행위

시이(是以) 그러므로, 이 때문에, 그래서

시이(始而) 처음에는

시종(始終) 언제나, 처음과 끝

시종(侍從) 한림학사, 육부의 상서

시진(時辰) 2시간, 8각(刻) **1각**(刻) 15분 정도

시험(試驗) 실제로 적용을 해 봄

시후(時候) 절후(節候), 절기(節氣), 사계절

식(息) 그치다. 그만두다. 숨쉬다

식름(食廩) 국자감 학생이 시험에 합격하여 식
량을 보조받음, 장학금, 보름(補廩)

식름천저(食廩天儲) 곳간을 천장까지 가득 채
우다

식립(植立) 곧추서다

식상토수(食傷吐秀) 식신(食神)과 상관(傷官)이
수기(秀氣)를 토해냄

신가(腎家) 신장 계통

신강살천(身强殺淺) 일주가 강하고 살(殺)은 약
하다

신경(腎經) 신장(腎臟)의 경락(經絡)

신고(神枯) 水가 없는 팔자

신공(神功) 사계절에서 조화의 오묘한 작용, 하
늘의 작용

신사(愼思) 신중히 생각

신시의창(神舒意暢) 심식이나 행동이 석늑석

신성군쇠(臣盛君衰) 신하는 성(盛)하고 군(君)은
쇠(衰)하다

신쇠관중(身衰官重) 일간은 약하고 관(官)은 중
하다

신재(信哉) 믿을 만하다

신재(身材) 체격

신패명열(身敗名裂) 몸은 패하고 이름은 찢어
졌다. 지위도 명예도 잃다

신혼(晨昏) 새벽과 해질녘, 조석(朝夕), 나날,
매일

신후(身後) 사후(死後)

실(悉) 모두, 전부, 끝까지

실륜(失倫) 조리에 안 맞고 순서도 어긋남

실시(失時) 때를 잃음, 계절을 얻지 못함

실음(失音) 발성 장애

심다(甚多) 매우 많음

심론(深論) 깊이 있는 이론

심목(心目) 마음과 눈

심복(深伏) 깊이 숨다

심사(深思) 깊이 생각하다

심술(心術) 심보, 계략

심심(深心) 깊이

심울지회(心鬱志灰) 성격이나 행동이 소극적

심의(心意) 마음과 뜻, 의향

심장(深藏) 지장간에 깊이 감춰짐, 깊이 감추다

심전(心田) 마음의 밭

심중(深重) 깊고 무거움, 뿌리가 깊다

심지(心志) 의지, 마음과 뜻

심찰(審察) 자세히 깊이 살피다

심침(沈浸) 깊고 은밀한 곳

쌍망(雙亡) 눌 다 죽다

●

아(兒) 식상(食傷)

아능구모(兒能救母) 자식이 능히 어머니를 구
제하다

아능생모(兒能生母) 자식이 능히 모(母)를 생함

아사(餓死) 굶어 죽다

아우생아(兒又生兒) 아이가 또 아이를 생하다

악병(惡病) 고치기 어려운 병

안(按) 살펴보다. 고찰하다. 뿌리가 깊다. 이에
(발어사)

안돈(安頓) 잘 정돈되고 안정됨, 평온함

안방(安放) 안전하게 놓다

안분(安分) 편안한 마음으로 분수를 지키다

안빈낙도(安貧樂道) 가난하지만 도를 지켜 안락하게 산다

안상(安祥) 팔자가 편중되지 않은 것, 평온, 침착

안온(安穩) 조용하고 편안함

안탑(雁塔) 과거 급제자 명단을 적어놓은 곳

안탑제명(雁塔題名) 진사(進士) 급제자 명단

안향(安享) 복을 편안하게 누리다

안화(安和) 편안하고 조화롭다

알(閼) 가로 막다. 멈추게 하다

암리존(暗裏存) 은밀하게 안에 있다

암조(暗助) 운에서 돕다

암충(暗沖) 운의 글자가 원국의 글자를 충(沖)하는 것

암회(暗會) 사주 원국의 글자와 운의 글자가 합(合)하는 것

애가증진(愛假憎眞) 가(假)를 사랑하고 진(眞)을 증오한다

애석(愛惜) 매우 귀여워하다. 사랑하고 아끼다

앵천(鶯遷) 영전

야(也) 또, 또한

약(若) 이에, 만일, 너

약병상제(藥病相濟) 약이 있어 병을 다스림, 병약상제(病藥相濟)

약비(若非) 만일 ~이 아니라면

약연(若然) 만일

약중변왕(弱中變旺) 약한 중에서도 왕(旺)으로 변함

양각(兩脚) 두 다리

양기쌍청(兩氣雙淸) 두 개의 기(氣)가 모두 청함

양기합이성상(兩氣合而成象) 양신성상격(兩神成象格)

양다(良多) 좋은 일이 많다

양단(兩端) 두 가지 방법, 처음과 끝

양명(陽明) 寅午戌 등

양명영신(養命榮身) 살면서 몸을 영화롭게 한다

양불충일(兩不沖一) 두 글자는 한 글자를 충(沖)하지 못한다

양성(養成) 가르쳐서 길러냄

양승양위(陽乘陽位) 火가 巳, 午, 未월에 출생

양야소용(良冶銷熔) 솜씨 좋은 대장장이가 녹임

양옥정금(良玉精金) 학문이나 인품이 깨끗하고 아름다움, 뛰어난 문장이나 성품

양의통정(兩意通情) 두 뜻이 정(情)을 통함, 년간과 일간이 정을 나누다

양일(洋溢) 충만(充滿), 바다가 넘치도록 충만

양충불일(兩沖不一) 두 글자는 한 글자를 충(沖)하지 않는다

양탈(攘奪) 약탈, 겁탈

양호지환(養虎之患) 호랑이 새끼를 기르듯이 훗날의 근심거리를 만들다

양화(陽和) 봄 기운이 화창

어(禦) 막다. 맞서다

어색(淤塞) 진흙으로 막히다

억양(抑揚) 억제하거나 도와줌, 억누르거나 들어 올림

억즉루중(億則屢中) 생각이 잘 적중하여 돈을 많이 범

억차(抑且) 게다가 ~이다. 하물며

언(焉) 어찌

언건(偃蹇) 거만하다. 고달프다

언운(諺云) 속담

언제(焉制) 어찌 제어할 것인가?

얼헌(臬憲) 법관의 일종인 관직, 안찰사(按察使)

여(如) 만약, 가령

여가유추(余可類推) 나머지도 미루어 짐작할 수
있다

여개방차(餘皆倣此) 나머지도 모두 이와 같다

여력(膂力) 체력, 완력, 근육의 힘

여방차(餘倣此) 나머지도 이와 같다

여시(如是) 이러한

여왈(余曰) 내가 말하기를

여위(如謂) 흔히 말하길, 예컨대

여이(如以) 만약

여차(如此) 이와 같다. 이와 같이

여하(如何) 형편이나 상황이 어떠한가?, 어떻게?

역가(亦可) 또한 좋다

역능(亦能) 또한 있다

역생(逆生) 좋지 않은 천간끼리 상생

역생지서(逆生之序) 역생(逆生)의 질서

역연(亦然) 또한 그러하다. 역시 마찬가지이다

역진(歷盡) 두루 겪다

역하불가(亦何不可) 어찌 불가하다고 하는가?

역하익재(亦何益哉) 무슨 소용이란 말인가?

연(然) 그리하여, 그렇지만, 이와 같이, 그런즉

연(緣) 까닭, ~ 때문이다

연(捐) 돈을 바치고 벼슬을 함

연겁(軟怯) 비겁하다. 겁이 많다

연납(捐納) 돈이나 곡식을 내고 벼슬자리를 얻음

연납출사(捐納出仕) 돈을 바치고 벼슬길에 나
아감

연등갑제(連登甲第) 과거 시험에 연달아 오름

연상(然尙) 그런데 오히려

연심(淵深) 깊다

연역(然亦) 그러한, 또한

연연불사(戀戀不捨) 아쉬움에 헤어지지 못함

연주(連珠) 구슬을 꿰다

연주상생(連珠相生) 구슬을 꿴 것처럼 상생(相生)

연주생화(連珠生化) 구슬을 꿰듯 생화(生化)하다

연첩(連捷) 과거 시험에 연속으로 합격

연후(然後) 그런 다음

열(悅) 기뻐하며 따르다

열(悅) 마음속으로 성심을 다하다

염(焰) 불꽃

염상(炎上) 타오르는

염혜(廉惠) 자상하고 청렴하고 남에게 은혜로움

영(寧) 차라리

영명(令名) 명성

영수(靈秀) 뛰어나게 빼어남

영신(榮身) 몸을 영화롭게 함

영원(鴒原) 우애 있는 형제

영위(營衛) 인체의 영양조절과 보호작용

영인(令人) 사람으로 하여금 ~하게 하다

영향(影響) 떨어져 있는 지지끼리 충하는 것

영향요계(影響遙繫) 그림자와 울림으로 멀리
떨어져 있는 글자끼리 얽어맨다는 뜻

영화(榮華) 몸이 귀하여 이름을 세상에 빛냄,
뛰어난 재능

영화발수(英華發秀) 뛰어난 수기(秀氣)가 발하
다. 영화수발(英華秀發)

예예(銳銳) 매우 예리함

오금(五金) 금, 은, 구리, 철, 주석의 다섯 가지
금속

오기(五氣) 오행

오기취이성형(五氣聚而成形) 일행득기격(一行
得氣格)

오묘(奧妙) 심오하고 미묘함

오물(傲物) 남을 업신여김

오수연금(敖水鍊金) 물이 마르고 금을 달굼

오순(五旬) 50세

오악(五岳) 중국의 가장 높은 다섯 개의 산(山)

오화필(五花筆) 당나라 이백과 같은 문장

오화필토(五花筆吐) 변화무쌍하게 문장을 잘 씀

온고(穩固) 안정되고 견고하다

온포(溫飽) 따뜻하게 입고 배부르게 먹는다

옹고(翁姑) 시부모

와전(訛傳) 잘못 전해짐

완(緩) 느슨하다

완둔(頑鈍) 완고하고 무디다

완물(頑物) 완고하다

왕양(汪洋) 큰 바다. 헤아리기 어려움

왕왕(往往) 이따금, 때때로

왕자(枉自) 헛되이

왕족(旺足) 왕(旺)하고 만족하다

왕지(旺地) 子午卯酉

외감(外感) 감기 따위의 병(病)

외구(外寇) 밖의 도적

외방(外方) 지방, 외지(外地), 먼 곳

외아(巍峨) 우뚝 솟다. 번창하다

외외(巍巍) 높고 높은

외토지첩(畏土之疊) 土가 중첩되는 것이 두려움

요(要) 만일 ~라면(= if)

요(謠) 소문, 유언비어, 노래

요격(遼隔) 멀리 떨어져 있음

요결(要訣) 가장 중요한 방법

요계(遙繫) 떨어져 있는 글자끼리 합(合)을 이루
는 것

요긴지장(要緊之場) 요긴한 곳, 대개 일간 옆,
요긴지지(要緊之地)

요수지영(樂水之盈) 水가 넘치는 것을 좋아함

요연(了然) 분명한 모양, 분명하다

요유(饒裕) 넉넉하다

요천순일(堯天舜日) 요순(堯舜) 시대의 태평성대

요충(遙沖) 멀리서 충함

요포(搖圃) 신선이 사는 선경(仙境)

욕탐(欲貪) 탐욕, 지나친 욕심

용(龍) 산맥

용록지인(庸碌之人) 평범하고 포부가 없는 사람

용방(龍榜) 문과 합격자 게시하는 방(榜)

용사(用事) 사령(司令), 권력을 잡다

용사지신(用事之神) 일을 행하는 주체

용속(庸俗) 평범한 사람

용신불가손상(用神不可損傷) 용신은 손상되면
안 된다

용용(庸庸) 보잘 것 없음

용용록록(庸庸碌碌) 녹록하다, 평범하다

용인(庸人) 보통 사람, 변변치 못한 사람, 평범한
사람

용작(傭作) 고용되어 일하다

용지(龍墀) 임금이 거처하는 궁궐, 계단이 붉음

용지(用智) 지혜를 운용하다.

용호방(龍虎榜) 문과와 무과에 동시에 합격한
사람의 명단

우(遇) 이 경우

우가(又加) 더불어

우공(優貢) 청나라 때 지방에서 우수한 인재를
　발굴
우귀(于歸) 신부가 시집으로 들어가다
우랑(牛郎) 목동, 견우
우물화인(尤物禍人) 우물(美人)은 사람을 해친다
우선(尤羨) 더욱 부러운 것은
우유(優遊) 편안하고 한가롭게 지냄, 유유자적
　(悠悠自適)
우차지(又次之) 또 그 다음
우충(羽蟲) 날개 달린 벌레나 곤충
우황(又況) 거기에다가, 하물며
운도(運途) 대운의 흐름
운로(運路) 벼슬길, 사로(仕路)
운이(云爾) 앞에서 말한 바와 같다. 어찌할 도리
　가 없다
운정(運程) 벼슬길, 운(運)의 흐름
운주(運籌) 주판을 놓듯 꾀를 냄, 방책을 짜다
운창(芸窓) 서재(書齋), 공부, 학문
울(鬱) 납납, 빅히나
웅위(雄偉) 우람하다
원(爰) 이에, 여기에서
원개(元開) 년주(年柱)에서 인생이 열린다
원격(遠隔) 멀리 떨어져 있음
원구(圓丘) 왕이 동지 때 천제(天祭)를 지내던 곳
원기(元氣) 일간과 월령, 즉 격국(格局)
원기(元機) 특수한 법칙, 원동력
원기암리존(元機暗裏存) 원기가 암암리에 존재
　한다
원기은중(怨起恩中) 원한 가운데 은혜가 생긴다
원롱의기(元龍意氣) 빈객을 업신여김
원묘(元妙) 심오하고 미묘함. 심오하고 미묘한

이치
원신(元神) 방(方)을 이루고 있는 오행과 동일한
　오행
원원지묘(元元之妙) 근본의 오묘함, 아주 오묘함
원인(援引) 도와서 이끌어내다
원탁유청(源濁流淸) 원천은 탁하지만 흐름은
　맑다
원함연첩(連捷) 과거 시험에 연속으로 합격
월간월(越看越) 보면 볼수록
월례(越禮) 예절을 벗어나다
월제(月提) 월령, 제강
위관중재(爲官重財) 벼슬을 해도 재물을 중히
　여김
위미(爲美) 좋은 것이다. 아름답다
위시(爲是) 옳다고 여기다
위완통(胃脘痛) 위경련
위인(爲人) 사람의 됨됨이
위해(爲害) 해가 되다
뉴(愈) 더 낫다. 더욱
유고(愈固) 더욱 견고
유관(儒冠) 유생(儒生), 유학을 공부하는 선비
유기(惟其) ~하기 때문에
유기운필득기복(有其運必得其福) 좋은 운이 오
　면 반드시 그 복을 받는다
유년(逾年) 다음 해
유동(儒童) 선비
유락(流落) 외지를 떠돌다
유리(有理) 이치에 맞음
유리회(有理會) 도리에 맞게 모이다
유막(遊幕) 막부(幕府)에 종사
유방(有方) 적절하다

유병득약(有病得藥) 병(病)이 있는데 약(藥)을 얻었다

유사(猶死) 죽은 것과 같다

유서(遺緖) 유업(遺業), 조상이 남겨준 재산

유설(遺泄) 소변 등이 새는 것, 설사

유설증(遺泄症) 소변이나 정액 등이 새는 질병

유소(有所) 다소

유손(有損) 덜어내어 손상됨

유어(由於) 인하여

유얼(遺孽) 뒤에 남긴 재앙

유업(遺業) 조상이 남겨준 재산

유여(有餘) 넉넉

유여(猶如) 오히려

유연(柔軟) 계속 머무르다

유완(遊玩) 실컷 돌다

유용유양(有容有養) 수용하고 부양하다

유위(有爲) 능력이나 쓸모가 있음, 장래성이 있다

유유(惟有) 오직, 오로지

유은이무원(有恩而無怨) 은혜는 있고 원한은 없다

유인(遊刃) 여유 있게

유자가(猶自可) 그래도 괜찮지만

유장(悠長) 멀리 오래가다

유중(愈重) 더욱 심해짐

유차관지(由此觀之) 이로써 살펴보건대

유차론지(由此論之) 이에 근거하여 논하면, 이 것을 보아도

유차추지(由此推之) 이렇게 유추하다

유청(源濁流淸) 원천은 탁하지만 흐름은 맑다

유체(有替) 부모의 대리자가 있다. 부모와 인연 이 얇다

유체(濡滯) 어물어물 늦다

유추(類推) 미루어 짐작하다

유행지용(流行之用) 유행하는 작용

유후(愈厚) 더욱 두텁다

유후광전(裕後光前) 조상을 빛내고 후손을 유복 하게 하다

유휴(愈瘍) 더욱 이지러지다. 이지러짐

육(肉) 피부와 살갗

육기(六氣) 음(陰), 양(陽), 풍(風), 우(雨), 회(晦), 명(明)

육분(六分) 6/10

윤토양금(潤土養金) 土를 적셔 金을 기른다

융(隆) 두터운

은과(恩科) 나라에 경사가 있을 때 실시하는 과 거 시험

은분(恩分) 은혜(恩惠)

은원(恩怨) 은혜와 원한

은의(恩義) 은혜와 의리

은작랑(銀作浪) 은빛 물결이 일렁인다

음담유장(飮啖兪壯) 먹고 마시는 것이 더 왕성

음란불감(淫亂不堪) 음란하여 감당할 수 없다

음미(淫靡) 음탕하고 사치스럽다

음비(蔭庇) 조상이 남겨준 유산, 조상의 음덕 (蔭德), 부모의 음덕(蔭德)

음비지복(蔭庇之福) 부모의 복

음사(淫邪) 음란하고 사악함

음사지설(淫邪之說) 음란하고 사악함에 대한 설명

음사질갱(淫邪嫉硜) 음란, 사악, 질투, 고집

음승음위(陰乘陰位) 水가 亥, 子, 丑월에 출생

음양순역(陰陽順逆) 양(陽)은 순행(順行)하고

음(陰)은 역행(逆行)한다

음예(淫穢) 음탕하다

음예이상(淫穢異常) 음란함이 보통이 아니다

음천(淫賤) 음란하고 천하다

음탁(陰濁) 申子辰 등

음회(陰晦) 음침하고 컴컴한

응부(應赴) 응하여 힘쓰다

응험(應驗) 드러난 징조가 맞음

의고(依皐) 의지하고 기대다

의기(宜忌) 마땅함과 꺼림

의마만언(倚馬萬言) 글을 잘 읽는 재주

의복(義僕) 의로운 종

의부(依附) 의지하여 따르다

의부지정(依附之情) 의지하고 따르는 정(情)

의서(議敍) 칙명으로 표창

의심구지(宜深究之) 마땅히 깊이 연구해야 한다

의연(依然) 여전하다

의인(宜人) 5품 문무관의 모친이나 처의 봉호 (봉호)

의중인(意中人) 의중지인(意中之人), 마음 속에 둔 사람

의호(依乎) 의지하다

의회(宜會) 마땅히 이해하고

이(耳) ~ 일 뿐이다. ~ 따름이다

이(理) 오행

이(已) 이미, 버리다

이간(離間) 사이가 멀어지게 하다

이강기약(以强欺弱) 강한 것이 약한 것을 속이다. 세력을 좇아 이익을 취하다

이구(已久) 이미 오래도록

이급(以及) 아울러

이덕(二德) 천덕귀인과 월덕귀인

이로(異路) 과거 시험을 거치지 않고 벼슬을 함, 기술이나 기능직

이로공명(異路功名) 과거를 통하지 않고 다른 길을 통해 공명을 이루는 것

이루(移累) 변화시켜서 묶다

이민제물(利民濟物) 백성을 이롭게 하고 백성을 구제한다

이발어표(裏發於表) 속에 들어 있는 기운이 겉으로 발산함

이상(異常) 보통과 다르다. 보통이 아니다

이성(異姓) 동성(同姓)이 아닌 외척(外戚)

이수(離愁) 이별의 슬픔

이어(易於) ~ 하기 쉽다

이오(貽悟) 그릇됨을 깨치는 것

이원(梨園) 당나라에서 배우들이 연기를 익히던 곳, 연극배우, 극장, 연극계

이위(以爲) ~라고 여기다

이이(而已) 닌시 ~일 뿐이나

이이의(而已矣) ~할 뿐이다. ~할 따름이다

이제(以濟) 구제하다

이차(而且) 또한 다, 전부, 게다가, 또한 ~이다

이치(理致) 도리에 맞다

이치(以致) (나쁜 결과에) 이르다. 그 결과

이치(以致) (나쁜 결과에) 이르다. 초래하다. ~하게 되다. 그 결과

이험여이(履險如夷) 위험한 길을 평탄한 길을 가는 것처럼 쉽게 가다

이황(而況) 하물며

이회(理會) 깨달아 앎, 이해하고 회득

이후(而後) 연후에

익상(益上) 생해주는 것

인간(人間) 인간사(人間事), 세상사(世上事)

인덕겸자(仁德兼資) 인(仁)과 덕(德)을 겸하여 갖추다

인두재(刃頭財) 양인 위의 겁재로 항상 손재(損財)한다

인사(人事) 인간사, 사람의 일

인수(仁壽) 인자함과 수명

인원용사(人元用事) 사령하는 지장간

인이(因而) 이로 인해서

인인(人人) 사람마다

인정(人丁) 인부(人夫), 사람

인지(因之) 이 때문에

인처(人妻) 남의 아내

인통(引通) 끌어서 통하게 해줌

인후(仁厚) 인자하고 후덕함

일가오구(一家五口) 한 가족 다섯 식구

일개(一介) 한낱

일개중분(一芥中分) 겨자 하나도 반으로 나누다

일개한유(一介寒儒) 한낱 가난한 선비

일국(一局) 사주 원국

일국청고(一局淸枯) 한결같이 국(局)이 청고(淸枯)함

일금(一衿) 초시(初試), 생원(生員), 낮은 선비, 작은 이익

일금득신(一衿得身) 작은 벼슬, 책 읽는 선비

일기생성(一氣生成) 천원일기(天元一氣). 지지상동(地支相同). 사위순전(四位純全)

일단(一端) 일부분

일로(一路) 여정

일륭(日隆) 날로 융성하다

일모(一毛) 한 가닥의 털, 몹시 작은 분량 = 일모(一毫), 털끝만큼도 거의 없다

일무(一無) 하나도 없다

일미(一味) 무턱대고, 일당

일범세군(日犯歲君) 일주가 세운 천간을 충극

일변(一邊) 어느 한편

일사무성(一事無成) 한 가지도 이룬 것이 없다

일세(一世) 한평생

일세구천(一歲九遷) 한 해 동안 아홉 번 직위가 오르다

일언이폐지(一言以蔽之) 한마디로 전체의 뜻을 말하다

일예(一例) 한 가지 예

일윤일훤(一潤一暄) 윤택하고 따뜻하다

일장당관군흉자복(一將當關群凶自伏) 장군 한 사람이 지키니 많은 무리들이 무릎을 꿇는다

일정지리(一定之理) 한번 정하여져 바뀔 수 없는 이치

일제(一齊) 여럿이 한꺼번에

일증(日增) 나날이 늘어남

일청도저(一淸到底) 청(淸)함이 온통 바닥까지 이름

일체(一切) 이 모든 것

일충(一沖) 하나의 충

일파(一派) 전부

일패도지(一敗塗地) 여지없이 패하여 다시 일어서지 못함

일패여회(一敗如灰) 한번 패하니 잿더미 같이 되다

일패이진(一敗而盡) 한 번 실패로 소진되다

일행성상(一行成象) 하나의 오행으로 상(象)을

이룸

임(任) 마음대로, 그대로, 멋대로

임관(任官) 12운성 건록

임군(任君) 임금

임기(任其) 그대로 두다

임기자성(任其恣性) 방자하게 제 멋대로 행동

임랑(琳琅) 아름다운 옥

임하(林下) 은퇴 후 조용히 지내는 시골, 낙향

임한착(任閒着) 그대로 한가하게 있다

입(立) 바로, 그 자리에서

입각(立脚) 발붙이고 살다

입견(立見) 즉시

입반(入泮) 유반(遊泮)과 같은 말, 반수(泮水)에 들어감

입부(入部) 부서에 들어감

입지(立至) 곧바로 이르다. 서 있는 자리에 이르다

입팔(卄八) 이십팔

입현(立見) 즉각 나디니다

잉(仍) 거듭, 여전히

잉속(仍屬) 여전히 ~하다

잉종(仍從) 여전히 따르다

ㅈ

자(疵) 흠결, 흠, 결점

자(自)〜 **지**(至) from 〜 to〜, 〜부터 〜까지

자가변계(自家邊界) 자기 집의 변두리나 변경

자고(紫誥) 왕의 조서(詔書)(자색 빛깔)

자규(子規) 소쩍새, 두견새

자기(子期) 춘추시대 거문고의 명수 종자기(鍾子期)에서 종자기(鍾子期)를 일컫는 말

자낭(資囊) 돈 주머니

자당(自當) 당연히

자두연기(煮豆燃萁) 골육상잔(骨肉相殘), 형제의 다툼

자련(自憐) 스스로 가련하다고 생각

자모(慈母) 자애가 지나친 어머니

자부(資扶) 돕다

자생(滋生) 생명활동을 돕기 위해 영양분을 공급함

자세(仔細) 자세하고 세밀하게

자수(自守) 행동이나 말을 스스로 조심하여 지킴

자시(自恃) 자기 과신, 스스로 짐작하고 믿음

자액(自縊) 스스로 목을 매다

자여(自如) 마음대로 하다. 뜻대로 되다

자유(自有) 자연히

자응(自應) 당연히

자의유(恣意留) 천간합

자적(自適) 아무 속박을 받지 않고 저절로 이룸

사소시향(滋助之鄕) 속속이 적셔 생해 주는 곳

자족(自足) 저절로 넉넉함

자중모고(子衆母孤) 자식은 많고 어머니가 외롭다

작사(作事) 하는 일, 일을 꾸밈

작사부단(作事不端) 하는 일이 바르지 않음

작선강상(作善降祥) 선한 일을 하면 복을 내림

작위(作爲) 적극적 행동, 거짓 행위

작위작복(作威作福) 권세를 부리다

작자가(作自家) 자기 집을 짓다

잡기재관(雜氣財官) 월지 장간에 관이나 재가 있는 것

장(掌) 맡다

장근(藏根) 뿌리가 암장되다

장배(長輩) 손윗사람

장부(丈夫) 장성한 남자, 대장부, 남편

장신(藏神) 지장간(支藏干)

장옥(場屋) 관리 채용 시험장, 과거 시험장

장의소재(仗義疏財) 의리를 중시하고 재물을
　소홀히 여김

장축(藏蓄) 지장간에 숨어 있다

장하(長夏) 해가 긴 여름, 한 여름, 未월

장화(藏火) 지장간에 암장된 火

장환후(張桓侯) 장비의 시호(諡號)

재(載) 년(年), 싣다

재(哉) 하겠는가?(어조사)

재간(才幹) 재주와 솜씨, 일하는 능력

재겁관상(財劫官傷) 재(財)는 겁탈되고 관(官)은
　손상되다

재구(災咎) 재앙과 허물

재덕(才德) 재성과 관살

재래(齋來) 함께 오다. 같이 오다

재명(載明) 명료하게 기재하다

재백(財帛) 재화와 포백(布帛), 재물

재병(災病) 재앙과 병(病)

재보(宰輔) 재상(宰相)

재산인리(財散人離) 재물이 흩어지고 사람은
　떠남

재상(災祥) 길흉, 좋고 나쁨

재성부진(財星不眞) 재(財)는 약하고 겁(劫)은
　중(重)하고 식상은 없을 경우

재우(再遇) 다시 만남

재원(財源) 재물의 발생

재조편편(才藻翩翩) 글재주가 월등하다

재화(才華) 뛰어난 재능, 드러난 재능

재희(財喜) 재물(財物), 돈

쟁사원룡의기(爭似元龍意氣) 원룡(元龍)과 의
　기(意氣)를 다투다

쟁영(崢嶸) 세월을 다하려는 모양

쟁전지풍(爭戰之風) 싸우고 다투는 바람

쟁탈지풍(爭奪之風) 다투고 싸우는 모습

쟁투(爭妬) 싸우고 질투한다

적과(敵寡) 적은 상대방

적당(的當) 꼭 들어맞음

적덕(積德) 쌓은 덕

적모(嫡母) 인수(印綬), 어머니, 서자(庶子)가
　아버지의 정실(正室)을 일컫는 말

적살(敵殺) 살(殺)을 대적함

적수오건(滴水熬乾) 한 방울의 물이 심한 가뭄
　에 마름

적종(適從) 따르고 의지함

적중(適中) 꼭 알맞다

적중(敵衆) 적의 무리가 많다

적환(謫宦) 관리가 좌천되어 유배를 떠남

전(專) 오로지, 전일하다. 오롯하다

전(全) 오행을 골고루 갖춤

전(轉) 중간에서 전하다. 오히려

전가(轉嫁) 책임 등을 남에게 씌워 넘김, 개가
　(改嫁)하다

전광증(顚狂症) 정신착란, 정신병

전기(專氣) 전일(專一)한 기(氣)

전도(顚倒) 위치나 차례가 뒤바뀌다

전둔(遭迍) 불행한 것

전려(傳臚) 황제의 조서를 전달하는 관직

전령(專令) 월령을 독점, 자기의 계절

전로(傳臚) 전시(殿試)에 합격한 진사(進士)

전록(專祿) 일에 있는 록

전뢰(全賴) 전적으로 의지

전배(前輩) 선배, 연장자

전사(轉徙) 옮겨 다님

전선(傳宣) 황제의 명령을 전달하고 알림

전순득서(全順得序) 전체가 순응하여 순서를 얻음

전원(田圓) 물려받은 고향 땅

전일(專一) 섞이지 않고 순수한

전적(典籍) 도서를 담당하는 벼슬, 서적, 책, 벼슬 이름

전전(輾轉) 돌고 돌아, 돌아다니다

전전상공(輾轉相攻) 돌고 돌아 서로 공격하다

전집(專執) 집착하여 고집을 부림

전충불화(戰沖不和) 극하고 충하고 화(和)하지 않음

전패(顚沛) 쓰러지고 넘어짐

절(切) 밀집

절각(截脚) 지지가 천간을 극설(剋洩), 천간이 용신(用神)이고 지지가 기신(忌神)

절거(竊去) 훔쳐서, 설기하여

절괴(竊怪) 훔쳐서 괴이하게 사용

절물(切勿) 절대 하지 마라

절사(絶嗣) 후사(後嗣)가 끊김

절외생지(節外生枝) 마디에서 다시 가지가 남, 지엽에 치우쳐 근본을 잃음

절익(折翼) 형제 가운데 하나가 죽다

절처봉생(絶處逢生) 절지에서 생(生)을 만나다

접속(接續) 계속

접연(接連) 연관이 있다

정(正) 바야흐로

정(定) 반드시, 정하다

정(精) 순수한 근원, 뛰어나다

정(丁) 식구

정(靜) 형충파해 등이 없을 때

정간(丁艱) 부모의 죽음

정갑(鼎甲) 과거 시험의 최우수 합격자 3인

정거좌열(鼎居左列) 좌의정

정궤(正軌) 정도(正道)를 지키지 못함

정균(停均) 균형이 잡히다. 균형을 이룸

정기고색(精氣枯索) 정(精)과 기(氣)가 말라서 시들시들하다

정당(正當) 바야흐로

정리(正理) 바른 이치, 올바른 도리

정미(菁媚) 화려하고 아리따움

정색신고(精索神枯) 정(精)이 막히고 신(神)이 마른다

정성(正盛) 한창 왕성함, 사령(司令)

정세(情勢) 정황과 추세

정소위(正所謂) 이것이 바로

정수(精髓) 사물의 중심으로 가장 중요한 곳, 아주 순수함

정순(精醇) 진하다. 깊이가 있다

정시(正是) 바로

정아(菁莪) 인재교육

정연(定然) 반드시

정영(精英) 빼어난 기운, 수기(秀氣)

정외간(丁外艱) 부친상 정간(丁艱) 부친상 외간(外艱) 부친상, 조부상

정우(鼎右) 전시에서 가장 우수한 세 명, 3등 급제(及第)

정원지도(貞元之道) 정원(貞元)의 이치

정위(定位) 정해진 위치

정재(丁財) 가족과 재물

정정단장(貞靜端莊) 정결, 얌전, 단정, 단아

정체(正體) 변하기 전의 참된 형체

정하(貞下) 시주(時柱)에서 끝난다

정합(情合) 정(情)을 가지고 합하다

정화(精華) 깨끗하고 순수한, 정수(精髓)

정흡(靜翕) 정하여 닫힘

제(第) 과거 급제, 그러나, 다만, 그런데

제강(提綱) 월령(月令)

제강지신(提綱之神) 월령(月令)의 글자

제고(制誥) 황제가 내리는 사령, 명령

제군(制軍) 명, 청시대의 총독

제미(齊眉) 거안제미(擧案齊眉), 부부가 서로
　공경함

제사(諸司) 모든 관리

제살화권(制殺化權) 상관(傷官)으로 제살(制殺)
　하여 살(殺)을 권(權)으로 바꿈

제우(際遇) 좋은 기회를 만남

제재(帝載) 주재자, 음양, 땅의 작용

제형(弟兄) 아우와 형, 형제

조(助) 돕다. 구조하다

조(凋) 시들다

조(遭) 좋지 않은 만남

조(朝) 향하다

조개(皁蓋) 지방 수령이 쓰던 햇빛 가리개

조격(阻隔) 막혀 서로 통하지 않다

조고(凋枯) 시들고 메마름

조금(雕錦) 아름다운 문양이 새겨진 비단

조달(條達) 수목(樹木)이 성장하고 가지가 창달

하다

조락(凋落) 시들고 떨어지다

조로(操勞) 애써 일하다

조사(凋謝) 죽다

조수(阻壽) 수명이 막힘

조승(稍勝) 약간 좋다

조앙(遭殃) 재앙을 만나다

조애(阻礙) 막아서 방해하다

조양(調養) 몸조리

조열(燥熱) 메마르고 뜨겁다

조인경지부용(兆人鏡之芙蓉) 작춘광지도리(作
　春光之桃李) 용모는 거울 속의 부용(芙蓉)과
　같고, 행동은 봄에 피는 도리(桃李)와 같았다

조임(照臨) 비추다

조제지공(調劑之功) 조절하는 공(功)

조주위학(助紂爲虐) 악인을 도와 포악한 일을 함

조향(朝向) 묘(墓)의 향(向)을 정하는 것

조화(造化) 대자연의 이치, 사람은 어찌할 수
　없는, 신통한

조화(遭禍) 재앙을 만남, 화(禍)를 입음

조회록(遭回祿) 화재를 만남

족이(足以) 충분히

존비(尊卑) 신분의 높고 낮음

졸후(卒後) 죽은 후

종(從) ~부터

종(宗) 근본, 근원

종(縱) 비록, 설령

종(終) 죽음, 끝나다

종공(宗工) 가장 뛰어난 공인(工人)

종노(終老) 생애를 마치다

종사(縱使) 비록 ~일지라도, 설령

종신(終身) 평생, 생을 마침

종신록록(終身碌碌) 종신토록 아무 일도 못함

종신지복(終身之福) 평생의 복(福)

종영육수(鐘靈毓秀) 좋은 환경에서 훌륭한 인물
이 나온다 = 종육(鐘毓)

종위록록(終爲碌碌) 삶이 돌이나 자갈처럼 쓸모
없이 되다

종유(縱有) 비록

종유불여무(縱有不如無) 설사 있더라도 없는 것
만 못하다

종일이종(從一而終) 한 사람을 끝까지 따르다

종종류론(種種謬論) 갖가지 잘못된 이론

종차(從此) 이로부터, 그로부터

종횡(縱橫) 거침없이 이리저리 좋은 때를 만남

좌도우사(左圖右史) 당나라 때 양의(楊誼)의 서
재, 많은 책, 학문을 즐김

좌이(佐貳) 현령의 보좌관, 관직명

주가(主家) 집 주인

주공지려(周公之慮) 형제의 모함을 석성함, 수
공이 이복동생에게 모함을 당함

주기(珠璣) 구슬

주목(州牧) 주(州)의 장관

주번(朱旛) 천자의 거동 때 쓰던 홍색 깃발

주색위사(酒色爲事) 주색에 빠짐

주연(朱鳶) 붉은 솔개, 훌륭한 인재

주장불미(主張不靡) 주장이 그릇되지 않다

주정(注定) 운명으로 정해지다

주중(柱中) 사주 국(局)

주첩(奏捷) 과거 급제하여 입궁(入宮)

준엄지형(峻嚴之形) 험준한 형세

중(衆) 많은 무리

중(中) 합격

중과(衆寡) 많고 적음

중구난언(中冓難言) 매우 방탕하고 상스럽다

중궤(中饋) 안사람, 부인, 부엌일

중기(中氣) 비위(脾胃)의 기능, 속 기운

중다(衆多) 많다

중당(中堂) 당대(唐代) 중서성(中書省)에서 재
상이 집무를 보던 곳, 재상의 별칭

중도(中道) 치우치지 않다

중동(仲冬) 子월, 한겨울

중서(中書) 문장을 쓰거나 기록하는 일

중식(中式) 중간 정도의 공식 형식 형태, 중간
정도의 시험

중유매(中有媒) 년간과 일간 사이, 즉 월간에
중매자가 있다

중임(重任) 중책(重責)

중정(中正) 중앙에 자리하여 바름, 치우치지 않다

중중(重重) 겹겹이, 겹친

숭신(重振) 다시 일으키다

중춘(仲春) 卯월

중향방(中鄕榜) 향시(鄕試)에 합격, 중(中)은 합
격의 의미

즉명의(則明矣) 곧 알 수 있다

즉사(卽使) 설령 ~라도

즉시(卽是) 곧 ~이다

즉혹(卽或) 설령, 설사 ~하더라도

증신(增新) 새롭게 늘어나다

지(遲) 늦게

지(只) 다만

지(至) 영향을 미치다

지가(只可) 부득이

지고(之故) 까닭

지도상행(地道上行) 지도(地道)는 올라가 행하여 하늘과 사귐, 『주역』 겸괘(謙卦)

지득(只得) 부득이

지론(至論) 지당한 논리

지리(至理) 지극한 이치

지생천(地生天) 지지가 천간을 생한다

지승이상(地昇而上) 땅의 기운은 위로 올라가다

지신(持身) 처신

지어(至於) 심지어

지요(只要) 다만, 다만 ~한다면, ~하기만 하면

지우(至于) ~한 결과에 이르다

지위가신(至位可哂) 어이없어 웃음이 날 지경

지유(只有) 단지 ~만 있다. 단지, 오직

지윤천화(地潤天和) 지지에는 辰이나 亥가 있고 천간에는 丙火

지음(知音) 재능을 알아주는 친구, 마음이 통하는 친구, 지기지우(知己之友)

지의(遲疑) 게으르고 결단력이 없으며 의심이 많다

지인(只因) 단지 ~ 때문이다.

지전(地戰) 지지의 충(沖)

지전삼물(地全三物) 지지에 방국(方局)을 이룬 것

지정(砥定) 물을 막아 안정시킴

지주(砥柱) 격류에도 견딘다는 돌기둥, 난세(亂世)에 절개를 지키는 선비

지주지공(砥柱之功) 물을 막는 공(功)

지지(祇知) 다만 알기를

지지부재(地支不載) 지지에서 실어주지 않는다

지지쌍청(地支雙淸) 두 개의 지지로만 청(淸)하게 이루어진 것

지합(志合) 뜻을 가지고 합하다

지현(知縣) 현(縣)의 장관

직거(職居) 관직

직도(直道) 곧은 길, 정도(正道)

직동화병(直同畵餠) 그림의 떡과 같다

직상(直上) 수직 상승

직여양범대해(直如揚帆大海) 곧바로 큰 돛을 달고 대해로 나아가다

직지(直至) 쭉 이르러, ~에 이르다

직첩(直捷) 명쾌하다

진가참차(眞假參差) 진신과 가신이 혼합되어 있는 것

진거(盡去) 완전히 제거

진기(振起) 떨쳐 일어남

진기(眞機) 참된 기틀

진백순흑(盡魄純黑) 백색(白色)이 다하고 순수한 흑색(黑色)이 되다

진범(塵凡) 평범(平凡)

진벽(盡闢) 다하여 물리치다

진부동류(盡付東流) 모든 일이 허사가 되다. 전부 사라져서 다시는 돌아오지 않음

진사(進士) 소과(小科), 진사과(進士科)에 급제한 사람

진순(眞醇) 진실되고 순수함

진출(盡出) 다 나타남

진태(震兌) 인의(仁義)

진퇴(進退) 오행의 강함과 약함

질과무강(瓜瓞無疆) 자손이 끝없이 이어지다

질오태엄(疾惡太嚴) 증오심이 있고 지나치게 엄격

집오(執傲) 고집스럽고 오만

집일(執一) 한 가지만 고집

집정(執定) 고집하여 정하다

징청(澄淸) 맑음

징탁(澄濁) 탁한 것을 맑게 함

징탁구청(澄濁求淸) 탁(濁)한 것을 가라앉혀 청(淸)함을 얻음

ㅊ

차(且) 또, 더욱이, 게다가

차(借) 빌려서

차개(此皆) 이것은 모두

차격(此格) 이 격(格)

차등(此等) 이런 것들

차론(次論) 다음에 논한다

차살위권(借殺爲權) 살(殺)을 빌려 권(權)이 된다

차세구지(宜細究之) 자세히 궁구함이 마땅하다

차월차일(此月此日) 모월모일, 당월당일

차위(此謂) 이를 일컬어

차유(且由) 게다기

차인(此因) 이 원인

차정(此正) 이것이 바로

차즉(此卽) 이것이 곧

차지(次之) ~의 다음에

차지위야(此之謂也) 이것을 이름이다

차호(嗟乎) 슬프도다

착삭(鑿削) 뚫고 깎아 다듬다

착상(斷喪) 손상을 당하다. 극을 당하다

참(斬) 베다, 끊다. 매우, 심히

참반(參半) 반반

참차(參差) 분명하지 않음, 참치(參差)

참천(參天) 하늘의 덕(德)에 참여함, 하늘 높이 치솟다

참치부재(參差不齋) 고르지 않아 가지런하지 않음

창(猖) 미쳐 날뛰다

창(彰) 밝다. 빛나다

창(瘡) 종기, 부스럼

창(暢) 통하다. 막힘이 없다

창광(猖狂) 분별없이 함부로 날뜀, 미쳐 날뜀, 광기를 부리다

창독(瘡毒) 부스럼, 종기(腫氣)의 독

창천지기(蒼天之氣) 푸른 하늘 기운

채근(采芹) 생원과에 입학생, 좋은 환경에서 공부함, 반수(泮水)의 미나리를 캠

채근반계(採芹攀桂) 미나리를 뽑고 계수나무를 잡았다

채근절계(採芹折桂) 좋은 학교 입학하여 과거에 합격

처재(妻財) 재성

천(穿) 해(害)

천간불부(天干不覆) 천간이 덮어주지 않은 것

천간일기(天干一氣) 천간이 하나의 같은 글자로 이루어진 것

천강이하(天降而下) 하늘의 기운은 아래로 내려오고

천관(天關) 북쪽 하늘의 국자 모양으로 뚜렷하게 보이는 일곱 개의 별

천궐(天闕) 천자(天子)의 궁궐, 대궐

천금불석(千金不惜) 천금도 아까워하지 않다

천기(天機) 하늘의 기밀(機密)

천도하제(天道下濟) 천도(天道)가 내려가 만물을 화육(化育)함, 『주역』 겸괘(謙卦)

천문(天門) 하늘로 들어가는 문(門), 천라(天羅)

천박(淺薄) 학문이나 행동이 천박하거나 언행이 상스러움

천변(遷變) 변덕

천변지심(遷變之心) 의심과 변덕

천부지재(天覆地載) 하늘에서 덮어주고 땅에서 실어주는 것

천심(淺深) 얕고 깊음

천애(天涯) 하늘 끝, 아득히 먼 곳

천연(天然) 선천적인 팔자 원국을 말함

천연지격(天淵之格) 하늘과 땅의 차이, 천연(天淵)의 차이

천일(天一) 별 이름의 하나

천자(天資) 천품(天稟), 타고난 자질

천재(千載) 천년, 천세(千歲)

천전(天戰) 천간의 상극(相剋)

천전일기(天全一氣) 천간이 하나의 오행으로 되어 있는 것

천주(天誅) 하늘의 벌(罰), 천벌

천지교태(天地交泰) 천지의 기운이 서로 교합하여 만물을 기르는 것

천진(天津) 별자리 이름, 은하(銀河)

천착(穿鑿) 이치에 맞지 않는 말을 함, 억지로 갖다 붙임

천하(天河) 은하수

천하지구(天河之口) 하늘로 들어가는 문, 은하수 입구

천합지(天合地) 천간과 지장간이 합하는 것

철사(鐵蛇) 천연두처럼 돌림병이나 희귀병에 걸려 단명(短命)한다

철장(哲匠) 솜씨 좋은 목수, 현명하고 재주가

있다

철저(撤底) 아주 맑아 바닥까지 보임

첨용(諂容) 아첨하는 얼굴

첩생(貼生) 옆에 붙어서 생

청(清) 희신이 극을 받지 않을 때를 말한다

청개(清介) 맑고 곧음, 고고하고 강직함

청고(清高) 맑고 고상함

청고(清苦) 일간이 무근(無根)하거나 용신이 무기(無氣)한 것

청고(清枯) 청하지만 水가 없거나 있어도 취할 수 없음

청기(清奇) 맑고 특별한

청기(清氣) 월령이 희신을 극하지 않음

청득거(清得去) 청(清)을 득해 행하다

청득진(清得盡) 완벽하게 청(清)하다

청부(青蚨) 돈

청사(聽詞) 노래를 듣다

청수(青綬) 관리의 품계를 나타내는 표지

청영(菁英) 정화(精華), 깨끗하고 순수한

청요(清要) 청환(清宦)과 요직(要職), 지위가 높고 중요한 벼슬

청운(青雲) 높은 벼슬

청운득로(青雲得路) 공명(功名)을 이룸

청운지지(青雲之志) 입신출세의 큰 희망

청전만선(青錢萬選) 문(文)과 재가 뛰어남, 청전지선(青錢之選)

청전지선(青錢之選) 문장이 뛰어남, 장원급제

청한(清寒) 청빈(清貧)

체기(滯氣) 막힌 기(氣)

체물(切勿) 결코

체회(體會) 체험하여 이해함

초다(稍多) 조금 많음 초과(稍寡) 조금 적음

초서미곡(稍舒眉曲) 구부러진 눈썹을 조금도
펼 수 없다

초유(稍有) 약간

초잡(稍雜) 약간 섞이다

초절(焦坼) 말라서 부서지다

초조(焦燥) 메마르다. 애를 태움

초특(超特) 특별하다

촉념(觸念) 마음이 외물을 따라 움직임

촉노(觸怒) 건드려서 화내게 하다. 노여움을 촉
발함

촉라(觸羅) 그물에 걸림, 법망에 걸림

총석(寵錫) 하사받음, 임금의 하사품

총요(總要) 중요한 것은

총이(總以) 언제나

총지(總之) 요컨대, 한마디로 말해서, 총괄적으로

최과(催科) 세금을 재촉하는 직책, 사회적 경제
적 상황을 보고 읊은 시(詩)

최요지(最妙者) 가장 교묘스런 사람

추계고반(秋桂高攀) 추위(秋闈)에 장원급제

추뉴(樞紐) 문의 지도리와 쇠뇌의 발사장치, 사
물의 가장 중요한 부분의 비유

추령(秋令) 가을에 태어남

추불용토(秋不容土) 가을에는 土를 이용하지
않는다

추상(推詳) 상세히 연구하다

추수통원(秋水通源) 가을 물이 근원에 통한다

추염부세(趨炎附勢) 권세 있는 자에게 아부함

추위(秋闈) 가을에 보는 과거 시험, 주로 무과
(武科) 시험

추이(推移) 시간에 따라 변함

축수(畜水) 물을 저장하다

축수양목(畜水養木) 물을 저장하고 나무를 키
우다

축수장금(畜水藏金) 水를 저장하고 金을 감춤

축융(祝融) 불, 여름, 남쪽을 맡은 火의 신(神)

축융지변(祝融之變) 화재(火災)

축장(蓄藏) 거두어 보관함

춘관(春官) 예부

춘모(春暮) 봄이 저물다

춘불용금(春不容金) 봄철에는 金을 쓸 수 없다

춘시(春時) 봄철

춘월추화(春月秋花) 봄철에 핀 가을 꽃, 제대로
된 것이 아님

춘위(春闈) 봄철의 과거 시험, 봄철 향시(鄕試)

춘화추월(春花秋月) 봄의 꽃과 가을의 달. 제대
로 됨

춘후상설(春後霜雪) 봄이 온 뒤 서리와 눈이 녹
듯이

준훤(椿萱) 춘당과 훤당, 남의 부모를 높여 부
르는 말

출류(出類) 출류발췌(出類拔萃)의 준말, 무리
가운데 빼어남

출류발췌(出類拔萃) 무리보다 뛰어남

출문(出門) 집을 나서, 집을 떠나

출사(出仕) 벼슬길로 나아가다. 관리가 되다

출색(出色) 특별히 훌륭함, 특별히 뛰어남

출신(出身) 벼슬길로 가다

출외(出外) 집을 떠나다

출위(出爲) 나아가다

출재(出宰) 지방의 수령직으로 부임, 지방 관리

출제명구(出帝名區) 지역의 이름난 재상

출취외부(出就外傅) 외부로 나가 가르침

충개(沖開) 충으로 지장간을 연다

충분(沖奔) 솟구쳐 날뜀, 충천분지(沖天奔地)의 준말

충전(衝戰) 지충(支沖)이나 간극(干剋)

충절(忠節) 충성스러운 절개

충진(沖盡) 왕신(旺神)의 충(沖)으로 소멸됨

충회(衷懷) 마음 속 진심, 마음에서 월난 회포

취(驟) 甲子기, 돌연히, 신속히

취금(脆金) 金을 연하게 하다

취눈(脆嫩) 연약한

취득진(聚得眞) 모여서 진신(眞神)을 얻음

취명(就名) 공명(功名)을 얻다

취사(就使) 비록 ~할지라도

취산(聚散) 모이고 흩어짐

취연(驟然) 갑자기, 돌연히

취처(娶妻) 아내를 얻음, 장가를 감

측지(測地) 땅을 헤아림, 지지를 살핌

층등(蹭蹬) 비틀거림, 좌절. 실패, 낙방

층등공명(蹭蹬功名) 벼슬길에서 막힘. 과거에 불합격

층첩(層疊) 중첩(重疊), 겹겹이 쌓임

치(馳) 내달린다

치명(馳名) 명성을 떨치다

치부(致富) 부자가 되다

치사(致仕) 나이가 많아 벼슬에서 물러남

치사(多使) 법을 담당하는 사신(使臣)

치중(治中) 자사(刺史)의 부관(部官)

치지(置之) 내버려 두다

치지도외(置之度外) 도외시하다. 내버려두고 문제 삼지 않음

치지불용(置之不用) 버려두고 용하지 않음

치창(熾昌) 번성하고 창성함

치취(馳驟) 내달리다

친당(親黨) 가까운 무리

친절(親切) 친근, 친절

친족(親族) 친척

칠정(七情) 사람의 일곱 가지 감정. 기쁨, 노여움, 슬픔, 즐거움, 사랑, 미움, 욕심

칠팔(七八) 7~8명, 많음

침매지기(沈埋之氣) 음(陰)

칭심(稱心) 만족

탁(度) 헤아려

탁(濁) 희신과의 관계가 나쁜 천간이 있을 때를 말한다

탁근(託根) 뿌리를 두다

탁기(濁氣) 월령이 희신을 극하는 것

탁란편고(濁亂偏枯) 탁하고 어지럽고 치우치고 메마르다

탈태(脫胎) 싹이 트고 자람, 亥월의 甲木

탈표지객(奪摽之客) 강제로 쫓고 싶은 손님, 불청객(不請客)

탐람무염(貪婪無厭) 탐욕이 끝이 없다

탐소리배대리(貪小利背大利) 작은 이익 탐하다가 큰 이익 달아난다

탐악(貪惡) 욕심이 많고 악한 것

탐연(貪戀) 연연함을 탐하다. 애틋한 그리움이 지나치다

탐합망극(貪合忘剋) 합(合)을 탐하여 극(剋)을 잊어버림

탐합망생(貪合忘生) 합(合)을 탐하여 생(生)을 잊어버림

탐화(探花) 왕이 주관한 전시에서 3등을 말함. 1등은 장원(壯元), 2등은 방안(榜眼)

탐화급제(探花及第) 전시에서 3등을 함, 정우(鼎右)

태과(太過) 지나치게 과하다

태로(太露) 지나치게 드러나다

태성(太盛) 크게 성함

태세(太歲) 세운(歲運)

태원(台垣) 재상에 해당하는 별자리 이름

태육(胎育) 태아(胎兒)의 발육

토금습체(土金濕滯) 土金이 습하고 막혀 있다

토수(吐秀) 수기(秀氣)를 드러내다. 수기(秀氣)를 토하다

토중금매(土重金埋) 土가 많아 金이 매몰됨 = 토다금매(土多金埋)

통계(統系) 통일하여 연결함

통근투계(通悅透癸) 土水가 통근하고 천간에 癸水가 투한 것

통달(通達) 막힘없이 통하다

통론(通論) 일반적인 이론

통정(通政) 한림원보다 높은 문서 담당 관직, 당상관(堂上官)의 직위

통휘(通輝) 환하게 밝다. 통명(通明)

통휘지기(通輝之氣) 빛을 발하는 기운

통휘지상(通輝之象) 통하여 밝게 빛나는 상(象)

퇴귀(退歸) 은퇴하다

퇴은(退隱) 퇴직하여 은거(隱居)

퇴작완도(退作緩圖) 물러나 천천히 도모함

퇴피(退避) 물러나 피함

투로(透露) 천간에 투출하여 드러나다

투묘(投墓) 묘지에 머무르다

투수이망(投水而亡) 물에 몸을 던져 익사하여 죽다

투출(透出) 지장간의 글자가 천간으로 드러난 것, 투로(透露)

투한(妬悍) 질투가 강하고 사나움

파(播) 뿌려지다

파(頗) 자못, 조금, 약간

파거(頗鉅) 자못 크다

파격손용(破格損用) 격국을 파괴하고 용신을 손상시킴

파대(頗大) 자못 크다

파모(破耗) 재산이 깨지고 소모되다

파모다단(破耗多端) 깨지고 소모되는 것이 끝이 없었다

파모이상(破耗異常) 재산이 흩어지고 깨지는 것이 보통이 아니다

파신(破神) 격(格)을 파괴하는 글자

파탕(破蕩) 돈을 낭비하다

파패(破敗) 깨지고 망하다

파패무존(破敗無存) 깨지고 망하여 남은 것이 없다

파풍(頗豊) 자못 풍성하고 풍요로움

판사(辦事) 일을 보다. 소임을 하다

판약천연(判若天淵) 하늘과 땅 차이

팔두재(八斗才) 시문(詩文)의 재주가 풍부함

팔두재과(八斗才誇) 문장이 뛰어남

팔좌봉강(八座封疆) 제후, 총독(總督), 순무(巡撫)

패재(敗財) 겁재(劫財)

패지(敗地) 子午卯酉 왕지

패진(敗盡) 완전히 망함

팽배지세(澎拜之勢) 거세게 일어남

팽선(烹鮮) 잘 다스림

팽창증(膨脹症) 선천성 낭포성 증막 괴사

편(偏) 금한수냉, 화염토조 등 치우친 명(命),
　　예 화염토조, 금한수냉

편고(偏枯) 치우치고 메마름

편기(偏氣) 치우친 기운

편능수(便能受) 받아들일 수 있다

편력(遍歷) 이곳저곳 돌아다니다

편박(偏駁) 한쪽으로 치우침, 편벽(偏僻)

편상(偏象) 치우친 상(象)

편전(偏全) 치우침과 온전함

평순(平順) 평탄하고 순조로움

평정(平正) 평범하고 바른 것

폐(廢) 폐하다. 쇠퇴하다

폐가(肺家) 폐 계통의 이상으로 인한 질병, 고함,
　　기침, 코막힘 등

폐옹(肺癰) 폐(肺)의 농양(膿瘍), 폐암(肺癌)

폐학(廢學) 공부를 그만두다

포라(包羅) 포함, 망라

포류망추(蒲柳望秋) 갯버들은 가을에 잎이 진다

포장(包藏) 싸서 감춰진

포치(布置) 배치, 넓게 늘어놓음

포함지온(包含之蘊) 속으로 포장되어 있다

폭양(暴陽) 뜨거운 태양

품명(禀命) 타고난 명(命)

품휘(品彙) 만물, 품성

풍담(風痰) 풍증(風症)을 일으키는 담(痰)

풍엽(楓葉) 단풍잎

풍영(豊盈) 풍족하게 차고 넘침

풍융(豊隆) 풍성하고 융성함

풍질(風疾) 중풍

피아(彼我) 행운과 원국의 간지(干支)

피양(皮痒) 피부병, 종기(腫氣)

픽건(煏乾) 불에 메말라 건조하다

픽수(煏水) 물을 말리다

픽수극금(煏水剋金) 물을 말리고 金을 극함

필(必) 오로지

필관(必貫) 반드시 통하다

필당(必當) 반드시 ~함이 마땅하다

필득기운(必得其運) 명(命)이 있으면 반드시 그
　　운을 얻는다

필리흉구(必罹凶咎) 반드시 재앙을 만난다

필수(必須) 반드시, 꼭 필요함

필시(必是) 반드시

필요(必要) 반드시 ~해야 한다

필유(必有) 반드시 있다. 틀림없이

필이(必以) 반드시

필자(必藉) 반드시 깔다

필험야(必驗也) 반드시 증명이 된다

핍건(逼乾) 바짝 마르다

하(何) 어찌

하기(何其) 이 얼마나

하동사후(河東獅吼) 하동 땅에 사자가 울고 있
　　다. 표독한 아내, 악처(惡妻)

하등(何等) 어떤, 아무런, 얼마나

하방(何妨) 무방

하사(何事) 무슨 일로

하상(何嘗) 언제 ~한 적이 있었는가?(의문문이나 부정문 앞에서)

하소(何訴) 하소연

하야(何也) 어찌 그런가? 왜 그런가 하면

하여(何如) 어찌 ~만 하겠는가?

하위(何謂) 무엇을 말함인가?

하위(何爲) 어째서

하이(何以) 어찌하여, 어떻게

하지(何知) 어찌 아는가?

하필(何必) 왜? 어찌하여?, 구태여

하황(何況) 더군다나, 하물며

학(虐) 잔인, 가혹, 난폭

학(涸) 물이 마르다

학철지부(涸轍之鮒) 수레바퀴 자국에 괸 물 속의 붕어, 매우 곤궁하고 절박한 처지

한건(嫨乾) 마르다

한곡(寒谷) 추운 계곡, 역경(逆境)

한금(寒金) 끼빈인 신비, 차가운 금

한량(限量) 한도를 정하다

한목(寒木) 겨울나무

한목향양(寒木向陽) 한목(寒木)은 볕을 향한다

한문(寒門) 가난하고 문벌없는 집안, 비천한 집안

한미(寒微) 가난하고 변변치 못하다

한신(閑神) 득도 해도 되지 않는 간지(干支)

한원(翰苑) 한림원(翰林院)과 같은 관직명

한응(寒凝) 차갑게 얼다

한응지기(寒凝之氣) 차갑게 얼어 있는 기(氣)

한착(閑着) 작용하지 않고 그대로 있다. 한가하게 있다

함지(咸池) 도화살

합(合) 모든

합원(鴒原) 비겁(比劫)의 도움, 우애(友愛) 있는 형제

합의(合宜) 적당, 적합(適合)

합이불화(合而不化) 합(合)하나 화(化)하지 않음

항(抗) 대항, 대적

항양지기(亢陽之氣) 화기(火氣)에서 발생하는 강인한 기운

항오(行伍) 군대의 행렬

항오 출신(行伍出身) 군대 출신

해(解) 제거하다

해신(解神) 기신(忌神)을 해결할 수 있는 신(神)

해온(解慍) 쌓인 한을 풀다

해원(解元) 향시 수석, 회시의 수석은 회원(會元), 전시의 수석은 장원(壯元)

해지의(解之意) 푼다는 의미, 해결한다

해치변(獬豸弁) 군인이나 무관(武官)의 모자

해치변관(解豸豸冠) 법관의 모자

해후상봉(邂逅相逢) 우연히 서로 만남

행(行) 머지않아

행단(杏壇) 공자께서 제자를 가르친 곳, 학문 수련장, 도가의 수련장

행로(杏露) 살구꽃 물, 향수(香水)

행오(行伍) 졸병(卒兵), 군인

행이(幸以) 다행히

행장(行藏) 나아가 도(道)를 행하고 물러나 은거(隱居)함, 나아감과 은둔함

행재낙화(幸災樂禍) 남의 재앙(災殃)을 고소하게 생각하다

행지(行止) 갔다가 멈추는 것

행지자여(行止自如) 나아가고 멈춤이 마음대로 되다

행화촌(杏花村) 술집

행화향(杏花香) 진사 급제하면 살구 정원에서 연회(宴會)함

향(香) 평판이 좋다. 향기롭다

향방(鄕榜) 향시(鄕試)

향시(鄕試) 과거 시험인 향시(鄕試), 회시(會試), 전시(殿試) 중 하나. 지방 초시

향실심허(向實尋虛) 실(實)을 따라 허(虛)를 찾는다

향천애유(向天涯遊) 흘러가는 운의 흐름

허로(虛露) 허약하게 드러나다

허류(虛謬) 허망한 오류

허손지병(虛損之病) 폐결핵

허습지지(虛濕之地) 장간에 癸水가 많은 지지

허언(虛言) 실속없는 헛된 말

허호어(虛好語) 듣기 좋은 빈말

험조(險阻) 어려움, 험난하고 막힘

혁염(赫炎) 치열한 화염(火焰)

혁직(革職) 파면되다

혁혁(赫赫) 빛나고 밝다

혁혁(奕奕) 활기찬 모습

현(顯) 나온다. 나타나다

현견(顯見) 명백히 알 수 있다

현귀(顯貴) 지위가 높고 귀함

현기암리존(玄機暗裏存) 현묘(玄妙)한 기틀이 남모르게 간직됨

현능(賢能) 어질고 재간이 있음

현달(顯達) 입신출세하다

현로(顯露) 천간에 드러나다

현륙(육)(顯戮) 죄인을 처형하고 그 시체를 사람들에게 보임

현묘지지(玄妙之旨) 이치가 깊고 미묘하다

현부(賢否) 어짊과 어리석음

현비(賢否) 어짊과 악함

현성지복(現成之福) 이미 갖추어진 복(福)

현연(顯然) 뚜렷하게 나타남. 분명하게 나타남

현우(賢愚) 현명함과 어리석음

현재(縣宰) 현령(縣令)

현질(顯秩) 높은 벼슬

현천지기(玄天之氣) 검은 하늘 기운

현토(玄菟) 검은 토끼, 상서로운 동물

현혁(顯赫) 높이 드러남, 현저하게 빛남, 왕성하게 빛남

현활(顯豁) 원하는 대로 잘 됨

혈기(血氣) 여기서는 천간과 지지

협술(挾術) 위협과 술수

협잡(夾雜) 끼어 섞여 있음

형결(形缺) 형상(形象)이 결핍됨

형과(刑過) 형(刑)이 과하다. 자식의 죽음이 지나치다

형모(刑耗) 형벌이나 재산의 소모, 형상파모(刑傷破耗)

형산박옥(荊山璞玉) 어질고 참함, 형산(荊山)의 옥돌, 형산백옥(荊山白玉)

형산백옥(荊山白玉) 중국 징산산에서 나는 백옥

형상전패(刑傷顚沛) 형상을 만나 곤궁하고 의지가 꺾임

형상파모(刑喪破耗) 식구들이 죽고 재물이 깨어짐

형영(形影) 형체와 그림자, 불가분의 관계

형우지화(刑于之化) 부부가 서로 존경화고 화합하다

형전(形全) 형상이 온전함

형처극자(刑妻剋子) 아내가 죽고 자식이 죽다

형통(亨通) 순조롭다

호구(餬口) 입에 풀칠함, 겨우 먹고 삶

호리(毫厘) 털끝만큼 적은 차이

호마견(虎馬犬) 호랑이와 말과 개, 寅午戌

호무(毫無) 털끝만큼도 없다

호방(虎榜) 무과(武科) 급제자를 적은 방목(榜目)

호사(好奢) 사치를 좋아하다

호사망조(好事妄造) 일을 벌이기를 좋아하고 마무리는 못함

호사자(好事者) 일을 벌이기를 좋아하는 사람

호의(狐疑) 여우의 의심, 의심이 많다

호탕(浩蕩) 아주 넓어서 끝이 없음, 세차게 내달림

호협(豪俠) 호쾌하고 시원시원하다

홀연(忽然) 뜻밖에, 갑자기

홍릉(紅綾) 붉은 비단

홍모(鴻毛) 기러기 털, 극히 가벼운 물건

홍필(鴻筆) 뛰어난 문장

화(和) ~와, 그리고

화가(禾稼) '禾'는 벼과의 식물 이삭, '稼'는 열매나 곡물

화난(和暖) 조화롭고 따뜻하다

화농(化膿) 종기(腫氣)의 고름

화련추금(火煉秋金) 불이 가을의 金을 단련하다

화령목세(火逞木勢) 火는 굳세고 木은 세력이 있다

화병(畫餅) 그림의 떡

화살위권(化殺爲權) 인수(印綬)로 화살(化殺)하여 살(殺)을 권(權)으로 바꿈

화소화회(火少火晦) 火가 약하면 火가 희미해진다

화신(化神) 식상, 화지(化地)

화심(火心) 남을 해치려는 마음

화염토조(火炎土燥) 火는 타오르고 土는 메마른다

화왕토초(火旺土焦) 火가 왕성하여 土가 말라 갈라짐 = 화다토초(火多土焦)

화치승룡(火熾乘龍) 치열한 火가 辰土를 만나다

화호(和好) 화목하고 좋음, 지합(支合)이나 간합(干合)

화후(和厚) 온화하고 두터운

확유(確有) 확실히

환(還) 그래도, 여전히

환가(宦家) 벼슬하는 가문

환과(鰥寡) 홀아비와 과부

환낭(宦囊) 벼슬하면서 모은 재물. 환자(宦貲)와 같은 뜻

환도(宦途) 벼슬길

환수(還須) 반드시

환원(還原) 원상태로 돌아감

환자(宦貲) 벼슬의 봉록(俸祿), 벼슬하면서 모은 재산, 환낭(宦囊)

환해(宦海) 벼슬길, 관리의 사회

환해무파(宦海無波) 벼슬길에 파도가 없이 평탄

활간(活看) 활용하여 보다

활연(豁然) 활짝 트이다

황(況) 하물며

황갑(黃甲) 전시(殿試)에 급제함, 과거 급제, 진

사 합격자, 갑과

황당(黃堂) 태수(太守)

황방객(黃榜客) 합격자의 방에 이름이 오른 사람

황방표명(黃榜標名) 황방에 이름이 오르다

황주(皇州) 임금이 있는 곳, 수도, 먼 곳

황호(況乎) 더구나

회겁(回劫) 원국이 운(運)을 겁탈

회광(回光) 되비추다

회극(回剋) 원국에서 운(運)의 글자를 극함

회록(回祿) 화재(火災)

회무급의(悔無及矣) 후회해도 소용없다

회시(會試) 초시 합격자가 서울에 모여서 보는 복시(覆試)

회이(廻異) 다르다

회적(回籍) 고향으로 돌아가다

회충(回沖) 원국이 운(運)을 충함

회태(懷胎) 잉태

회화(晦火) 불을 어둡게 하다

회화생금(晦火生金) 火를 어둡게 하고 金을 생한다

회화양금(晦火養金) 火를 어둡게 하고 金을 기름

획리(獲利) 이익을 얻다. 득리(得利)

횡행(橫行) 제멋대로 난폭한 짓을 하다

효겁(梟劫) 효신과 겁재

효신(梟神) 편인

후(厚) 두텁다. *박(薄) 엷다

후곤(後昆) 후손

후구부육(煦嫗覆育) 천지가 만물을 아끼고 길러내다

후물(朽物) 썩은 것

후사(後嗣) 대를 잇는 자식, 후손

후사종무(後嗣終無) 결국 자식이 없다

후예(後裔) 후손

후인(後人) 후세 사람

후토(厚土) 두터운 土

훈로(勳勞) 공경(公卿)의 공로

훈명(勳名) 나라에 공(功)을 세운 사람에게 주는 칭호(稱號)

훈몽(訓蒙) 어린이를 가르치다

훈몽도일(訓蒙渡日) 어린이를 가르치며 살아가다

휘영(輝映) 빛나다

휴(虧) 이지러지다

휴결(虧缺) 이지러짐, 작아짐

휴공(虧空) 빚, 적자(赤字)

휴구(休咎) 길흉(吉凶), 화복(禍福), 좋고 나쁨

휴요(休要) 안 된다

휴운(休云) 말하지 말라

휼고(恤孤) 약한 일간, 외로운 자식

흉고(凶咎) 흉한 허물, 재앙(災殃)

흉재(凶災) 흉한 재앙

흔흔향영(欣欣向榮) 초목이 무성해짐

흠순(欠醇) 깔끔함이 부족하다

흡(翕) 거두다. 합하다. 닫다

흥(興) 흥성하다. 일어나다

흥탄(興歎) 탄식하다

희녕(熙寧) 흥성하고 편안함

희소(戲笑) 희롱하는 웃음

희언(戲言) 웃음소리

희유(嬉遊) 즐겁게 놀다

희희양양(熙熙攘攘) 사람의 왕래가 빈번한 곳, 번성하고 흥성하다

명리 3대 보서 해설 시리즈
나이스 적천수 滴天髓 해설서

1판 1쇄 인쇄 | 2018년 02월 20일
1판 1쇄 발행 | 2018년 02월 27일

원 저 | 경도 · 유백온
해 선 | 맹기옥
펴낸이 | 문해성
펴낸곳 | 상원문화사
주소 | 서울시 은평구 증산로 15길 36(신사동) (03448)
전화 | 02)354-8646 · **팩시밀리** | 02)384-8644
이메일 | mjs1044@naver.com
출판등록 | 1996년 7월 2일 제8-190호

책임편집 | 김영철
표지 및 본문디자인 | 개미집

ISBN 979-11-85179-26-1 (03180)
ISBN 979-11-85179-24-7 (03180)_세트

이 도서의 국립중앙도서관 출판예정도서목록(CIP)은 서지정보유통지원시스템 홈페이지
(http://seoji.nl.go.kr)와 국가자료공동목록시스템(http://www.nl.go.kr/kolisnet)에서 이
용하실 수 있습니다. (CIP제어번호 : CIP2018004729)